NOTICES ET EXTRAITS

DE

QUELQUES MANUSCRITS LATINS

DE LA BIBLIOTHÈQUE NATIONALE

PAR

B. HAURÉAU

MEMBRE DE L'INSTITUT

—

TOME QUATRIÈME

—

PARIS

LIBRAIRIE C. KLINCKSIECK

11, RUE DE LILLE, 11

—

1892

NOTICES ET EXTRAITS

DE QUELQUES MANUSCRITS LATINS

DE LA BIBLIOTHÈQUE NATIONALE

a

TYPOGRAPHIE

EDMOND MONNOYER

LE MANS (Sarthe)

NOTICES ET EXTRAITS

DE

QUELQUES MANUSCRITS LATINS

DE LA BIBLIOTHÈQUE NATIONALE

PAR

B. HAURÉAU

MEMBRE DE L'INSTITUT

TOME QUATRIÈME

PARIS

LIBRAIRIE C. KLINCKSIECK

11, RUE DE LILLE, 11

1892

NOTICES ET EXTRAITS

DE

QUELQUES MANUSCRITS LATINS

DE

LA BIBLIOTHÈQUE NATIONALE

SUITE DE LA QUATRIÈME PARTIE

(Fonds de Saint-Victor

14932

Les 153 premiers feuillets de ce manuscrit sont occupés par un recueil de cent sermons que Claude de Grandrue a, de son chef, intitulés : *Sermones quidam mag. Hugonis de Sancto Victore*, et que les chanoines de Saint-Victor ont en conséquence insérés dans les Œuvres de leur illustre maître. Cependant Claude de Grandrue n'aurait pu même alléguer un seul prétexte pour motiver son attribution, et plusieurs raisons majeures démontrent qu'elle est fausse. Ces raisons, nous les avons ailleurs exposées (1) et nous ne jugeons pas utile de les reproduire. L'œuvre est probablement d'un Victorin, homme d'esprit et lettré qui vécut cinquante ans environ après Hugues.

(1) *Les Œuvres de Hug. de S.-Victor*, p. 219 et suiv.

IV.   1

On lit cette rubrique en tête du feuillet 155 : *Sermo magistri Petri Manducatoris*. Les termes de cette rubrique sont exacts ; mais il n'en faut pas conclure, avec Claude de Grandrue, que tous les sermons suivants, jusqu'au feuillet 256, sont, trois exceptés, de Pierre Le Mangeur. Ils sont en effet de lui pour la plupart ; mais nous allons faire voir que plus de trois sont à réclamer pour d'autres.

Le premier, dont Pierre Le Mangeur est l'auteur indiqué, commence par : *Tolle filium tuum.* — *Series historiæ simpliciter intellecta.* Nous l'avons cité sous le n° 2951 (1).

Mais le deuxième des sermons n'est déjà plus de Pierre Le Mangeur. Il est intitulé *Sermo fratris Gualteri, prioris Sancti Victoris*, et commence par : *Cum venit plenitudo temporis...* — *Nihil omnino de me præsumens...* Ce prieur Gautier est le fougueux contradicteur de Pierre de Poitiers, de Pierre le Lombard, etc., etc. Son sermon a pour objet principal une des questions qui furent, de son temps, le plus vivement controversées, celle de la double nature de Jésus-Christ.

Du feuillet 159 au feuillet 185 les sermons sont anonymes et sont tous de Pierre Le Mangeur.

Au feuillet 185 : *Sermo magistri Balduini, abbatis Fordensis*; commençant par : *Candidiores nive, candidiores lacte...* — *Pulchritudinem Nazaræorum descrit sermo propheticus.* Ce Baudouin, abbé cistercien de Ford, dans le Devonshire, plus tard évêque de

---

Tome I, p. 144. On nous en signale encore un autre exemplaire avec son nom, dans le n° 485 de Cambrai.

Worcester, enfin archevêque de Cantorbéry, mourut au siège de Saint-Jean-d'Acre le 19 novembre 1190. Le sermon qui se trouve ici n'est pas inédit ; il a été publié plusieurs fois, et on le peut lire dans le tome CCIV de la *Patrologie,* col. 561. Nous en avons une autre copie, mais sans le nom de l'auteur, dans notre n° 1252 (fol. 162).

A la suite, une nouvelle série des sermons anonymes, du feuillet 188 au feuillet 256. Presque tous, d'autres copies nous l'attestent, ont pour auteur Pierre Le Mangeur. Quelques-uns néanmoins ne sont pas de lui. Ceux-ci doivent être particulièrement mentionnés comme lui ayant été sans raison attribués par Claude de Grandrue.

Fol. 236. *Beati pauperes spiritu... — Et ego, fratres carissimi, sæpe comedi de micis cadentibus de mensa vestra.* Ce long sermon a été fait devant des réguliers et l'on peut tenir pour certain qu'il est du xiie siècle. Mais aucune autre copie ne nous fait connaître qui l'a prononcé.

Fol. 244. *Ecce virgo concipiet... — Gaudia solemnitatis hodiernæ multa miracula prævenerunt.* Il faut remarquer dans ce sermon la transcription de quelques vers empruntés à la pièce *De partu B. Virginis* que Beaugendre a publiée dans les Œuvres d'Hildebert, col. 1332. Cette transcription n'a pas été faite sur un texte conforme à celui qu'à publié Beaugendre, et nous avons ici plusieurs vers qui manquent dans l'édition.

Fol. 247. *Maria Magdalena et Maria Jacobi... — Viderant mulieres istæ quod Joseph corpus Domini de cruce deposuerat.* Nous ne connaissons pas une autre copie de ce court sermon. Il n'est certainement pas de Pierre Le Mangeur.

Fol. 248. *Ascendens Christus in altum... — Quod audivimus et vidimus hoc testamur. Audivimus a veritate.* Nous avons à citer d'autres copies de ce sermon, dans notre n° 14954 (fol. 19) et dans les nᵒˢ 272 (fol. 28) de l'Arsenal, 941 (fol. 56) de la Mazarine. Mais toutes ces copies sont anonymes.

Fol. 249. *Surge, aquilo et veni, auster... Hortus conclusus... — Videndum est quis loquatur, et de quo loquatur et quibus loquatur et propter quid loquatur.* Nous avons mentionné sous le n° 13432 de nombreuses copies de sermon (1) ; mais toutes sont anonymes. Si Beaugendre l'a publié sous le nom d'Hildebert, il l'a fait par conjecture, selon sa coutume.

Fol. 250. *Dicit apostolus Paulus : Non est potestas... — Audite, fratres carissimi, quid apostolus Domini vobis clamet.* Ce sermon est anonyme dans les nᵒˢ 483 (fol. 81), 3830 (fol. 99), 3833 (fol. 38), 16460 (fol. 84), ainsi que dans les nᵒˢ 38 d'Evreux et 233 des *Cod. Laud. misc.,* à la Bodléienne. Il est pareillement anonyme au tome CXLVII, col. 219, de la *Patrologie.* Mais on lit le nom de l'auteur, Geoffroy Babion, dans nos nᵒˢ 14933 (fol. 143), 14934 et dans le n° 39 (fol. 107) d'Auxerre. Beaugendre l'a tiré d'un manuscrit anonyme et publié sous le nom d'Hildebert, col. 707.

Fol. 251. *Nativitatem Domini nostri Jesu Christi,*

(1) Tome II, p. 170.

sicut nostis, hodie celebramus, sed eam quæ ex matre, non eam quæ ex patre. Autres copies anonymes : n° 3830 (fol. 7) ; Évreux, 38.

Fol. 253. *Diligite inimicos...* — *Dominus ac redemptor noster, fratres carissimi, venerat in mundum ex sola dilectione.* De Geoffroy Babion. Nous avons déjà rencontré ce sermon sous le n° 12420 et nous en avons indiqué de nombreuses copies (1).

Même feuillet : *Tria difficilia sunt mihi et quartum penitus ignoro...* — *Altitudinem solemnitatis hodiernæ, id est ascensionem beatæ Mariæ...* Nous ne connaissons pas une autre copie de ce sermon.

Fol. 255. *Præsens hebdomada, sicut gravis est suppliciis, sic est gravida sacramentis.* Autres copies anonymes : n°s 1252 (fol. 161), 3733 (fol. 72), 13586 (fol. 310), 16463 (fol. 2). L'auteur est nommé dans le n° 14935 (fol. 17). C'est Étienne, évêque de Tournai.

Ici finissent les sermons, et nous pouvons achever en peu de mots la description du volume. Au feuillet 256 commence, sous le nom de saint Bernard, son éloquente paraphrase *Super missus est.* A la suite, la règle de saint Augustin et l'exposition de cette règle par Hugues de Saint-Victor.

14935

Presque tout ce volume est occupé par d'autres sermons.

(1) Tome II, p. 101. Ajoutons qu'il s'en trouve encore un autre exemplaire anonyme dans le n° 171 de Chartres.

Du fol. 1 au fol. 50, avec le nom de l'auteur, ceux d'Étienne, abbé de Sainte-Geneviève, plus tard évêque de Tournai. Tous ces sermons, un seul excepté, le premier, sont inédits. Ils sont, du moins, tous mentionnés dans un catalogue qui termine l'édition des *Lettres* d'Étienne donnée par le P. Claude Du Molinet.

Du fol. 50 au fol. 58, sept sermons anonymes qui ne sont peut-être pas tous du même auteur. C'est pourquoi nous indiquerons chacun d'eux séparément.

Fol. 50. *Cum natus esset Jesus... — Cum creator omnium, fratres carissimi, formam servi pro servis accipiens...* Ce sermon est de Geoffroy Babion. Nous l'avons cité sous le n° 12420 (1).

Fol. 51. *Multum nobis timenda est dies illa judicii, in qua Dominus noster et Salvator Jesus Christus impiis et peccatoribus...* Ce sermon est pour le temps du Carême, et nous en lisons plusieurs phrases dans le troisième sermon pour le Carême de Geoffroy Babion ; *Opera Hildeb.,* édition de Beaugendre, col. 316. La fin des deux sermons est semblable. Évidemment l'un a été fait sur l'autre ; par Geoffroy peut-être, mais peut-être aussi par quelque compilateur.

Fol. 52. *Nolite diligere mundum... — Est quidam specialis inimicus qui genus humanum, fratres carissimi, excæcat.* De Geoffroy Babion. Nous l'avons cité sous les n°ˢ 712 (2) et 12420 (3).

Fol. 54. *Dicite, filiæ Sion : Ecce rex... — Mandat*

(1) Tome II, p. 103.　　　　(3) T. II, p. 104.
(2) T. I, p. 83.

nobis rex cœli, fratres carissimi, per Zachariam... De Geoffroy Babion. Cité sous les n°s 8433 et 12420 (1).

Au même feuillet : *Divina Scriptura, fratres carissimi, nos aliquando ad lacrymas...* De Geoffroy Babion. Voir sous le n° 585 (2).

Fol. 55. *Elevatus est sol... — Hodie, fratres carissimi, est Ascensionis Domini...* De Geoffroy Babion. Sous le n° 585 (3).

Fol. 56. *Hæc est dies quam fecit... — Qui solemnitatem dominicæ Resurrectionis digne celebrare desiderat, præcepta vitæ...* Nous n'avons rencontré aucune autre copie de ce sermon. On ne doute pas qu'il soit du xiie siècle.

A la suite deux courts fragments, l'un sur la venue d'Élie, l'autre sur la personne divine qui doit présider au jugement dernier.

Du fol. 58 au fol. 82, une série de sermons anonymes. Ils sont tous du même auteur, Nicolas d'Hacqueville, de l'ordre des Mineurs. On les a sous son nom dans le n° 18193, et ils ont été plusieurs fois imprimés : sous son nom d'abord ; ensuite, par erreur ou par fraude, sous le nom d'un canoniste du xvie siècle, Jean Quintin (4).

Le relieur ayant troublé l'économie du volume, il faut aller chercher au fol. 116 le commencement d'un traité dont un fragment succède aux sermons de Nicolas d'Hacqueville, puis revenir du fol. 118 au fol. 112 et du fol. 112 au fol. 82. Le titre de ce traité se lit

(1) T. I, p. 362 et t. II, p. 107. (4) *Hist. littér. de la Fr.,*
(2) T. I, p. 38. t. XXXI, p. 97.
(3) *Ibid.*

ainsi : *Epistola Antimi medici, viri illustris, ad Titum imperatorem, vel ad Theodoricum, regem Francorum, qualiter omnes cibi commendantur ut bene digerantur et sanitatem præstare debeant.* Une autre copie, sans le nom de l'auteur, est dans le n° 229 des Nouvelles acquisitions, fol. 1. Quelle qu'ait été la célébrité de cet Antimus, contemporain, nous dit-on, de l'empereur Titus ou du roi Théodoric, nous ne trouvons aucune mention de lui chez les anciens et chez les nouveaux bibliographes.

Au fol. 106, un autre traité médical, interrompu au fol. 107. La suite est au fol. 111. La suite, mais non pas la fin; la fin paraît manquer. Les premiers mots de ce traité sont : *In principio creavit Deus...* — *Ex terra autem homo factus est, per quem facta sunt omnia.* Au fol. 113, une lettre intitulée : *Epistola propter sanitatem corporis, qualem observationem habere debent podagrici.* Cette lettre commence par : *Uxor Moysi, nomine Seffora, in revelatione Moysi hæc quæ subsequuntur per singulos menses cœpit observare.* Ainsi le remède vient de loin. Enfin, au fol. 114, *Epistola de incisione phlebotomi quam composuit Hippocras et de incisionibus venarum.*

14947

Toute la première partie de ce volume, jusqu'au feuillet 250, est occupée par des sermons prononcés à Paris durant les années 1281, 1282, 1283. Si la plupart de ces sermons sont anonymes, les auteurs d'un assez grand nombre sont indiqués. Ce sont :

Adam le Picard, dit de La Vacherie, fol. 24, 207, 209.

Adenulfe, prévôt de Saint-Omer, fol. 25, 70.

Albert, religieux de Cluny, fol. 52, 77.

Amand de-Saint-Quentin, frère Prêcheur, fol. 69.

Arnoul le Bescochier, chanoine d'Amiens, fol. 57, 226.

Bernard, de l'ordre des Prêcheurs, fol. 21, 242.

Berthault de Saint-Denys, fol. 210.

Blesus, peut-être Blaise, frère Prêcheur, autrefois prieur de la maison de Saint-Jacques, fol. 27, 91, 130, 182, 195, 215.

Dreux de Provins, de l'ordre des Mineurs, fol. 7, 34.

Étienne de Besançon, de l'ordre des Prêcheurs, fol. 26, 40, 76, 80.

Eudes *de Bueriis*, frère Mineur, fol. 18, 128, 238.

Gérard de Reims, dit Bruine, fol. 186, 213, 222, 245.

Gilles Bon-Clerc, frère Mineur, fol. 10, 107.

Godefroy de Liège, fol. 207.

Grégoire, prieur du Val des Écoliers, fol. 85.

Guibert, de l'ordre des Mineurs, fol. 93.

Guillaume de Moussi, chanoine de Paris, fol. 4.

Guillaume Scot, Dominicain, fol. 188, 197.

Henri de Gand, fol. 20.

Hugues, de l'ordre des Prêcheurs, fol. 61, 171.

Jean de Galles, Franciscain, fol. 144, 166.

Jean de Saint-Benoit, de l'ordre des Prêcheurs, fol. 9, 108, 234.

Jean d'Orléans, de l'ordre des Prêcheurs, autrefois chancelier de Paris, fol. 30, 97, 160, 195, 218, 241.

Laurent, chanoine du Val des Écoliers, fol. 113.

Nicolas le Normand, fol. 191.

Ranulfe ou Arnulfe de Humblières, évêque de Paris, fol. 75.

Renaud Scot, fol. 211.

Richard, de l'ordre des Mineurs, fol. 73, 122, 190.

Servais, chanoine de Mont-Saint-Éloi, fol. 8, 89, 140, 183, 216.

Simon du Val, Dominicain, fol. 196, 233.

Terric de Saules, Franciscain, fol. 116.

Chacun de ces prédicateurs a sa notice dans l'*Histoire littéraire* et sous les noms de chacun d'eux sont mentionnés la plupart des sermons que nous venons d'indiquer. Bientôt, d'ailleurs, nous retrouverons presque tous ces sermons dans le n° 15005, et nous nous réservons d'en donner quelques extraits en décrivant ce volume.

Au fol. 250, le traité d'Alain de Lille *De arte prædicandi*. Il est anonyme et incomplet.

Du feuillet 277 au feuillet 331, d'autres sermons, tous anonymes, dont nous pourrons quelquefois nommer l'auteur.

Fol. 277. *Parvulus natus est nobis... — Ista verba scripta sunt Isaiæ 9 ; in quibus verbis circa Dei nativitatem notantur quatuor.* Autres copies anonymes : n°s 14955 (fol. 18), 14961 (fol. 232).

Fol. 279. *Vocatum est nomen ejus Jesus... — Utinam possemus Salvatori nostro ita familiares esse ut ipse nos et nos ipsum nossemus.* Autres copies anonymes : n°s 14961 (fol. 57), 16508 (fol. 27). Très court sermon et nullement digne de remarque.

Même feuillet : *Apparuit gratia Dei Salvatoris...*
— *Pridie celebravimus filii Dei nativitatem ; hodie venerabilem ejus recolimus apparitionem.* Autres copies anonymes : n°s 3556 (fol. 9), 3574 (fol. 26), 14955 (fol. 20), 15952 (fol. 18), 15959 (fol. 216), 16474 (fol. 29), 16500 (fol. 108) ; Arsenal, 857 (fol. 104). Avec le nom de l'auteur, Guillaume de Mailly : 16475 (fol. 33). Le grand nombre de ces copies montre le succès qu'eurent ses sermons.

Fol. 282. *Veniet ad templum...* — *Nota quod quadruplex est templum ad quod Christus venit.* Autres copies anonymes : n°s 14955 (fol. 22), 14961 (fol. 57).

Fol. 284. *Venerunt mihi omnia bona...* — *Satis, credo, nota sunt hodiernæ solemnitatis mysteria.* Autres copies anonymes : n°s 14961 (fol. 58), 18187 (fol. 13).

Fol. 288. *Postquam impleti sunt dies purgationis...* — *Ad celebrationem hujus festi tres personas legimus convenisse.* Autres copies anonymes : n°s 3556 (fol. 12), 14961 (fol. 237), 15952 (fol. 291), 16474 (fol. 228), 16500 (fol. 113) ; Arsenal, 857 (fol. 106). Avec le nom de l'auteur, Guillaume de Mailly : 16475 (fol. 283).

L'orateur accuse son temps d'impiété. C'est une accusation banale. Cela s'est dit et se dira dans tous les temps.

Fol. 291. *Missus est Gabriel angelus...* — *In verbis istis quatuor sunt consideranda. Primo quis est iste nuntius qui mittitur.* Autres copies anonymes : n°s 3574 (fol. 30), 14952 (fol. 228), 14955 (fol. 23),

14961 (fol. 239), 15952 (fol. 7), 16474 (fol. 245), 16500 (fol. 90). Avec le nom de l'auteur, Guillaume de Mailly : 16475 (fol. 307).

L'orateur se prononce fermement pour l'immaculée conception de la Vierge.

Fol. 295. *Secundum gloriam ejus multiplicata...* — *Verba ista scripta sunt in Machabæorum primo, in quibus verbis spiritualiter intellectis duo circa Dei filium notantur.* Ce sermon de Guillaume de Mailly est sous le nom de Gérard de Reims dans le nº 15955 (fol. 92). En le citant sous le nº 14899, nous avons signalé cette fausse attribution (1).

Fol. 298. *Angelorum esca nutristi...* — *Salvator noster tria nobis benignitatis et amoris indicia in hac sacratissima nocte...* Nous retrouverons ce sermon dans le nº 14961. Il y a plusieurs passages qui manquent de gravité. Nous citerons celui-ci :

> Nota quod in nocte ista (la nuit de la cène) fecit Christus sicut frequenter faciunt homines cum amicis. Cum enim aliquis habet vinum optimum primo vocat aliquos de amicis suis secreto, et dat eis de vino illo tentare, et prius communicat illis quam exponat illud venditioni. Sic Dominus noster hac nocte suos discipulos, quos tenerrime diligebat, convocavit et eis prandium paravit, scilicet carnem suam, et vinum peroptimum dedit, scilicet sanguinem suum, et tantum biberunt quod inebriati fuerunt. Unde Joannes statim post illum cibum obdormivit; alius, scilicet Petrus, gladium traxit et servum pontificis vulneravit. Hoc enim solent facere ebrii.

Quoique ce sermon ne contienne guère que des jeux de mots culinaires, il est d'une longueur peu

(1) Tome III, p. 291.

commune. Évidemment l'orateur a pris plaisir à discourir sur cette matière : chair bonne et bon vin.

Fol. 365. *En ego morior...* — *Verbum istud est Jacob ad filios suos, Gen. 48. Congrue tamen exponitur de passione Domini.* Autre copie anonyme : n° 16500 (fol. 122).

Fol. 309. *Surrexit Dominus vere...* — *In verbis istis circa Domini resurrectionem duo notantur.* Autres copies anonymes : n°ˢ 3574 (fol. 34), 14961 (fol. 242), 15952 (fol. 19), 15955 (fol. 253), 16474 (fol. 85), 16500 (fol. 124) de la Bibliothèque nationale et n° 857 (fol. 111) de l'Arsenal. Sous le nom de Guillaume de Mailly : n° 16475 (fol. 103).

Fol. 313. *Ascendens Christus in altum...* — *Pridie, fratres carissimi, celebravit mater Ecclesia de morte Christi triumphum.* Autres copies anonymes : n°ˢ 3574 (fol. 37), 14961 (fol. 244), 15952 (fol. 20), 16474 (fol. 113), 16500 (fol. 126) ; Arsenal, 857 (fol. 113). Sous le nom de Guillaume de Mailly : 16475 (fol. 148).

Fol. 317. *Spiritus Domini replevit...* — *Die Paschæ, dilectissimi, Dominus et Redemptor noster Jesus Christus de hostibus suis, devicta morte...* Autres copies anonymes : n°ˢ 3574 (fol. 39), 14961 (fol. 246), 15952 (fol. 296), 16474 (fol. 121), 16500 (fol. 129) ; Arsenal, 857 (fol. 115). De Guillaume de Mailly : 16475 (fol. 151).

Fol. 322. *Quis putas puer iste...* — *Verba sunt admirantium in beati Joannis nativitate.* Autres copies anonymes : n°ˢ 3556 (fol. 39), 14961 (fol. 52), 16500 (fol. 135).

L'auteur de ce sermon nous est donc inconnu. Célébrer, dit-il, la Saint-Jean par des danses, des festins, ce n'est pas dignement honorer la mémoire du vénérable précurseur; c'est bien plutôt fêter Hérodiade. A ceux des clercs qui ne festoyaient pas ce jour-là le trait dut paraître ingénieux.

Fol. 326. *Fac tibi duas tubas... — In verbis istis ad commendationem istorum gloriosorum apostolorum quinque notantur.* Autres copies anonymes : n°s 14961 (fol. 53), 15952 (fol. 295) et 16500 (fol. 137). Ces deux glorieux apôtres sont saint Pierre et saint Paul.

Après deux courts fragments, l'un sur les embûches dressées par le diable aux gens qui se proposent de jeûner, l'autre sur le caractère profane des incantations et conjurations, les sermons recommencent au fol. 332, pour finir au fol. 355. Les premiers paraissent être du xiie siècle ; les derniers, d'une autre main, sont du xive siècle. Les auteurs des uns et des autres nous sont inconnus.

Au fol. 355, une copie de quelques-uns des Proverbes de Salomon ; à la suite, pêle-mêle, des explications sur le calendrier et une courte digression sur la miséricorde divine.

Au fol. 363, sans nom d'auteur, le traité souvent copié *De conflictu vitiorum et virtutum.* A la marge inférieure on lit cette note : *Cujusnam hic tractatus ? Numquid Alani de Insulis, qui, teste Trithemio, scripsit Summam virtutum et vitiorum ?* Cette conjecture n'était pas à faire, le traité dont il s'agit ayant été maintes fois publié dans les Œuvres de saint Augus-

tin, de saint Ambroise, de saint Isidore, de saint
Léon. Il est d'Ambroise Aulpert, comme nous l'avons
dit sous le n° 12312 (1).

Au fol. 371, sous le nom de Sénèque, le traité
De copia verborum, dont tous les chapitres ne sont
pas intégralement reproduits. Nous avons déjà rencontré ce traité, et nous avons donné sur les deux
parties qui le composent des explications auxquelles
il n'est besoin de rien ajouter (2). L'auteur n'en sera
jamais connu.

A la suite, jusqu'au fol. 386, des extraits de toute
sorte, qui ne se rapportent aucunement les uns aux
autres. Le plus considérable est une paraphrase anonyme du *Pater noster*. Le plus intéressant concerne
les mariages des sept filles du diable; l'auteur indique ce qu'il convient d'ajouter, dans un sermon, au
simple récit de ces mariages, pour faire bien comprendre la moralité de la fiction. Les sept filles sont
ici mariées, notons-le, à des laïques. D'autres narra-
teurs en ont uni quelques-unes à des clercs, même à
des moines (3).

Au fol. 386, *Brocardica de vitiis et virtutibus*. Le
titre est à la fin ; mais le nom de l'auteur manque.
Quels sont ces brocards ? Des pensées, des sentences
morales. Un assez grand nombre de ces sentences
sont empruntées à des auteurs chrétiens ou profanes ;
mais beaucoup d'autres sont peut-être originales, ou,
ne l'étant pas, sont du moins exprimées en de bons

(1) Tome II, p. 58.
(2) Tome II, p. 197.
(3) *Journal des Savants*; 1884, p. 225-228.

termes, avec esprit. Nous en allons transcrire quelques-unes :

Fol. 386. In exercitu diaboli superbia est quasi vexillum superbus est vexillarius vel marescallus ipsius diaboli, sicut rex non committit portare vexillum suum militi nisi sit ejus amicus de quo confidat.

Fol. 389. Avarus similis est pyxidi, gallice *espargne maille,* quam oportet frangere ad hoc quod aliquid inde extradatur. Sic oportet quod in morte frangatur.

Fol. 394. Sicut in puteo, una situla descendente, alia ascendit, et in statera una parte depressa altera elevatur, sic qui per humilitatem hic descendit coram Deo per meritum ascendit.

Fol. 197. Duo genera hominum consueverunt stringi stricte, videlicet pugnaturi et ministraturi, sicut videmus in pugilibus et armigeris servientibus ad mensas nobilium. Sic, quia in mundo sumus quasi in campo certaminis et nobilissimi regis servitio deputati, necesse habemus stricte cingi cingulo castitatis, ut non solum ab immundis operibus, sed ab immundis cogitationibus et voluptatibus cor nostrum restringamus.

Sicut fames expellit lupum de nemore, sic abstinentia diabolum ab homine.

Fol. 401. Pauperes sunt quasi equi divitum ad portandum eos in paradisum qui nolunt ire pedes, id est nolunt magnas pœnitentias vel molestias sustinere. Equo autem conductitio debetur cibus et potus.

Fol. 406. Dominus tradidit nobis terram nostram, id est corpus nostrum et animam nostram, in manus nostras et fecit nos quasi baillivos et justitiarios. Unde, si aliquid inordinatum in terra nostra contingat, debemus justitiam facere suspendendo corpus quod per peccatum occidit animam.

Fol. 407. Pœnitentia est quidam locus deputatus animæ in quo ponitur ad se mutandum, sicut avis nobilis ponitur *en mue* ut deponat plumas veteres et acquirat novas.

Fol. 408. Tales qui expectant converti usque in finem similes sunt illi qui parum scit de ludo scaccorum et permitteret sibi auferri familiam suam, dicens quod in fine uno

vel duobus de familia remanentibus mactaret socium suum
in angulo. Peccator parum scit de ludo, diabolus multum
quia a principio mundi non cessavit. Qua ergo præsum-
ptione dicit peccator quod in fine concludet ei !

Fol. 409. In mundo isto est quasi ludus scaccorum, ubi
unus est parvus, alius miles, alius rex, et duo vel tres
tenent totum ludum. In fine, post ludum, omnes mixtim in
saccum telæ projiciuntur ; ita magnus ut parvus.

Ces *Brocardica* sont évidemment d'un Français et
ce Français vécut après Guillaume Péraud, puisqu'il
le cite.

Du feuillet 414 au feuillet 419, des extraits du
traité de Pierre Alphonse intitulé *Disciplina clerica-
lis*, et, à la suite, sous le nom de saint Cyprien, l'opuscule *De duodecim abusionis gradibus* qui commence
par ces mots : *Hæc sunt duodecim abusiva sæculi*.
Cet opuscule n'est pas, dit Bellarmin, de saint Cyprien,
et il n'est pas davantage de saint Augustin, à qui, plus
souvent encore, les copistes l'ont attribué ; les livres
saints y sont, en effet, cités d'après la version de
saint Jérôme.

Le volume finit par une des lettres de Sénèque à
Lucilius.

14952

On n'a point fait encore le dénombrement et la
description des pièces que contient ce volume. Le
diligent bibliothécaire de Saint-Victor, Claude de
Grandrue, a seulement indiqué qu'il s'y trouve deux
liasses de sermons, les uns *De tempore*, les autres
pour des fêtes diverses. Cette indication est beaucoup trop sommaire. On en sera bientôt convaincu.

L'ensemble se compose, en effet, de deux liasses. Un clerc quelconque a formé la première de sermons par lui choisis, par lui sans doute très goûtés, et les a rangés en bon ordre, chaque dimanche ayant le sien, sans négliger d'en nommer les auteurs, quand il les a connus. Cette liasse finit au folio 192, où nous lisons : *Explicit Summa de tempore*. Ensuite, du folio 193 au folio 229, se succèdent les sermons mêlés, tous anonymes, dont le dernier est incomplet. Cette seconde série est de la même main que la première.

Notre savant confrère, M. Delisle, juge que le volume est du xiiie siècle (1). Il n'y a pas lieu d'en douter ; mais il importe de faire remarquer qu'il fut certainement écrit après l'année 1274, car on y trouve, fol. 60 v°, une citation de saint Bonaventure que précédent ces mots : *Magister Bonaventure, felicis memoriæ, hoc exponit loquens de dono pietatis...* Saint Bonaventure est mort, on le sait, le 13 juillet 1274.

Bien des recueils de sermons ont peu d'intérêt. Celui-ci, par exception, en a beaucoup. D'abord tous les sermons qu'il renferme sont inédits, quoique plusieurs soient de docteurs justement célèbres. Ils sont inédits, et, pour la plupart, inconnus. Encore n'a-t-on jamais cité, de ceux qui sont connus, que les rubriques, et, quant à ceux qui ne le sont pas, si nous n'avons pas tout à fait perdu notre peine en les cherchant ailleurs, rarement nous avons découvert d'autres copies d'un très petit nombre. Voici

____

(1) *Invent. des man. de Saint-Victor*, p. 61.

donc quelques sermons nouveaux de prédicateurs à
bon droit estimés, dont on croyait n'avoir conservé
presque rien ; en voici d'autres de clercs, de moines,
de religieux, dont les plus louables bibliographes
ont ignoré même les noms. Avec ce volume il y a
près de vingt lacunes à combler dans l'*Histoire littéraire de la France*. C'est pourquoi nous nous empressons de le faire connaître.

Tous les sermons que nous avons ici sont du
XIIIe siècle. Ceux du XIIe, graves, savants, littéraires,
n'étaient plus guère à la mode quand fut composé
ce recueil. Il restait bien quelques imitateurs à saint
Bernard ; mais le genre dogmatique et pédant de
Pierre le Lombard, de Pierre Le Mangeur, qu'on
prisait tant autrefois, était en complète défaveur. Il
ne s'agit plus maintenant de faire preuve de science
et d'esprit en interprétant des allégories supposées.
Aujourd'hui prêcher c'est causer, causer familière-
ment, en citant des exemples vulgaires, en mêlant
au latin solennel de l'Écriture des proverbes, des
dictons français ; on pardonne même à cette causerie
d'être triviale.

L'occasion nous étant offerte de produire quelques
spécimens de cette éloquence populaire, nous croyons
devoir ne pas la négliger. On y trouvera des inconvenances de toute sorte ; mais, pour faire bien apprécier l'état moral d'un orateur, il n'y a rien de tel que
ses naïves offenses aux règles du goût. Dans un sermon composé selon ces règles, il dit ce qu'il doit
dire, non peut-être ce qu'il pense. Le ton plus ou
moins vif de sa sincérité nous apprend, en outre, ce

qu'il peut se permettre devant son public, ou ce qu'il juge utile d'oser pour lui plaire. D'où l'on recueille d'intéressantes informations sur les mœurs du temps. Les mêmes sermons en contiennent d'autres sur la vie publique et privée des gens de toute condition, leurs sentiments touchant leurs droits, leurs devoirs particuliers ou réciproques, leurs usages, leurs travaux, leurs divertissements, etc. L'historien est aujourd'hui très curieux de ces documents autrefois trop dédaignés, et l'on doit, quand on les rencontre, les transcrire pour lui, sans prévoir l'emploi qu'il en pourra faire.

L'économie du volume ne sera pas observée dans notre analyse; les sermons dispersés de chaque prédicateur y seront placés les uns après les autres, et les noms des personnes rangés suivant l'ordre alphabétique. Ainsi seront évitées des redites qu'on trouverait à bon droit fastidieuses. En dernier lieu, nous mentionnerons les sermons dont nous n'avons pu découvrir les auteurs.

ALBERT. De cet Albert, frère Mineur, que les bibliographes de son ordre nomment Albert de Metz, nous avons ici plusieurs sermons. Le premier nous était déjà connu; nous l'avons autrefois cité d'après notre n° 14923 (fol. 25) (1). Il est encore, mais sans le nom de l'auteur, dans le n° 14961 (fol. 60). En voici le titre et le début.

1. (fol. 50.) *Fratris Auberti, Minoris Parisius.* Pour le dimanche de la Quinquagésime. *Quid vis ut fa-*

(1) *Hist. litt. de la France,* t. XXVII, p. 104.

ciam? . . . — *Dicitur vulgariter* : « Cui Diex veut aidier nus ne li puet nuire. » *Bonum habet adjutorium qui Deum habet adjutorem.*

Voici maintenant la paraphrase du thème :

Quid vis, etc. In præsenti evangelio leguntur verba ista. Dicitur vulgariter « que au greigneur besoing doit len courre ». Verbi gratia, si domus alicujus arderet et vinum, dolio fracto, effunderetur, prius recurreretur ad domum, relicto dolio. Non est aliquis homo in mundo, ut credo, si amisisset visum suum et bona sua terrena et peteret ab eo aliquis, potens restituere omnia damna sua : *Quid vis ut faciam tibi?* qui non diceret : « Domine, ut videam »; quia non est tanta paupertas quanta amissio visus : « Mout est povre qui ne voit ». Ad litteram, in præsenti evangelio tractatur de quodam cæco corporaliter, curato a Domino, qui, cum audiret Jesum prætereuntem, clamavit voce magna : « *Jesu, fili David* », et cet., et ipse Jesus fecit eum adduci ad se et dixit ei verba proposita : *Quid vis*, et cet. Ecce maxima liberalitas Dei... Moraliter, per istum cæcum intelligitur peccator mortaliter peccans. Sicut enim cæcus nescit quo vadit, sed sæpe cadit de fossato in fossatum, ita peccator non videt statum suum, sed sæpius cadit de uno peccato in aliud ; diabolus enim excæcavit oculos ejus et ludit de eo « à chapefol ». Ideo talis debet clamare ad Deum totis medullis cordis, sicut iste cæcus, ut Deus illuminet eum et reddat oculos cordis.

Cet exorde est bien selon le goût du temps. Le discours est peu suivi, le style n'est pas plus élégant qu'il n'est correct; mais, au xiiiᵉ siècle, cela n'importe plus ; ce qui importe, c'est de tout dire aisément, gaiement, même les choses les plus graves. N'est-ce pas une image plaisante que celle du diable jouant « à chapefol », c'est-à-dire à colin-maillard, avec le pauvre pécheur qui ne se tire d'un fossé que pour choir dans un autre? Nous ne voudrions pas, toutefois

assurer qu'Albert en ait, le premier, fait usage.
Un sermonnaire dont nous ne savons pas le nom,
mais qui doit avoir été contemporain d'Albert, dit de
même :

Diabolus ludit de peccatore « à chapifol », qui est gallice
ludus puerorum, scilicet quando ponitur capucium unius
ante oculos suos ita quod non videt, et alii verberant eum ;
et tamen totum est de ludo (1).

Et nous lisons dans un recueil de sentences, de
bons mots dont que les prédicateurs sont invités à
garnir leurs sermons :

Non sis excæcatus a dæmonibus qui ludunt de peccatoribus « au chapefol », unde cadunt de fossato in fossatum,
id est de peccato in peccatum (2).

Mais revenons au sermon d'Albert. Il nous serait
reproché de n'en pas extraire cette anecdote, où l'on
voit que tout le monde pouvait alors aborder les rois,
même les derniers des ribauds :

Quidam indiscrete petunt, sicut legitur de quodam ribaldo
qui petiit a rege Philippo unum denarium, et rex respondit
non esse hoc donum regis. Et ribaldus dixit : « Detis mihi
centum. » Et respondit rex hoc non esse donum ribaldo ; et
sic nihil obtinuit, quia indiscrete petiit.

Voici dans quels termes est ensuite exposé le
mystère de la rédemption :

Multoties fecerat Dominus lexiviam de lacrymis suis
calidis, in cunabulis et quando flevit super civitatem Jeru-

(1) Man. lat. de la Bibl. nat., n° 15119, fol. 155 v°.
(2) Man. lat. de la Bibl. nat., n° 14961, fol. 221.

salem et in cruce ; et, (cum) vidit quod non perfecte lave-
retur hæc macula, tantus fœtor (erat) peccati, fecit de proprio corpore lavatorium ad quinque tuellos (1), (et) ut quilibet acciperet lotionem, effudit sanguinem suum in quinque
partibus sui corporis ut nos lavaret... In hoc plus dilexit
nos quam mater filium, quia nunquam audistis quod mater
lavaret filium proprio sanguine... Sicut videtis, quando
magnus ignis est in camino, aliquando rumpit caminum ;
sic ignis caritatis rupit cor et corpus ejus in cruce, in
memoriam nostri amoris. Nota : solent homines, ob memoriam alicujus, facere nodum in zona in signum amoris,
et Christus in propriis manibus habuit scriptum sanguine
memoriale amoris erga nos... Hoc memoriale nullo modo
potest deleri, nec aqua, nec igne, nec alio modo, ita fortiter
imprimitur littera « à force de cisel, enluminée de ver-
meillon » proprii sanguinis. Hoc est alphabetum omnium
laicorum. Nullus potest se excusare de ignorantia istus alpha-
beti. Videat quilibet crucifixum in cruce !

Ce dernier trait, injurieux pour les laïques, est fré-
quent dans les livres et les sermons des clercs. *Pic-
tura laicorum litteratura :* c'était un vieux proverbe.
En effet tous les laïques, ou du moins presque tous,
noble et vilains, ressemblaient alors à la mère de
Villon :

> Ne riens ne sçay, oncques lettre ne leuz ;
> Au moustier voy, dont suis paroissienne,
> Paradis painct, où sont harpes et luz,
> Et ung enfer où damnez sont boulluz.
> L'un me faict paour, l'autre joye et liesse (2).

Les livres n'étaient lus que par les clercs. De là
ce qu'on appelle aujourd'hui deux classes, dont l'une,
la classe lettrée, méprisait franchement l'illettrée.

(1) A cinq tuyaux.
(2) *Œuvres* de Villon ; *Ballade à la requête de sa mère.*

Nous aurons à citer plus loin d'autres déclarations de ce mépris.

1. (Fol. 68.) *Sermo fratris Auberli, Minoris.* Pour le troisième dimanche du Carême. *Ambulate in dilectione Dei . . .* — *Dicitur vulgariter* « Mieux vaut amis en voie que deniers en courroie ».

Le style de ce sermon est celui du précédent : style facile, libre, bas et nullement correct. Ce que nous trouvons ici de particulier, c'est le récit d'une aventure chevaleresque fait en vue d'exciter la piété. On rencontre souvent, dans les sermons du XIIIe siècle, des allusions aux chansons de geste; mais ce sont toujours des allusions dédaigneuses. Le succès de ces chansons blesse les clercs; les gens qui font métier de les conter leur enlèvent, disent-ils, des auditeurs : *Plures habet auditores joculator quam prædicator* (1); et c'est là, s'empressent-ils d'ajouter, une chose scandaleuse. *Multi sunt*, s'écrit le Prêcheur Guy d'Évreux, *promptiores vocationi diabolicæ quam Dei. Si diabolus vocat* « à la touche de karoles », *statim currunt ad locutiones, ad cantatores* « de geste ». *Si Deus vocat ad horas, ad missam, ad sermonem, statim fugiunt* (2). Entendons maintenant un Mineur, frère Antoine : *Alii statim fugiunt cum prædicatur. Similes sunt buffonibus, qui fugiunt de vinea cum incipit florere et redolere. Loquamini talibus de Carolo et hujusmodi, diu audient; sed si de verbo Dei, fugiunt statim* (3). Enfin un séculier, Robert de Sorbon : *In ista terra*

(1) Sermon anonyme. Bibl. nat., man. lat., n° 14951, fol. 119.
(2) N° 15966 de la Bibl. nat., fol. 207.
(3) N° 15971, fol. 89 v°.

*libentius audiunt loqui de Rolando et Oliverio quam
de Deo* (1). Et pourtant, s'écrie Gérard de Liège, si
la triste fin du brave Roland excite une juste com-
passion, celle de Jésus, mourant sur la croix, n'est
pas moins pitoyable : *Ad litteram Christus sitivit in
cruce, ubi mortuus est morte Rolandi, sitiendo et
clamando. Multi compatiuntur Rolando et non
Christo* (2). Évidemment ce serait justice de pleurer
sur l'un comme sur l'autre.

Mais, puisqu'on les aime tant, ces fables romanes-
ques, pourquoi les prédicateurs n'en conteraient-ils
pas quelques-unes, en se proposant, c'est bien
entendu, d'en tirer ensuite telle ou telle instruction
salutaire? C'est ce que fait Albert dans le présent
sermon. Nous citons :

Fuit quædam puella a quodam tyranno quotidie graviter
impugnata; nec habebat virum aliquem qui posset eam
defendere contra tyrannum qui volebat sibi hereditatem
suam auferre. Sæpe clamabat ad Dominum ut liberaret eam
de potestate illius tyranni. Tandem venit quidam juvenis
miles, qui obtulit se pro ea pugnaturum. Tantum dixit
ei quod nihil quærebat ab ea nisi ut, si vinceret tyrannum
et viveret, quod haberet illius memoriam; si autem moreretur, custodiret tunicam suam ad amandum in memoria.
Accessit dies conflictus. Ille juvenis miles pugnavit cum
tyranno a mane usque ad vesperam et devicit tyrannum;
sed vulneratus fuit graviter quinque vulneribus et in quinto
mortuus fuit. Tum illa puella accepit tunicam ejus tinctam
suo sanguine, ut ille rogaverat, et posuit in camera sua in
tali loco quod ipsam videbat quoties intrabat cameram,
et ingrediens et egrediens flebat pro amore illius, et sæpius
ibat in cameram ut videret tunicam et haberet amici sui
memoriam.

(1) Man. lat. de la Bibl. nat., nº 15971, fol. 172, col. 2.
(2) Man. lat. de la Bibl. nat., nº 16483, fol. 29.

Et voici comment Albert moralise cette narration, chaste d'ailleurs, il faut le reconnaitre, mais certainement profane :

Spiritualiter puella ista fuit humana natura, tyrannus diabolus, miles Christus, qui accepit tunicam albam ad armandum se contra diabolum, scilicet carnem in utero Virginis. Bene fuit alba quia peccatum non fecit. « Il prist la cuirée blanche, a la croix de geules » et pugnavit contra diabolum usque ad nonam, et vulneratus fuit quinque vulneribus, cum lancea lanceatus et mortuus; sed tamen diabolum devicit. Tu ergo, o anima christiana, accipe tunicam, scilicet passionis suæ memoriam, et pone ante oculos tuos, et tunc superabis omnes adversarios tuos.

Ajoutons qu'Albert de Metz n'a pas seul usé de ce stratagème pour exciter l'attention de ses auditeurs. Nous avons tout à l'heure entendu Guy d'Évreux dénonçant les chansons de geste comme d'abominables inventions du diable; écoutons-le maintenant contant la même historiette qu'Albert, en des termes un peu différents :

Quædam domicella erat, quæ fuit dives et de magno genere, scilicet natura humana, vel fidelis anima, quia domina super omnem creaturam inferiorem, sed a quodam potente per violentiam et injuriam exheredata, scilicet diabolo, et ita depauperata quod non inveniebat in terra aliquod auxilium, quia purus homo satisfacere non valebat. Quod audiens filius cujusdam magni regis, scilicet filius Dei Patris, desponsavit eam, scilicet quando sumpsit carnem, et pugnavit cum illo potente, scilicet hodierna die, et restituit hereditatem, quia per passionem Christi redditur via cœli. Sed tamen in bello occisus est ex vulneribus assumptis. Sed quid fecit illa ? Accepit arma et posuit in camera sua, et quotiescumque videbat ea flebat ; et, dum rogaretur quod se maritaret, semper currebat ad illa arma et, cum videbat ea, tantum dolebat in corde suo quod nullo modo

concedere volebat. Non enim dederat oblivioni amicum
suum. Etiam sic debet homo accipere cor et recolere passionem Christi, et, si rogatur « de marier », id est tentatur de
peccato, debet recurrere ad arma amici sui, scilicet Christi,
et tunc non peccaret. Sed scitis quod est de quibusdam
sicut de mulieribus Lombardiæ, quæ in morte maritorum se
lacerant et in crastino se maritant (1).

Ne négligeons pas de faire remarquer le mot jovial
qui termine ce conte lugubre. Si les femmes de Lom-
bardie sont ici calomniées, elles l'ont été par d'autres
que par Guy d'Évreux, car, dans un recueil d'historiettes et de bons mots à l'usage des prédicateurs,
nous lisons :

Mulieres Lombardiæ in morte maritorum flent et capillos
et vultus laniant ; sed cito post cum gaudio alii nubunt,
priore oblito ; sic qui, post pœnitentiam et fletum in Quadragesima et in Passione Domini, cito post Pascha ad
diabolum, Deo oblito, cum gaudio redeunt (2).

Quoi qu'il en soit, calomnieux ou non, ce trait
n'était certes pas attendu. Mais ces contrastes sont
fréquents dans les sermons du xiii siècle. Chacun
prêchait alors selon son humeur particulière, et si
l'orateur était d'un naturel badin, il passait vite et
sans gêne du sévère au plaisant. Qu'on ne s'étonne
pas non plus de rencontrer dans un sermon une
fable déjà contée par l'auteur d'un autre. Les prédicateurs se faisaient habituellement ces emprunts, qu'on
n'appelait pas des larcins ; quelquefois même ils
reproduisaient, sans y rien changer, des fragments
très étendus de sermons naguère prononcés, non pas

(1) Nº 15966 des man. lat. de la Bibl. nat., fol. 46 vº.
(2) Nº 14961 des man. lat. de la même bibliothèque, fol. 201 vº.

sans doute devant les mêmes auditeurs, par tel ou tel de leurs amis ou de leurs rivaux.

BARTHÉLEMY. Il s'agit de Barthélemy de Tours, prieur provincial des frères Prêcheurs. Échard, ayant rencontré quelques-uns de ses sermons, a pris le soin d'en recueillir exactement les titres. C'était, suivant M. Daunou, leur faire trop d'honneur (1). Nous ne supposons pas que M. Daunou les ait lus avant de les juger. Des sermons latins, et de ce temps-là! Ils ne sont pas, nous nous empressons de le reconnaître, d'un écrivain très recommandable; mais, si peu d'intérêt qu'ils offrent au point de vue littéraire, ce sont des monuments dont il est utile de constater l'existence.

Les sermons de Barthélemy que renferme notre volume sont au nombre de sept, dont aucun ne se rencontre parmi ceux qu'Échard a mentionnés. Ils sont donc tout à fait inconnus.

1. (Fol. 7.) *Sermo mag. Bartholomæi, Jacobitæ, quondam prioris.* Pour le troisième dimanche de l'Avent. *Cum audisset Joannes in vinculis... Sic nos existimet homo... — Verbum ultimum, sumptum de epistola Pauli hodierna.*

On ne s'étonne pas d'entendre Barthélemy dire des clercs de son temps :

Certe multi plus hodie volunt quiescere quam ministrare, plus appetunt præbendas quam scientiam, plus magisterium quam disciplinam, plus dignitatem quam onus, similes primo angelo superbo qui dixit : *Ascendam in cœlum, sedebo in monte testamenti* (2).

(1) *Hist. litt. de la France,* t. XIX, p. 436.
(2) Isaï, xiv, 13.

Il s'agit, en effet, des clercs séculiers; et il était habituel aux religieux de tout ordre de les traiter avec peu de ménagement. Mais nous avons cité cette phrase avec l'intention de faire remarquer que les gens ainsi malmenés étaient prompts, dans l'occasion, à rendre injure pour injure. On les accusait de convoiter des dignités, des prébendes fructueuses; et les moines, pour avoir fait vœu d'humilité, de pauvreté, vivaient-ils d'une façon plus exemplaire? Un éminent séculier, le chancelier Philippe de Grève, va leur faire la leçon. Prêtons l'oreille :

Numquid se debet monachum reputare in cujus corde nullum silentium, sed mulier litigiosa, id est conscientia, compellit Dominum exire ; in cujus conscientia quasi classica diaboli concrepant in tantum quod tonitruum divinæ comminationis audiri non possit; in quibus bestialium affectionum tumultuant ululatus, quæ clamant semper : Affer. affer ?... Numquid est monachus qui non intrat refectorium lectionis, qui non intrat capitulum correctionis, qui non intrat dormitorium contemplationis, qui non intrat oratorium devotionis ? Numquid est monachus qui propriam habet voluntaten, proprium sensum, vel aliquid proprium (1) ?·

Voilà pour les simples moines. Voici maintenant pour les moines pourvus de certaines dignités :

Quidam monachi nostri temporis sunt milites veri et monachi picti... Est videre quosdam claustrales qui, cum fiant præpositi, sunt in equis elati, in verbis imperiosi, in gestu superciliosi, rusticos talliantes, pecuniam emungentes. Quid dices eos nisi milites, monachi picturam habentes, militis veritatem (2) ?

(1) N° 354 de la Bibliothèque Mazarine, fol. 117.
(2) *Ibid.*, fol. 118, col. 3.

Or c'est là précisément ce que les réguliers disent des dignitaires séculiers. Écoutons Absalon, abbé de Saint-Victor :

Clerici nostri temporis, qui cum ecclesiasticis officiis curas animarum suscipiunt, solo quæstu clericos, habitu milites, sed vivendo et prædicando neutros se exhibent. Quod opera eorum loquentur cum de eleumosynis pauperum regales equos, vestimenta sæcularia, calcaria et fræna deaurata, sellas picturatas comparare non erubescunt. Mensa ferculis, thalamus jocis impudicis jocundus est; in palatio ubique resonat cantus de gestibus Hectoris, et in sancta ecclesia silentio damnantur verba Salvatoris (1).

Ah ! réplique le Dominicain Gérard de Liège, nous sommes de faux moines, des moines en peinture ! Et vous nous reprochez d'être vêtus comme des seigneurs. Mais quand vous dites faire notre portrait, c'est le vôtre que vous faites :

Isaiæ LVII : *Ornasti te regio unguento et multiplicasti pigmenta tua.* Hoc contra clericos maxime dicitur, qui ita ornant se, ita in habitu inhonesto ab aliis separantur quod non solum non videntur clerici, sed nec etiam milites, sed potius histriones... His cura est de veste si bene oleat, si pes laxa pelle non folleat ; crines calamistri rotantur vestigio, digiti annulis irradiant, et, ne plantas humidior via aspergat, vix summa comprimunt vestigia. Tales cum videris, sponsos vel sponsas æstima potius quam clericos (2).

On devine comment de si libres censeurs doivent, après avoir ainsi parlé des simples clercs, traiter les évêques. Et les abbés ! répliquent à leur tour les séculiers. Pour abbés, dit le cardinal Eudes de Châteauroux, les moines choisissent les pires d'entre

(1) Man. de la Bibl. nat., n° 14525, fol. 225 v°.
(2) Man. lat. de la Bibl. nat., n° 16483, fol. 76, col. 2.

eux, espérant bien avoir ensuite le droit de se régler sur leur exemple :

Vinitores magis tardum et magis pigrum faciunt regem suum, ut sequendo ipsum minus laborent ; sic monachi tales eligunt in abbates (1).

Entrez au cloître, soit ! dit un autre séculier, l'évêque de Paris Guillaume d'Auvergne ; mais entrez-y pour autre chose que pour y trouver le couvert et le vivre. Autrement vous y volez tout ce qu'on vous donne, et vous n'êtes pas plus de telle ou telle religion que les souris ne sont de l'église parce qu'elles y boivent l'huile des lampes :

Attende quod crucem latronis portat qui intrat religionem ut ibi vivat ; totum enim furatur quidquid inde sic accipit ; nec est in religione nisi sicut sorices et aves, quæ oleum bibunt, sunt in ecclesia (2).

On pourrait faire un gros recueil des propos échangés sur ce ton, entre clercs et moines, durant le XIIIe et le XIVe siècle. Ainsi, nous ne refusons pas de le croire, dans les chapitres et dans les cloîtres, on était bien peigné, bien chaussé, on avait pris goût plus qu'il n'était séant à toutes les élégances de la vie mondaine ; mais clercs et moines avaient pareillement négligé de polir leur langage pour l'accommoder aux convenances de leur état.

2. (Fol. 27.) *Sermo defuncti Bartholomæi, Jacobitæ.* Pour le troisième dimanche après l'octave de l'Épiphanie. *Domine, non sum dignus . . . — Verba ultima*

(1) Man. lat. de la Bibl. nat., n° 15951, fol. 64.
(2) Man. lat. de la Bibl. nat., n° 15954, fol. 72, col. 2.

cantata fuerunt nocte ad matutinas. Avec une collation sur le même thème.

On rencontre dans ce sermon une de ces anecdotes
que les prédicateurs du XIIIᵉ siècle s'étudiaient à bien
mettre en scène, soit pour émouvoir, soit pour
égayer leurs auditeurs :

Legitur de quodam magno advocato quod, cum graviter
infirmaretur, consuluerunt ei amici sui quod de rebus suis
disponeret et peccata sua confiteri non differet; quibus
dicebat ille advocatus : « Cras ero sanus. » Vocaverunt
amici ejus quemdam medicum, boni testimonii virum. Venit
ad eum, et, cum videret illum, advocatus dixit ei : « O
magister, quid vobis videtur de me ? » Respondit : « Certe
videtur mihi quod cito mori debeatis. » « Absit ! » ait advocatus, « quod ita cito moriar. Appello. » Statim, dicto hoc
verbo, mortuus est.

Statim suffocatus, dit Eudes de Cériton, *iter
arripuit ad inferos ubi miserabiliter appellationem
prosecutus* est. Mais tout le monde ne raconte pas
de même la mort de cet avocat. Hérolt le fait, non
pas appeler, mais demander une remise :

Advocatus quidam, in extremis laborans, cum jam videret
dæmones, cœpit a Deo petere inducias ; sed cum in causis
non dabat inducias, nisi ut causam protraheret et adversarium gravaret, etiam a Deo non potuit obtinere quod petivit,
sed miserabiliter mortuus est (2).

C'est bien certainement du même avocat qu'a voulu
nous parler le frère Mineur Thierry de Saules; mais
son récit diffère des précédents. Ce ne sont pas les
amis de l'avocat, ce sont des religieux qui le som-

____

(1) Man. lat. de la Bibl. nat., nº 16506, fol. 217.
(2) Herolt, *Prompt. exempl.*, au mot *Ira.*

ment de faire l'abandon de ses richesses, et il leur demande quelle loi le condamne à ce sacrifice. « La loi de l'Église, » répondent les religieux. « Alors, réplique l'avocat, c'est me condamner sans droit ; j'appelle ! » Et soudain il meurt. On voit ici dans l'avocat un franc païen, dont l'Évangile est le code Justinien (1).

Les avocats sont très souvent maltraités dans les sermons. C'étaient d'autres clercs, riches, honorés et enviés. Dans un recueil d'anecdotes et de bons mots fait à l'usage des prédicateurs, nous lisons : « Comme la languette de la balance se tourne toujours du côté qui pèse le plus, ainsi la langue de l'avocat du côté de l'argent (2). » Tous ils doivent aller directement en enfer ; cela va sans dire. Mais on ajoute qu'ils doivent subir les plus cruels des supplices, en la compagnie du plus abhorré des hommes, de Néron :

Quidam vidit Neronem balneantem apud inferos et ministros inferni aurum fervens infundentes super ipsum. Et cum videret chorum advocatorum ad se venientem, « Huc, inquit, venale genus hominum, venite. O advocati, amici mei, accedite, ut in hoc vase balseamini mecum ; adhuc enim superest locus in eo quem vobis servavi (3). »

N'avons-nous pas le droit d'imputer ces méchants propos à un sentiment d'envie ? Eudes de Cériton montre bien que cette imputation n'est pas calomnieuse quand il dit, avec sa pétulance habituelle : *Quam gloriosa lingua, quam fructuosa scientia lex*

---

(1) Man. lat. de la Bibl. nat., n° 14947, n° 66.
(2) Man. lat. de la Bibl. nat., n° 14961, fol. 197.
(3) Herolt, *Prompt. exempl.*, au mot *Pœna inferni*.

Turpiliana, lex Aquilina, quæ in modica hora plus lucratur quam lingua sacerdotis qui de Christo et operibus ejus per anni circulum cantilenas, missas et cetera officia clamabit (1). Cette juste remarque est un aveu naïf. Pourquoi les avocats sont-ils de si grands criminels? Parce qu'ils sont riches, répond un pauvre diseur de messes. Ainsi, dans tous les temps, les riches quelconques ont entendu les pauvres mal parler d'eux.

3. (Fol. 71.) *Sermo defuncti Bartholomæi, Jacobitæ.* Pour le troisième dimanche de Carême. *Erat Jesus ejiciens dæmonium... — In fine evangelii dicitur : Beati qui audiunt verbum Dei.*

De ce sermon, dont l'objet est de recommander la pénitence, nous n'avons rien à reproduire. Les citations y abondent, citations de l'un et de l'autre Testament, des Pères, etc., etc. C'est un édifice construit certainement à la hâte, avec des matériaux de toute provenance. Les professeurs d'éloquence sacrée disaient alors aux prédicateurs : Faites comme les marchands ; ayez, comme eux, la prévoyance d'emmagasiner des amas de blé, pour les produire ensuite et les vendre en temps opportun (2). Ils suivaient ce conseil, faisaient provision de maximes, de pointes, d'exemples, et, l'occasion venue, confectionnaient promptement un sermon avec ces pièces d'emprunt. L'art était, du moins, de les bien assortir.

4. (Fol. 109.) *Sermo defuncti Bartholomæi, Jacobitæ.* Pour le quatrième dimanche après Pâques. *Expedit*

(1) Bibl. nat., man. lat., n° 2593, fol. 134 v°.
(2) Bibl. nat., man. lat., n° 14951, fol. 36 v°, col. 1.

vobis ut ego vadam... Sit omnis homo velox ad audien-
dum... — Verba ultima sumpta sunt de epistola
Jacobi hodierna.

Ce sermon, moins banal que le précédent, est l'amplification d'une matière peut-être originale. Cette
matière, la voici :

Non solum magister Spiritus sanctus docet omnem veritatem, sed omnem scientiam et omnem artem ; docet grammaticam, logicam, musicam, arithmeticam, geometriam,
physicam, astronomiam.

L'amplification doit être maintenant reproduite
presque tout entière :

Dicamus de duobus primis tantum ut possimus ædificari.
Docet grammaticam. Grammatica docet congrue loqui ;
qui veritatem loquitur congrue loquitur in grammatica Spiritus sancti, ut loquatur verum in corde per rectam inten-
tionem. Psalmus : *Qui loquitur veritatem in corde suo* (1) :
verum in corde per confessionem. In Marco, de quodam
muto : *Solutum est vinculum linguæ ejus et loquebatur*
recte (2) : verum in opere per satisfactionem. Isaias, xl :
Dabo opus eorum in veritate et fœdus perpetuum fe-
riam eis (3). Qui in grammatica masculinum pro feminino
poneret, obliquum pro recto, multum deridendus esset. Ita
faciunt hodie multi in grammatica Spiritus sancti. Masculinum pro feminino, quando dicunt falsum pro vero ; tales
sunt homines mendaces. Obliquum pro recto, quando detrahunt bonis viris et justis et pessimos adulantur, et, quod
plus est, ipsi auctori maledicunt quando membra Dei
jurando lacerant et blasphemant. Tales docet diabolus, qui
est pater eorum, qui mendax est ab initio ; talibus potest
dici : « Vos ex patre diabolo estis. »
Docet etiam Spiritus sanctus dialecticam. Dialectica docet

(1) *Psalm.* xiv, 3.   (3) Isaïe ; non pas ch. xl, mais
(2) *Evang.* Marci, vii, 35.   ch. lxi, 8.

syllogizare; hoc docet et Spiritus sanctus; et istud patet in evangelio hodierno : *Cum venerit ille,* Spiritus veritatis, ille *arguet mundum de peccato, de justitia et de judicio* (1). De justitia sumet majorem propositionem, scilicet ista : anima quæ peccaverit ipsa morietur ; de judicio sumet minorem, silicet mandatorum Dei transgressionem. Ex istis duabus pro peccato concludet mortem æternam : *Ite, maledicti, in ignem æternum* (2). Iste magister adversarios suos ducet ad omnem metam. Primo ad redargutionem. Redargutio est præ negati concessio, vel præ concessi negatio. O quot ad istam metam ducit et ducet ! Fuerunt qui dixerunt divitias bonas esse et utiles et beatos divites. Psalmus : *Promptuaria eorum plena* (3). Sequitur, post aliqua : *Beatum populum dixerunt cui hæc sunt.* Contrarium negabunt in inferno, dicentes : *Quid nobis profuit superbia, et divitiarum jactantia quid contulit nobis* (4)? Ecce negabunt ibi quod in vita concesserunt. Item, fuerunt qui dixerunt delicias carnis utiles esse, secundum illud Ecclesiastici : *Visum est mihi ut comedat homo et bibat et fruatur lætitia cum labore suo* (5). Contrarium dicent in inferno : *Melius* nobis fuisset *ire ad domum luctus quam ad domum convivii* (6). Item fuerunt qui dixerunt honores et dignitates sæculi utiles esse. Contrarium dicent in inferno, scientes illud : *Gloria hominis stercus hodie est et cras non erit, quia reversus est in terram suam et omnis cogitatio ejus periit* (7); glosa : quæ fuit in honoribus acquirendis. Dicitur vulgariter : « Quant honeur vient e cors faut. » Ecce quomodo primo ducet adversarios suos ad redargutionem.

Secundo ducet ad metam falsi, quando falsitatem mundi ostendet eis ubi crediderunt veritatem. De quo Psalmus : *Filii hominum, usque quo gravi corde* (8), et cet. Quidquid enim est in mundo totum est vanitas et mendacium ; mundus enim fallax est et mendax, quia multa promittit et confidentes in se decipit, quia cito deficit.

---

(1) *Evang.* Joann., xvi, 8.
(2) *Evang.* Matth., xxv, 41.
(3) *Psalm.* cxliii, 13.
(4) *Sapient.,* v. 9.

(5) *Eccles.,* v, 17.
(6) *Ibid.,* vii, 3.
(7) I *Mach.,* ii, 63.
(8) *Psalm..* iv, 3.

Ducet tertio ad metam inopinabilis. Inopinabile est quod est contra opinionem omnium vel multorum. Contra opinionem istorum juvenum est quod debeant cito mori, cras forte, et beneficia sua aliis dare ; sicut fuit contra opinionem illius divitis qui tot bona habebat et dicebat sibi ipsi : « Anima mea, multa bona habes ; comede, bibe ; » et dictum est ei : « Stulte, hac nocte anima tua auferetur a te. Hæc autem quæ habes cujus erunt? » Item, contra quorumdam opinionem est quod homines viles et abjecti et despecti habeant paradisum et divites hujus sæculi inde expellantur ; sed certe isti ad metam inopinabilis ducentur...

Tout cela n'est pas fort ingénieux ; mais rien de cela n'est grossier : on ne parle pas en logique le langage de la mauvaise compagnie. Il faut d'ailleurs remarquer que, si jamais Barthélemy ne s'élève très haut, jamais il ne descend aussi bas qu'Albert de Metz et bien d'autres.

5. (Fol. 140.) *Sermo defuncti Bartholomæi, Jacobitæ, quondam prioris*. Pour le sixième dimanche après la Trinité. *Quicumque baptizati sumus... — Verba ista sumpta sunt de epistola Pauli hodierna, in quibus monet nos apostolus...*

6. (Fol. 156.) *Sermo defuncti Bartholomæi, Jacobitæ, olim prioris*. Pour le douzième dimanche après la Trinité. *Surdos fecit audire... — In verbis istis duo sunt notabilia. Primo surdis auditus reparatio.*

Nous avons déjà vu Barthélemy raconter en chaire des historiettes édifiantes, suivant en cela le conseil et l'exemple donnés par Jacques de Vitry. C'est ce qu'il a voulu faire encore ici :

Quidam scolaris fuit Parisius qui nolebat ire cum sociis suis ad campos, sed semper studere. Et, cum quærerent ab eo socii sui quare tantum studeret, respondit : ut possit esse episcopus, vel magnus prælatus. Et cum quadam die socii ejus redirent a scolis, ille, qui tantum studuerat ut esset episcopus, inventus est in lecto suo mortuus.

La narration est brève et sèche. Nous attendons maintenant la leçon de morale. Le narrateur va sans doute s'attendrir sur la triste fin de cet écolier studieux. Nullement. Puisqu'il voulait être évêque, il a reçu, dit le religieux, le juste châtiment de son ambition présomptueuse. Il nous semble que les écoliers paresseux doivent trouver cette leçon à leur goût. *Quot sunt hodie*, dit Jean de Montlhéry, *qui cruciant se in studio Parisius et Bononiæ non quomodo possint bene et honeste conversari, sed quomodo possint dominari in clero et honorari in mundo!* (1). Est-ce donc là un si grand mal? Retranchez à l'étude ces nobles mobiles, la recherche des dignités, de la gloire, quelle sorte d'étudiants vous restera-t-il?

L'anecdote racontée par Barthélemy de Tours est tirée d'un recueil d'exemples fait à l'usage des prédicateurs. Nous lisons dans le récit original que l'écolier se nommait Guillaume, et que son maître, trouvant une leçon pour lui-même dans cette mort subite et méritée, quitta sa chaire, quitta le siècle, et se réfugia dans un couvent de Prêcheurs (2).

7. (Fol. 169.) *Sermo defuncti Bartholomæi, Jacobitæ.* Pour le dix-septième dimanche après la Trinité. *Cum vocatus fueris ad nuptias... — In evangelio hodierno sex principaliter notantur.*

(1) Man. lat. de la Bibl. nat., n° 14955, fol. 110.
(2) Bibl. nat., man. lat., n° 3529 A, fol. 122.

Nous ne remarquons ici que la paraphrase suivante d'un verset des Proverbes :

Noli esse in conviviis potatorum et in commessationibus eorum qui carnibus vescuntur (1); sicut multorum rusticorum qui statim mane, quando surgunt, prius vadunt ad tabernam quam ad monasterium (*sic*), et ibi se vino ingurgitant, et multorum clericorum qui mane comedunt pastilla quando debent ire ad studium, et, quod pejus est, aliquorum religiosorum qui prius comedunt antequam dicant horas suas.

Pastilla, petits pâtés, gâteaux. On a plus d'une fois reproché ce goût de la pâtisserie aux écoliers de Paris. Mais il n'était pas très dispendieux. Nous en avons la preuve dans ces vers :

> Parisius locus egregius : mala gens, bona villa,
> Nam duo pastilla pro nummo dantur in illa (2).

Nous voilà bien plus à reprendre qu'Échard, ayant, pour notre part, reproduit non seulement des titres, mais encore des fragments de sermons laissés par Barthélemy de Tours. Mais, quoique M. Daunou soit un critique dont il y ait péril à braver la censure, nous avons cité ces fragments avec l'espoir qu'ils ne seraient pas jugés indignes de quelque attention.

BAUDOUIN. Un dominicain flamand qu'Étienne de Salanhac appelle Baudouin de Maclix, Du Boulay Baudouin de Tournai, vivait à Paris, dit Échard, en l'année 1269. Le même historien ajoute que ce Baudouin avait laissé divers écrits qui sont perdus ou n'ont pas été conservés sous son nom. Comme nous

(1) *Prov.* XXIII, 20.
(2) Bibl. nat., man. lat., n° 16089, fol. 15 v°.

ne voyons à Paris, dans le même temps, aucun autre religieux du même ordre qui ait porté le même nom, il nous semble probable que Baudouin de Maclix est l'auteur du sermon suivant :

(Fol. 137.) *Sermo magistri Balduini, Jacobitæ.* Pour le cinquième dimanche après la Trinité. *Præceptor, per totam noctem laborantes... — In virtute Dei et nomine verbum Dei debet auditoribus laxari.*

Ce prédicateur ne se complaît pas habituellement dans l'abus des comparaisons vulgaires. Son style, si peu littéraire qu'il soit, ne manque pas de gravité. Il faut qu'il cède à la passion de tout régulier contre tout séculier pour blâmer les mœurs de certains curés en ces termes évidemment sans noblesse :

Rex cœlestis et æternus puram requirit domum proprie in sacerdotibus. Contra multos tamen hodie qui mundiorem tenent cameram quam ecclesiam. In pluribus non videtur oratorium divinum, sed potius stabulum jumentorum, et, quod plus est detestandum, mundiorem habent mensam corporalem quam mensam altaris in quo consecrant corpus Christi et sanguinem. Hodie in aliquibus... mundiora linteamina quam pallia, mundius manutergium post epulationem quam post sacram communionem. Caveant tales ne diabolus in inferno faciat eis locum vel domum turpiorem.

Plusieurs comptes rendus de visites pastorales nous attestent que ces reproches étaient quelquefois, nous pourrions même dire souvent, mérités.

Il est aussi vraisemblable qu'il faut attribuer au même Baudouin un sermon conservé sous ce nom dans le n° 16500, fol. 219. Ce sermon commence par : *Cæcus sedebat... — Ubi describitur primo cæci misera conditio, secundo ejus sanatio.*

Saint Bonaventure. Nous avons dans ce volume cinq sermons inédits de saint Bonaventure. Ce docte prédicateur a naturellement dédaigné de se conformer à la mode de son temps. Il est d'une gravité constante. Cependant, regardons-le bien : son regard n'est pas dur, il est tendre ; quoiqu'il ait longtemps vécu parmi les philosophes, il n'a pas leur maintien magistral ; sa voix douce ne commande pas ; elle conseille, elle exhorte. Le grand nom du prédicateur nous engagerait à tirer des ténèbres ces cinq sermons, très dignes d'être connus. Mais un savant franciscain, le P. Fidèle de Fanna, les ayant déjà découverts dans un manuscrit d'Italie, s'était proposé, dit-il, de les publier, et il convient qu'un religieux de son ordre en soit le premier éditeur. En voici la simple nomenclature.

I. (Fol. 100.) *Sermo Bonaventuræ*. Pour le deuxième dimanche après Pâques. *Tradebat judicanti se...* — *Verba sumpta sunt de epistola Petri hodierna. In præteritis diebus egit mater Ecclesia...* De Fanna : *Ratio novæ collect. op. S. Bonav.*, p. 295.

2. (Fol. 126.) *Sermo Bonaventuræ*. Pour le premier dimanche après la Trinité. *Fili, recordare quia recepisti bona in vita tua... — In fine epistolæ ita dicitur, prima Joannis...* De Fanna, *loc. cit.*

3. (Fol. 128.) *Sermo Bonaventuræ*. Pour le dimanche après l'octave de la Trinité. *Homo quidam fecit cœnam magnam... — Dicit Philosophus : contraria juxta se posita magis elucescunt.* De Fanna, *loc. cit.*

Nous remarquons dans ce sermon un dicton français concernant les clercs qui, députés, dit l'orateur, au service de Dieu, manquent à leurs devoirs en quittant l'Église pour rentrer dans le siècle, *amore carnalium parentum; de quibus,* ajoute-t-il, *illud vulgare dictum est :* « Clerc renoié (1) qui font le jambet à saint Nicolas. » Le ton de saint Bonaventure est bien rarement aussi familier.

4. (Fol. 134.) *Sermo Bonæ Aventuræ.* Pour le quatrième dimanche après la Trinité. *Estote misericordes... — Servus qui in multis offendit dominum suum, si petit a domino justitiam...* De Fanna, p. 296. Un exemplaire anonyme de ce sermon est dans le nᵒ 14899 (fol. 74).

5. (Fol. 181.) *Sermo magistri Bonaventuræ.* Pour le vingt-deuxième dimanche après la Trinité. *Serve nequam, omne debitum... — Omnia illa bona cælestia, fratres mei, sub comparatione istorum bonorum terrenorum...* De Fanna, *ibid.*

ÉTIENNE DE GAIGNY. Étienne de Gaigny, sans doute de Gagny, près Gonesse, est un frère Prêcheur qu'Échard n'a pas connu. Il ne parait pas, du reste, avoir eu grand mérite. Nous n'avons rien à signaler dans l'unique sermon que notre volume nous offre sous son nom :

(Fol. 161.) *Sermo fratris Stephani de Gaigni, Jacobitæ.* Pour le quatorzième dimanche après la Trinité. *Jesu, præceptor, miserere nostri... — Verba ista sunt decem leprosorum ad Dominum clamantium.*

ÉTIENNE LE NORMAND. Cet Étienne le Normand est encore un frère Prêcheur jusqu'à ce jour ignoré. Nous

---

(1) *Renoié,* renégat.

avons de lui deux sermons, qu'il a prononcés l'un après l'autre, sur les propriétés, comme il dit, du Saint-Esprit. Ils n'ont pas d'intérêt.

1. (Fol. 119.) *Sermo fratris Stephani, Jacobitæ, Normanni.* Pour le jour de la Pentecôte. *Effundam de spiritu meo super omnem carnem... Repleti sunt omnes spiritu... — Sicut navis in medio maris non potest bene regi sine bono gubernaculo.*

2. (Fol. 121.) *Sermo ejusdem fratris. — Effundam de spiritu... — Dictum est in primo sermone quomodo Spiritus sanctus venit ad se diligentes...*

Ce sermon est donc la suite de celui qui précède. Tout donne lieu de croire qu'ils ont été prononcés l'un et l'autre le même jour.

EUSTACHE. Eustache, frère Mineur, n'est pas tout à fait inconnu. On a mentionné, dans l'*Histoire littéraire* (1), un de ses sermons, prononcé le premier dimanche de l'Avent au couvent de son ordre, à Paris. Notre volume en contient six autres, dont cinq ont été cités par le P. Fidèle de Fanna, qui les a trouvés, dit-il, dans un manuscrit d'Italie. Ce prédicateur a donc été plus ou moins estimé. On se l'explique en constatant qu'il est généralement gai. Ne suffisait-il pas de l'être pour avoir l'oreille de tous les jeunes clercs ? Ils auraient dû cependant plutôt le siffler que l'applaudir, car c'est un effronté plagiaire ; presque tous ses jeux d'esprit, dont nous voulons bien reconnaître l'agrément, sont empruntés aux sermons d'un autre, à ceux de Nicolas de Biard.

(1) Tome XXVII, p. 430.

1. (Fol. 16.) *Sermo Eustachii, dominica prima in octabis Nativitatis Domini. — Ubi venit plenitudo temporis... — Gallice dicitur* « Au besoing voit l'on qui amis est ». *Antequam Deus Pater unigenitum...* De Fanna : *Ratio novæ collect. op. B. Bonaventuræ*, p. 294.

2. (Fol. 19.) *Sermo mag. Eustachii, fratris Minoris, dominica infra octabas Epiphaniæ. — Dolentes quære-bamus te... Quanto res aliqua quæ perditur est pretiosior, tanto plus...* Pareillement cité par le P. de Fanna, p. 295.

Quoiqu'il aime à plaisanter, Eustache n'est pas à citer parmi les prédicateurs les plus libres de son temps. Le ton de ses plaisanteries est ordinairement mesuré. Cependant il ne se défend pas toujours de céder au mauvais exemple ; il y cède, on va le recon-naître, lorsqu'il traite ainsi les médisants :

> Multi sunt qui aliis non compatiuntur, sed magis detrac-tionibus lacerant, similes canibus mastinis. Quando unus canis percutitur, statim alii insurgunt contra eum et mor-dent dentibus ; ita multi alios infestant detractionibus cum deberent eis compati. Tales sunt deteriores porcis ; nam quando unus clamat, statim alii incurrunt compatientes.

On rencontre, dans les sermons du moyen âge, de fréquentes remontrances à l'adresse des médisants. Comme il y avait alors une grande licence de lan-gage, on ne devait pas avoir beaucoup de réserve quand on cédait à la passion de médire. Un autre prédicateur, Jean de Baume, compare de même les médisants à des chiens, mais plus délicatement :

> Quidam similes sunt canibus. Aliqui canes..., cum vident lunam apparere super hemispherium nostrum, incipiunt

latrare, et luna... non dimittit propter hoc ascendere, imo ascendit semper et magis lucet; et tunc canis magis latrat, et non cessat quousque luna est super caput suum; et tunc fessus, videns quod non dimittit propter eum, cessat. Sic aliqui, videntes alios lucere per scientiam et sanctitatem, detrahunt et objurgant, et quod faciunt sancti viri non propter hoc dimittunt bene facere, imo plus... (1).

3. (Fol. 146.) *Sermo mag. Eustachii, fratris Minoris.* Pour le huitième dimanche après la Trinité. *Non omnis qui dicit mihi : Domine... — Dicitur vulgariter : Qui bene faciet bene inveniet.* De Fanna p. 296.

L'exorde de ce sermon appartient presque tout entier à Nicolas de Biard.

4. (Fol. 151.) *Sermo mag. Eustachii, fratris Minoris.* Pour le dixième dimanche après la Trinité. *Domus mea domus orationis... — Dicit Philosophus quod qui accipit unum instrumentum pro alio male facit.* Le P. de Fanna, p. 296. Le même sermon est, sans nom d'auteur, dans le n° 14899 (fol. 67).

5. (Fol. 153.) *Sermo defuncti Eustachii, Minoris.* Pour le onzième dimanche après la Trinité. *Descendit hic justificatus... — Dicitur vulgariter :* « A la court le roi chascun i est pour soi. » De Fanna, p. 296.

Nous avons dénoncé les emprunts faits par ce prédicateur à Nicolas de Biard. Citons, comme preuve de ses plagiats, le passage suivant :

Sicut catus ad horam murem dimittit, ludens de ea, modo capiens, modo dimittens, sed, quando mus in caveam ingreditur, tunc catus illuditur et irascitur; ita facit diabolus quando pœnitens ad Deum per pœnitentiam revertitur.

____

(1) Man. lat. de la Bibl. nat., n° 14799, fol. 157.

Quod figuratum est de Herode, qui dixit tribus magis ut post adorationem pueri ad eum redirent, nec tamen sunt reversi.

Eh bien, tout ce passage est tiré, presque sans changement, d'un sermon de Nicolas : n° 13579, fol. 150.

6. (Fol. 171.) *Sermo magistri Eustachii, fratris Minoris.* Pour le dix-huitième dimanche après la Trinité. *Diliges Dominum Deum tuum... — Inter omnia mandata legis, dilectio Dei est summum et præcipuum.*

Le P. de Fanna ne paraît pas avoir rencontré ce sermon, le meilleur peut-être de frère Eustache. Nous voulons dire le mieux ordonné, mais non pas le moins banal.

Évrard du Val des Écoliers. Évrard du Val des Écoliers, prieur de Sainte-Catherine la Culture, à Paris, fut un prédicateur d'assez grand renom. Trois recueils de ses sermons existent à l'Arsenal, à la Mazarine, à la Bibliothèque nationale, et les catalogues en indiquent d'autres à Laon, à Troyes, etc. C'était un franc parleur, dont les clercs aimaient sans doute les libres facéties (1).

Nous n'avons dans notre volume qu'un seul de ses sermons :

(Fol. 47.) *Sermo magistri Evrardi de Valle Scolarium in Sexagesima. — Sufficit tibi gratia mea... Exiit qui seminat seminare... — Sicut exponit Salvator, semen est verbum Dei.*

Si les clercs, avons-nous dit, se plaisaient à l'en-

(1) *Journal des Savants*, 1887, p. 121.

tendre, il n'était probablement pas si goûté par le peuple des laïques. Aussi se plaint-il de ce que les églises soient presque désertes quand on y doit prêcher :

Debet seminari festinanter. Contra multos qui vix per mensem volunt audire prædicationem et retrahunt se a monasteriis diebus dominicis propter sermones; de quibus conqueritur Dominus : *Aggravaverunt aures suas ne audirent legem* (1). Talibus dicet Dominus : « Nescio vos. »

On ne s'étonne pas de rencontrer la même plainte en d'autres sermons. « Ont-ils perdu leur ânesse », dit un pédicateur dont nous ne savons pas le nom, « ils feront bien deux lieues pour la chercher, et, pour venir entendre le sermon, ils ont peine à quitter leur maison (2) » Les sermons étaient alors ordinairement courts; mais, lorsqu'ils étaient écrits dans la langue des clercs, ceux qui ne comprenaient rien de cette langue avaient assurément le droit de les trouver encore trop longs.

Un autre passage est à citer :

Oblectamenta parentum carnalium multos retrahunt hodie a servitio Dei et studio bonorum operum; sicut ad oculum videmus de illis clericis qui de remotis partibus veniunt Parisius ad addiscendum; plus proficiunt quam multi qui nati sunt de villa ista.

Ainsi, quand Paris était le siège principal des études théologiques et littéraires, les clercs parisiens étaient les moins laborieux et les moins instruits des

(1) Zacharie, VII, ii.
(2) Bibl. nat., man. lat., n° 18031, fol. 130, col. 1.

écoliers. Il faut reconnaître que, parmi les docteurs renommés des xiie et xiiie siècles, on ne compte pas un enfant de Paris. Hugues, surnommé de Paris, était Lorrain ou Saxon, et Guillaume de Paris, Auvergnat. Confessons même que peu de Français se firent remarquer dans ces chaires de Paris à qui la France dut en ce temps-là presque toute sa gloire : Alexandre de Halès, Robert Grossetète, Roger Bacon, Jean Duns Scot, Richard de Middleton, Guillaume d'Ockam étaient Anglais ; Albert le Grand, Allemand ; Thomas d'Aquin, Bonaventure, Jacques de Viterbe, Gilles de Rome, Italiens, et Henri de Gand, Flamand.

Gaudrin. Ce Gaudrin était moine : moine noir ou blanc. C'est à Paris qu'il doit avoir prononcé l'unique sermon qu'on ait de lui, celui que contient notre volume ; mais il ne s'est pas fait remarquer sur ce grand théâtre ; aucun historien ne le cite, et nous venons d'apprendre qu'il a vécu.

Fol. 186. *Sermo magistri Gaudrini, monachi.* Pour le vingt-quatrième dimanche après la Trinité. *Domine, filia mea modo... — Verba ista sumpta sunt de evangelio hodierno et sunt verba principis synagogæ.*

Nous ne savons pas d'où maître Gaudrin a tiré l'anecdote suivante, racontée, presque dans les mêmes termes, par un prédicateur non moins obscur, nommé Lucas (1) :

Legitur de quodam Judæo commoranti apud Babyloniam, cum vellet nocere christianis qui erant in terra illa in potestate soutanni, narravit illi soutanno Dominum dixisse

(1) Man. lat. de la Bibl. nat., Nouv. acq., n° 410, fol. 294.

discipulis suis : « *Si habueritis fidem sicut granum sina-*
pis dicetis monti huic : « Transi », et transibit (1). »
Quod audiens soutannus ille comminatus est omnibus
christianis mortem nisi unum montem in nomine Dei sui
transire facerent. Pro quo patriarcha Jerusalem omnibus
christianis indixit jejunium ut orarent Dominum pro re
ista et ostenderet paganis incredulis virtutem suam. Erat
autem inter eos quidam sutor, qui eruerat sibi oculos eo
quod ipsum scandalizaverant in aspectu cujusdam virginis ;
erat enim vir magnæ sanctitatis. Hic, in nomine Jesu
Christi, Domini nostri, oratione facta, coram soutanno prin-
cipe omnibusque adstantibus, præcepit uni monti ut trans-
ferret se de loco suo, et transtulit se prope civitatem
Babyloniæ ut videretur omnibus quod civitas subverte-
retur. Quod videntes soutannus ille et Sarraceni, timentes
de subversione civitatis, rogaverunt illum ut faceret montem illum rursum transferri ad locum suum. Quod et statim
fecit, et usque hodie visus est ille mons a pluribus. Ecce
quantum valet oratio unius justi.

Hérolt raconte la même histoire, d'après Vincent
de Beauvais. Mais dans son récit, cela se passe en
Tartarie, et, le miracle accompli, le Khan des Tartares
se fait chrétien (2). Le reste de notre sermon est tout
à fait dépourvu d'intérêt. Puisque Gaudrin était
moine, il avait certainement des modèles domestiques. Il aurait dû chercher à les imiter.

GÉRARD DE REIMS (Maître). Maître Gérard de
Reims, surnommé, dit-on, Bruine, chantre de Paris,
qu'il faut distinguer de son contemporain frère Gérard de Reims, Dominicain, a laissé beaucoup de sermons ; il en avait même fait un recueil, que son ami
Pierre de Limoges dit avoir eu dans les mains.

(1) Matth. xvii, 19.
(2) Herolt, *Prompt.*, exemplum 6 de F.

Ce recueil n'ayant pas été conservé, tous les sermons de maître Gérard que nous possédons aujourd'hui sont dispersés en des manuscrits de provenance diverse. Nous en trouvons un dans notre volume.

(Fol. 94.) *Magistri Girardi Remensis. — In cœna Domini, vel in die Paschæ. — Quicumque manducaverit panem... Audite quoniam de rebus magnis... — Verbum secundo propositum scriptum est in Prov...*

Tout est compassé, tout est banal dans ce grave sermon. Il est d'un savant théologien, qui ne manque pas moins d'onction que de gaîté.

Gilbert de Breban. Gilbert de Breban, peut-être de Brabant, ne doit pas être confondu, puisqu'il était Prêcheur, avec le Flamand Gilbert de Tournai, qui était Mineur. Mais le distinguer d'un homonyme ce n'est pas le faire connaître, et tout ce que nous avons à dire sur lui, c'est qu'il a laissé deux sermons, contenus dans notre volume :

1. (Fol. 174.) *Sermo magistri Gileberti, Jacobitæ, de Breban.* Pour le dix-neuvième dimanche après la Trinité. *Surge, tolle grabatum... — Verba ista quoad litteram sunt de curatione cujusdam paralytici.*

Ce sermon, sans être très louable, a quelque valeur. La forme en est oratoire et la langue assez pure. Nous n'y remarquons, d'ailleurs, aucune facétie, aucun mot français.

2. (Fol. 183.) *Sermo magistri Gileberti, Jacobitæ.* Pour le vingt-troisième dimanche après la Trinité. *Magister, scimus quia verax es... Invocabitis me et ego exaudiam... — Verba ultima cantantur in introitu missæ hodiernæ.*

Ce qu'il y a de plus familier dans ce sermon, c'est le passage suivant :

Quærit aliquis scolaris a magistro aliquo magno in theologia : « Magister, quomodo unam bonam præbendam habere potero ? » Forte diceret magister : « Pone capucium tuum ex transverso et simula te vulpem ; solum ostendas aliis conversationem religiosam ; sic poteris habere præbendam. » Non ita respondit ei bonus magister Christus, sed : « Si vis perfectus esse, vade et vende omnia quæ habes et da pauperibus, et veni et sequere me : sic habebis in cœlo præbendam. »

Simula te vulpem : « Fais le renard ! » Les exploits de maître Renard avaient été la matière de tant de plaisants contes qu'ils étaient dans toutes les mémoires. Notons, d'ailleurs, qu'il était habituel à ce grand fourbe de contrefaire les dévots, même les gens d'Église. L'imagination de nos aïeux était joviale. On l'a dit souvent ; mais sait-on qu'ils peignaient sur leurs murs, pour s'entretenir en gaîté, une procession, dite procession du Renard, où des animaux étaient représentés lisant, chantant, dansant ? Voici la description d'une de de ces peintures :

Videmus in picturis factis in parietibus, in processione Renardi, scilicet quod animalia muta habent, ut apparet ibi, exterius formam humanam et tum officia humana exercere videntur, ut est legere, cantare, tripudiare et cetera hujusmodi (1).

Un autre prédicateur nous apprend, sans nous surprendre, que ces peintures n'étaient pas décentes, excitant par l'exemple à l'immoralité :

Ad festa mundi depinguntur ludi et vanitates et vita et processio Renardi, quæ videntes movent ad dissolutionem.

(1) Dans un sermon anonyme. Ms. lat. de la Bibl. nat., n° 15129 fol. 215 v°.

GUILLAUME. Ce Guillaume, frère Prêcheur, est-il Guillaume d'Auxerre, ou de Chartres, ou de Flandre, etc., etc.? L'ordre de Saint Dominique eut, en ce temps-là, sept ou huit Guillaume dont nous avons conservé des sermons. De celui-ci nous n'avons que le suivant dans notre volume :

(Fol. 123.) *Sermo mag. Guillelmi, Jacobitæ.* Pour le jour de la Trinité. *Nisi quis renatus fuerit... Magister, scimus quia a Deo venisti. — Nicodemus, magister in Israel, Christum vocat magistrum.*

Ce prédicateur cite saint Bernard et paraît avoir eu l'intention de l'imiter. Mais il n'y a guère réussi. Il faut néanmoins remarquer qu'il ne se permet aucune facétie; son genre est le genre triste.

GUILLAUME DE LEXI. Il est appelé Guillaume de Lexi dans le n° 16481 de la Bibliothèque nationale(1); mais, dans un manuscrit de Saint-Bénigne, indiqué par Montfaucon (2), dans le n° 1156 de la Bibliothèque royale de Turin, dans le n° 757 de la bibliothèque d'Ashmole, à Oxford, et dans le n° 237 du collège Merton (fol. 423), on lit *Guillelmus de Lusci.* Enfin, dans le volume que nous avons sous les yeux, il est tour à tour nommé Guillaume *de Lisi* et *de Luxi.* Cela fait hésiter sur le lieu de sa naissance. Mais il demeure constant qu'il était Dominicain. Il le déclare lui-même, comme nous le verrons tout à l'heure. Il nous apprend, en outre, qu'il survécut à saint Bonaventure. C'est, en effet, dans un de ses sermons que nous avons lu : *magister* Bonaventure

(1) *Hist. litt. de la France,* t. XXVI, p. 423.
(2) *Biblioth. biblioth.,* t. II, col. 1285.

felicis memoriæ. Ajoutons qu'il ne dut pas lui survivre très longtemps, puisqu'il était mort lui-même quand fut écrit notre volume. Le copiste a pris le soin de nous en avertir plusieurs fois.

Plusieurs de ses sermons sont ici réunis :

1. (fol. 40.) *Dominica in Septuagesima, Guillelmi de Lisi, Jacobitæ. — Sic currite ut comprehendatis... Tenebræ erant... — Carissimi, propter peccatum primorum parentum factæ sunt tenebræ.*

Ce prédicateur est habituellement assez grave. Cependant il abaisse quelquefois le ton de son discours et conte des historiettes plus ou moins plaisantes, comme celle-ci :

Legitur de quodam fratre Jacobita, qui ibat in prædicatione et vidit duas mulieres ornatas currentes ad lupanar; et clamavit post illas : « Pro dulcissima misericordia Dei! Quare ita cito curritis ad infernum? Si vultis ibi ire, saltem lento gradu incedatis! »

Cet « Allez-y, du moins, lentement », dit par un Dominicain et répété par un autre, doit aujourd'hui paraître, dans la bouche de tels personnages, un propos très léger. Mais alors cela ne choquait peut-être personne.

2. (Fol. 44.) *Sermo de eadem dominica, fratris Guillermi, Jacobitæ, de Luxi. — Multi sunt vocati... — Inter multos modos quibus nos Dominus vocat, quatuor sunt principales.*

Guillaume déclare, dans la phrase suivante, à quel ordre il appartient :

Simile est regnum cœlorum homini regi qui fecit cœnam magnam et misit servum suum hora cœnæ vocare invitatos.

Servus iste est ordo Prædicatorum, qui, licet plures sint in se, tamen idem prædicant et ad eumdem finem tendunt; de quorum numero cum sim unus indignus, rogemus primo Deum ut det mihi vos vocare per prædicationem.

Une autre copie de ce sermon est, sans le nom de l'auteur, dans le n° 14923 (1).

3. (Fol. 56.) *Sermo defuncti Guillermi de Luxi.* Pour le premier dimanche du Carême. *Cum jejunasset quadraginta diebus... — Natura exigit, experientia docet et Scriptura sacra testatur ut homo non posset...* Ce sermon est suivi d'une assez longue collation.

Le sermon et la collation ont pour objet principal de recommander la confession et la pénitence. En ce qui regarde la confession, l'orateur la veut fréquente et sans réticences avant la communion pascale; ce qu'il exprime ainsi, fol. 57 :

Si quis haberet vas immundum in quo deberet ponere pretiosum letuarium vel balsamum, non solum semel lavaret, sed sæpius, donec mundum esset. Sic quilibet christianus die Paschæ debet recipere, non letuarium, unguentum, vel balsamum, sed Christi corpus pretiosissimum; ergo antea sæpius debemus purgari...

Si la comparaison manque de noblesse, l'argument peut être qualifié de topique. Il n'est donc pas étonnant que des orateurs sans délicatesse en aient souvent fait usage. Nous lisons dans un sermon anonyme :

Sunt aliqui qui, quando veniunt ad confessionem et deberent se lavare et expurgare a peccatis suis, quando sedent

____

(1) Tome III, p. 301.

coram sacerdote, nesciunt quid debeant dicere. Toti stupefacti sunt et dicunt : « Ah, Domine ! Nimis risi, plus locutus sum quam debui, peccavi aliquando cum congregationibus malis », et talia ; et pro verecundia miseri non audent dicere enormia et grossa peccata. Tales certe male se lavant. Si enim aliquis haberet in una maxilla magnas et multas immunditias et in alia haberet unam parvam maculam, et, cum vellet se lavare, acciperet aquam et fricaret maxillam in qua non haberet nisi parvam maculam, sed aliam in qua haberet magnas immunditias leviter tergeret, nec curaret de illa, esset ne bene factum? (1).

Cet autre emploi de la même comparaison est encore plus familier ; n'hésitons pas à dire plus grossier.

4. (Fol. 75.) *Defuncti Guillermi de Luxi.* Pour le deuxième dimanche du Carême. *Domine, adjuva me.* — *Verbum sumptum est de evangelio hodierno. Sapienter loquitur mulier ista.* Autre copie, mais anomyme, n° 14923 (2).

Dans les sermons précédents de Guillaume nous n'avons pas rencontré de dictons français. Ici nous en avons plusieurs ; et d'abord cette maxime : « Au premier coup ne chiet pas li chenes. » Plus loin : *Quilibet operarius debet dicere gallice in principio sui operis :* « Biaus sires Diex, sois en m'ayde ! » Cet orateur n'est pas non plus prodigue de citations. Ici pourtant il en fait quelques-unes ; il cite notamment ce vers dont il n'indique pas l'auteur :

Non clamor, sed amor, cantat in aure Dei.

(1) Man. lat. de la Bibl. nat., n° 14761, fol. 77 v°.
(2) Tome III, p. 301.

C'est le second vers d'un distique que nous avons lu complet dans un autre sermon :

Non vox, sed votum; non musica cordula, sed cor;
Non clamor, sed amor, cantat in aure Dei (1).

5. (Fol. 75.) *Defuncti Guillermi de Luxi*. Pour la Mi-Carême. *Lætatus sum in his quæ dicta sunt... Fons ascendebat de terra... — Verba ultimo proposita concordant festivitati quæ est de Conceptione.*

Plusieurs phrases de ce sermon ont trait aux mœurs de l'ancien temps et quelques-unes à celles de tous les temps. Nous citons d'abord cette plaisante comparaison du diable et des marchands de fruits, abusant le pauvre monde par les mêmes tromperies :

Diabolus excæcat oculos talium, ne videant; tales desipit sicut venditores pomorum desipiunt ementes, qui ponunt aliqua pulchra poma in ore calati, et interius remanent alia putrida. Ita diabolus momentanam delectationem carnis prætendit et interius æternum cruciatum intendit.

Si l'on faisait un recueil de tout ce qu'ont dit les sermonnaires sur les fraudes des marchands, il serait considérable, l'art de tromper ayant été toujours un art très cultivé. Guillaume n'a mentionné qu'une de leurs pratiques. En voici bien d'autres, minutieusement dévoilées par Jacques de Vitry :

Quædam (negotiationes) sunt quæ nullam recipiunt excusationem, sicut cum fraudulenti tabernarii vel caupones, ignorantibus emptoribus, miscent aquam vino, vel pravum vinum et bonum trahunt de eodem dolio, et vetulæ male-

(1) Man. lat. de la Bibl. nat., n° 12418, fol. 32, col. 1; le sermon est anonyme.

dictæ aquam ponunt in lacte, vel, quando vaccas vendere
volunt, per aliquot dies lac a mamillis non extrahunt, ut,
mamillis turgentibus, lactis copiam habere videantur, et,
quando caseos vendere volunt, prius in pulmentis suis
ponentes, pinguedinem extrahunt, et, fusatas seu filacia sua
ad pondus vendere volentes, nocte præcedente in humida
terra ut magis ponderent reponunt. Idem de carnificibus qui
carnes venales vel pisces sufflando inflant ut corpulentiores
et pinguiores appareant, vel, antequam pernas et bacones
vendant, sanguinem comprimendo quasi in torculari eji-
ciunt, et carnem quasi cum foraminibus plenam vacuitate
et vacuam plenitude vendunt, fauces autem veterum pis-
cium vendentes rubescere faciunt vel sanguine tingunt ut
recentes videantur (1).

Quelques-uns de ces artifices étaient déjà signalés
comme nuisibles à la santé publique et peut-être
même les croyait-on plus dangereux encore qu'ils ne
l'étaient. Guibert de Tournay, ayant reproduit
presque littéralement, dans un de ses sermons, le
passage que nous venons de citer, raconte ensuite
cette anecdote, qu'il emprunte pareillement à Jacques
de Vitry :

Unde, cum quidam christianus captus duceretur ad sol-
danum ut decapitaretur. « Si me, inquit soldano, interficitis
magnum damnum incurretis; non est enim annus in quo
non occidam plus quam centum de hostibus vestris pere
grinis christianis, quibus carnes coctas veteres fœtidas et
pisces corruptos vendo (2). »

Il était donc habituel aux prédicateurs de dénoncer
les marchands comme des voleurs, et particulièrement

(1) Man. lat., n° 17509, fol. 116.
(2) Man. lat., n° 9606, fol. 32 v°. Cette historiette est aussi
contée par Étienne de Bourbon. Voir l'édition du *De septem donis*
par M. Lecoy de La Marche, p. 377.

les marchands de denrées comme des empoisonneurs.
Mais si maître Guillaume connaît leurs supercheries,
il est presque enclin à les leur pardonner, car ce sont
des laïques, d'ignorants laïques, qui n'ont pas appris
dans les livres quels sont les articles de la loi morale. On lit, en effet, dans le même sermon :

Nullus debet lætari nec in majoribus divitiis nec in minoribus. Quidquid sit de istis laicis, qui scripturam non intel-
ligunt, saltem clerici, religiosi et prælati in talibus non
debent lætari, scientes pro certo quod quanto ista temporalia sunt periculosiora tanto plus contemnenda.

Isti laici, ces laïques, incapables de comprendre
l'Écriture, n'en parlons pas ; c'est un monde à part,
vivant pour jouir, et courant, le cœur léger, au-de-
vant de périls qu'il ignore. Les leçons de prudence
se donnent aux clercs, aux religieux. Aux laïques, à
quoi bon ? Le chancelier Philippe de Grève ne les
traite pas mieux. Mettez, dit-il, un livre sous les yeux
d'un laïque ; il n'y voit que des traits rouges ou noirs,
tandis que le clerc lettré le lit et fait son profit de
cette lecture. Le clerc diffère du laïque comme l'être
intelligent de la brute : *Quantum laici distant ab his
litteratis, tantum non habentes intellectum ab haben-
tibus* (1). Il est vrai que ces laïques, ne sachant pas
le latin, pouvaient entendre de tels discours sans res-
sentir la moindre offense.

Ce sermon est suivi d'une collation.

6. (Fol. 85.) *Sermo Guillermi de Luxi.* Pour le dimanche des Rameaux. *Hoc sentite in vobis...* —

(1) Man. de la Bibl. Mazarine, n° 354, fol. 43 v°, col. 1.

Facta istorum magnatum duplici ratione solent enarrari. Sermon pareillement suivi d'une collation.

Nous trouvons dans la collation (fol. 90, col. 4) la mention de certain maître *Horricus*, dont l'odorat vicié n'éprouvait plus la sensation des bonnes odeurs lorsqu'il traversait le Petit-Pont, entre les boutiques des herboristes :

Alii non sentiunt, quia carnales et corrupti : sicut magister Horricus, quando transit per Parvum Pontem, non sentit bonum odorem specierum.

A ces bonnes odeurs certaines gens préféraient d'autres. Nous avons un paysan qu'on fait ainsi parler dans un sermon anonyme : *Per thronum Dei! Plus habet saporis in una bona* escaloigne *quam in omnibus giroflis de Parvo Ponte* (1). Mais tel n'était pas le cas de maître *Horricus.* Il n'était pas moins insensible à l'odeur de l'« escaloigne » qu'à celle du girofle ; il ne sentait rien. Quel était ce personnage ? Le chancelier Philippe de Grève, qui le nomme *Ulricus*, parle aussi de lui dans un de ses sermons. Nous citons le passage :

Sunt quidam qui diffamant alios ut videantur boni et odire peccata, et emunt sibi laudem hoc modo. Similes carnifici, qui vendit carnes « à detal », laniat ut pretium accipiat ; sic et ipsi laniant proximum suum, imo membra Christi, ut pretium laudis accipiant ; pejores Juda, qui Christum vendidit saltem integrum. Ad istos non intrat Dominus. Non est enim « holyers » ut intret lupanar ; non est magister Ulricus ut intret cloacas ; non est carnifex ut intret « la boucherie » ; non est « coytrons » ut intret coquinas (2).

(1) Man. lat. de la Bibl. nat., n° 15964, fol. 418, col. 1.
(2) N° 354 de la Bibl. Mazarine, fol. 106 v°, col. 2.

De même Guillaume de Mailly, n° 16474 (fol. 48, col. 2) :

Valde vile est opus, gallice « li mestiers », quod nullus audet nominare ; tale est opus peccati. Quando enim quæret Dominus in judicio a quolibet : « De quel mestier » servis tu ? Quilibet secure nominabit opus suum et cæmentarius et carpentarius et magister Ulricus ; sed peccator non audebit nominare opus suum.

Enfin voici, dans un sermon anonyme, une quatrième mention de cet homme sans odorat, ici nommé *Werricus* :

Quidam non bene mundant se, qui profundantur in illo luto usque ad nares quia fœtorem peccati non sentiunt, sicut magister Werricus (1).

Cet *Horricus, Ulricus, Werricus,* en français Ourry (2), devait être, comme il nous semble, l'agent municipal chargé de visiter et de faire curer les égouts de Paris : *Non est magister Ulricus ut intret cloacas.* Combien on aurait surpris cet utile fonctionnaire en lui disant qu'il passerait à la postérité par des sermons !

7. (Fol. 97.) *Sermo Guillermi de Luxi.* Pour le premier dimanche après Pâques. *Hæc est victoria quæ vincit mundum... — Verba ista scripta sunt in epistola Joannis hodierna, et satis competunt præsenti tempori.*

Telle est la division du thème développé dans ce sermon :

Barones et principes, quando volunt de inimicis suis victoriam obtinere, septem solent facere. Primo solent loca

(1) N° 15952 des man. lat. fol. 123 v°, col. 1.
(2) C'est ainsi que l'appelle un des copistes de Guillaume de Mailly.

non munita munire. Secundo solent adversariis suis victualia subtrahere. Tertio solent adjutores sibi multiplicare. Quarto solent pauperibus militibus stipendiariis dona largiri. Quinto solent se ad invicem juvare. Sexto solent hostes impugnare et vincere. Ultimo de victoria obtenta Deo gratias reddere.

Notre ennemi, c'est le diable. Pour le combattre et le vaincre, imitons la tactique, les pratiques habituelles des barons guerroyant. On devine le reste.

8. (Fol. 104,) *Sermo defuncti Guillermi de Luxi.* Pour le troisième dimanche après Pâques. *Obsecro vos tanquam advenas...* — *Salvator in Joanne ita dicit : Spiritus ubi vult spirat.* Avec une collation.

Il y a, dans le sermon et la collation, plus d'un propos badin. Nous ne transcrivons que celui-ci (fol. 108, col. 3) :

A quo quis superatus est ejus servus efficitur. O quam vilis servitus ut homo serviat peccato suo ! Non est servus major domino suo, et peccatum nihil est, in quantum peccatum est, nisi deformitas quædam ; ergo talis minus est quam nihil : « chifre en angoirime ».

Cette locution proverbiale « chiffre en angoirime », c'est-à-dire chiffre en algorisme, en arithmétique, nous semble devoir être recueillie. M. Godefroid cite ces vers de Gautier de Coinsi :

> Or ai tant fait par angorime
> Que cifre ai fait de moi méisme (1).

9. (Fol. 132.) *Sermo fratris Guillermi de Luxi.* Pour le troisième dimanche après la Trinité. *Deus omnis*

---

(1) *Dictionn. de l'anc. lang. franc.,* au mot *Algorisme.*

gratiæ qui vocavit nos... — Qui indiget aqua clara, pura et sapida...

L'objet principal de ce sermon est de montrer combien est vaine la recherche de toutes les dignités :

Salvator discipulis suis in Joanne : *Non quomodo mundus dat ego do vobis* (1). Datum mundi comparatur ludo pilæ. Qui currunt ad pilam per vicos, vix potest habere unus pilam in manu quin statim jaciat alii. Ita multi clerici sudant et laborant in artibus et decretis, currunt Romam pro aliqua præbenda habenda, et statim ut habent moriuntur. Unde dicitur vulgariter : « Quant honneur vient et cors faut. »

N'est-ce pas encore là dissuader les clercs de toute étude, c'est-à-dire leur conseiller la paresse? Non, tel n'est pas le conseil que Guillaume entend leur donner. Mais il est, comme Barthélemy, religieux ; il n'a rien en propre, il mendie, et, s'étant volontairement soumis aux dures privations que sa règle lui prescrit, il fait un médiocre état des clercs mondains qu'il voit courir après les prébendes.

10. (Fol. 143.) *Sermo defuncti Guillermi de Luxi.* Pour le septième dimanche après la Trinité. *Nunc vero liberati a peccato... — Dicit Salvator in Matthæo : Nemo potest duobus dominis servire* (2).

11. (Fol. 164.) *Sermo fratris Guillermi de Luxi, Jacobitæ.* Pour le quinzième dimanche après la Trinité. *Dum tempus habemus operemur bonum... — In ista totali epistola movet nos apostolus ad quatuor.*

Une phrase de ce sermon nous apprend que, dans

(1) *Evang.* Joann., xiv, 27.
(2) *Evangel.* Matth., vi, 24.

les duels, les champions pouvaient, leur bâton étant
à demi brisé, le remplacer par un autre :

> Sapiens pugil, quando videt quod baculus suus deficit,
> providet sibi de alio. Quod si expectaret donec totaliter defi-
> ceret, posset vinci a socio suo. Baculus noster deficit quo-
> tidie, scilicet vita nostra ; ideo, priusquam totaliter deficiat,
> bonum est nobis providere de alia vita.

Une copie anonyme du même sermon est dans le
n° 16499 (fol. 239).

GUILLAUME DE LIGNUEL, frère Mineur. Le P. Fidèle
de Fanna nomme un Guillaume de Lignac, contemporain de saint Bonaventure, parmi les prédicateurs
dont il a trouvé des sermons dans un manuscrit
d'Italie. Nous croyons que ce Guillaume de Lignac
est notre Guillaume de Lignuel.

(Fol. 166.) *Sermo fratris Guillermi de Lignuel, Minoris.* Pour le seizième dimanche après la Trinité.
*Propheta magnus surrexit... — Beatus Lucas in evan-
gelio hodierno, unde sumpsi hoc verbum, recitat nobis
unum grande miraculum.*

Tout, dans ce sermon, est banal. Nous n'en citons
rien.

GUILLAUME DE MAILLY. Les sermons de Guillaume
de Mailly n'ont peut-être jamais été prononcés par
l'auteur lui-même. C'est une œuvre littéraire, en deux
parties, dont on appelait l'une *Abjiciamus,* parce
qu'elle commence par *Abjiciamus opera tenebrarum ;*
l'autre *Suspendium,* parce qu'elle a pour premier
thème : *Suspendium elegit anima mea* (1). De l'une

(1) *Hist. litt. de la France,* t. XXVI, p. 452.

et de l'autre on a conservé d'assez nombreuses copies.

(Fol. 220.) Pour le jour de l'Épiphanie. *Apparuit gratia Dei et Salvatoris... — Sicut dicitur vulgariter, pauper est amor qui nunquam monstratur.*

Ce sermon est, comme on le voit, anonyme dans notre manuscrit; mais il appartient à l'*Abjiciamus* dans les n⁰ˢ 15956 (fol. 188), 16474 (fol. 31), 16475 (fol. 36). Il est donc de Guillaume de Mailly. C'est un grave sermon, composé selon la méthode des logiciens par un homme évidemment curieux de bien dire. Nous avons encore dans le même volume deux sermons de Guillaume, auxquels manque pareillement le nom de l'auteur :

2. (Fol. 225.) Pour le jour de la Purification. *Postquam impleti sunt dies purgationis... — In hodierno evangelio tria tanguntur circa quæ versatur totaliter hodierna solemnitas.*

Tout, dans ce sermon, se rapporte à la fête du jour ; il n'y a pas une seule digression étrangère au sujet, pas un trait de mœurs, pas une facétie. Il fait partie du *Suspendium* dans les n⁰ˢ 16474 (fol. 233) et 16475 (fol. 291).

20. (Fol. 228.) Pour le jour de l'Annonciation. *Missus est Gabriel a Deo... — In verbis istis quatuor sunt consideranda : primo quis est iste nuntius qui mittitur.* Ce sermon, le dernier, est incomplet. Il est complet dans les n⁰ˢ 16474 (fol. 245) et 16475 (fol. 307). C'est l'avant-dernier du *Suspendium.*

JEAN D'ORLÉANS. Maître Jean d'Orléans ou des Alleus, chanoine, puis chancelier de l'église de Paris, et, vers la fin de sa vie, Dominicain, fut un prédicateur très libre et très goûté. Nous n'avons pourtant ici qu'un de ses sermons :

(Fol. 188.) *Sermo magistri Johannis Aurelianensis, canonici Parisiensis.* Pour le dimanche qui précède l'Avent. *Est puer unus hic qui habet . . . — Est triplex panis spiritualis : panis sacræ Scripturæ, panis pœnitentiæ, panis Eucharistiæ.*

Ce sermon est tout entier contre les mondains. Tous, dit l'orateur, ne professent pas avec le même cynisme le mépris des commandements divins. La plupart, au contraire, veulent paraître des chrétiens zélés. Mais leur feinte piété ne trompe personne :

Sicut arbor trahit alitum a terra, ita isti a mundo. Vinum quando gustatur et sapit territorium, bene cognoscitur a territorio, sicut dicitur vulgariter : « Cist vin sent le terrouer. » Ita isti cognoscuntur a mundo quia mundum sapiunt, nec alia scire volunt nisi ea quæ in mundo sunt.

Outre ces hypocrites, il y a les gens qui rendent à Dieu de sincères hommages et qui pourtant restent attachés au monde par quelques liens, n'en dédaignant pas au même point toutes les corruptrices jouissances. Eh bien, ceux-ci sont à blâmer après ceux-là :

Numquid, si sponsa diceret marito suo « Ego debeo tibi medietatem cordis mei et lecatori meo aliam medietatem », non posset sponsus dicere « Imo, tu mea tota es data in matrimonio, ideo te totam volo habere ? » Ita Dominus, qui est sponsus animarum, totam animam vult habere.

Comme on le voit, la morale de ce prédicateur est plus rigide que son langage n'est bienséant. Nous remarquons, d'ailleurs, qu'il aimait discourir sur le mépris du monde; ce lieu commun lui plaisait. Les circonstances avaient fait de Jean d'Orléans un clerc séculier, plus ou moins occupé, par devoir, de choses mondaines; mais il comprit, étant vieux, qu'il aurait dû, pour obéir à sa vocation naturelle, toujours vivre plus loin du monde, beaucoup plus loin.

JEAN DE VERCEIL. A Jean de Verceil, qui fut général de l'ordre des Prêcheurs de l'année 1264 à l'année 1283, nous attribuons par conjecture le sermon suivant :

(Fol. 116.) *Sermo magistri ordinis Jacobitarum.* Pour le jour de l'Ascension. *Estote prudentes et vigilate... — Apostolus, loquens de Christi ascensione, ita dicit : « Ascendens Christus in altum. »*

Disons, pour justifier notre conjecture, que Jean de Verceil, contemporain de tous les prédicateurs déjà nommés, vécut longtemps à Paris et a laissé d'autres sermons cités par Alva (1). L'objet de celui que nous avons dans notre volume est de recommander la prudence, particulièrement dans les discours : *Prudens est qui scit tacere verba detractoria, alios lædentia.* Mais pratique-t-on toujours ce qu'on prêche? Voici, dans l'exorde, des paroles très blessantes pour les évêques et les princes :

Moris est largi domini larga dare munera. Christus est largissimus, qui nobis multa dat, qui frequenter nos petere exhortatur : *Petite,* ait *et accipietis.* Hoc non dicunt moderni principes et prælati nostri. Non dicunt « Petite », sed : « Date nobis, vel auferemus a vobis. »

(1) *Hist. litt. de la France,* t. XIX, p. 384.

Nicolas de Biard. Nicolas Biard, de Biard, des Biards, est un prédicateur bien connu. Ses sermons, très souvent copiés, eurent, de son temps, un grand succès. Nous en avons un au fol. 218, qui débute ainsi:

Redemptionem misit Dominus populo suo. Dicitur : « Qui ne peiche si encort ». Contingit enim quod pater redimit pignus quod filius obligaverat in taberna et solvit pretium vini quod filius bibit et non ipse ; sic accidit Deo et nobis : de peccato enim quod feceramus solvit symbolum, quasi de vino quod non bibit.

Ce début donne à prévoir que la suite ne sera pas d'un style très noble. Il y a en effet, dans cette suite, plus d'une trivialité. Tous les sermons de Nicolas sont, comme celui-ci, des monologues dans le genre familier. Quoique le nom de l'auteur ne se lise pas en tête de la copie que renferme notre volume, on ne peut douter que ce sermon appartienne à Nicolas de Biard. Il est au fol. 37 du n° 13579 que nous avons précédemment décrit (1).

Pierre de Tarentaise. Nous ne pouvons attribuer qu'à Pierre de Tarentaise deux sermons qui, l'un et l'autre, ont pour titre *Sermo Tarentois, Jacobitæ*. Il est vrai que la confection de notre recueil est, comme on l'a dit, postérieure de quelques années peut-être à Guillaume de Lexi, lequel survécut à saint Bonaventure, mort en 1274. Or, dès le 21 janvier 1276, Pierre de Tarentaise était élu pape, et l'on peut s'étonner de le voir appeler *Tarentois Jacobita*, après qu'il avait ceint la tiare sous le nom d'Innocent V. Mais Bonaventure, qui fut supérieur général de son ordre,

(1) Tome II, p. 275.

puis cardinal évêque d'Albano, n'a pas dans notre recueil, après sa mort, un autre titre que celui de *magister*. De là, comme il semble, il faut simplement conclure que les sermons ici recueillis de l'un et l'autre ont été prononcés, par l'un et par l'autre, lorsqu'ils n'étaient encore pourvus d'aucune dignité.

1. (Fol. 24.) *Sermo Tarentois;* pour le second dimanche après l'octave de l'Épiphanie. *Nuptiæ factæ sunt in Cana... Deficiente vino, dixit mater... — In verbo ultimo notantur tria : sponsi paupertas, Virginis pietas, Christi potestas.*

Ce sermon nous paraît avoir été fait pour des religieux, non seulement parce qu'il est d'une gravité constante, mais encore parce qu'on y lit :

Qui intrat claustrum vel religionem primo ædificat. In intrando ponit primum lapidem in ædificio ; post, faciendo votum solemne professionis, consecrat et dedicat templum, scilicet seipsum Domino templum Dei vivum... ; ulterius non debet reverti ad sæculum, quia sic committeret grave sacrilegium ; et debet hoc facere cum lætitia, quia qui sunt in claustro debent servire cum lætitia cordis ; non debent portare crucem pœnitentiæ in angaria, sicut asinus vadit ad molendinum, sed hilaritate cordis, quia hilarem datorem diligit Deus.

Nous n'avons pas d'autres remarques à faire sur ce sermon. Sur le suivant nous n'en faisons aucune :

2. (Fol. 80.) *Sermo Tarentois, Jacobitæ.* Pour le dimanche de la Passion. *Per proprium sanguinem introivit Christus... — Qui diligit animam suam debet verbum Dei audire.* A la suite de ce sermon une collation.

Robert de Sorbon. Robert de Sorbon nous a laissé

d'assez nombreux sermons. Mais ils sont tous inédits ; ce qui certes est regrettable, car le franc parler
de cet homme de bien intéresse toujours et souvent
égaye. Un seul de ses sermons est dans notre recueil.
Nous croyons qu'on nous saura gré de le reproduire
tout entier :

(Fol. 53.) *Magistri Roberti de Sorbonia*. Pour le premier dimanche de Carême :

Ecce nunc tempus acceptabile, ecce nunc dies salutis,
etc. *Hortamur vos ne in vacuum Dei gratiam recipiatis.*
In secundo verbo monet nos apostolus quod verbum Dei,
id est gratiam Dei, recipiamus, receptam custodiamus,
custoditam multiplicemus aliis, et maxime isto tempore
Quadragesimæ quod est tempus gratiæ, et, quia nec recipere
nec custodire, nec multiplicare possumus sine Deo, qui est
largitor omnium gratiarum, qui dicit de seipso : *Divisiones
gratiarum sunt, idem autem spiritus* (1), dividens singulis
prout juste, ideo primo rogemus Dominum, et cet.

Ecce nunc tempus acceptabile, et cet. Sancta mater Ecclesia recitat hæc verba, sumpta de epistola hodierna, nobis
qui sumus pigri ad bene operandum et tardi, sicut asinus
stimulatur aculeo ad acuendum ; in quibus verbis duo notantur : primo temporis acceptabilitas, secundo nostra utilitas.
Primum notatur cum dicit : *Ecce nunc tempus acceptabile :*
secundum, cum subdit : *Ecce nunc dies salutis.* Circa primum tanguntur duo, scilicet brevitas temporis et pretiositas. De brevitate temporis dicit philosophus quod de tempore
non habemus nisi nunc ; præteritum tempus, illud mors
tenet ; de futuro incerti sumus ; solum præsens possidemus ;
et illud cum morte dividimus, sicut qui vendit telam, vel pan-
num, dividit et « sache d'une part ». Mira insania omnium!
Omnes student quomodo diu possint vivere, pauci ut bene
vivant, cum aliud sit impossibile, quia mors est senibus, est
scilicet januis (2) ante oculos, scilicet juvenibus ; « ele fiert en

____

(1) *Epist. prima ad Cor.*, xii, 4.
(2) Nous croyons qu'il faut lire : « Est sic et ingenuis ante oculos. »

traïson » ; bene autem vivere potest quilibet. De pretiositate
Bernardus : Nil carius est tempore. Et hoc patet per exemplum : omne rarum pretiosum; Deus bona terrena dat in
magna quantitate, tempus in modica; rex, nec imperator,
nec papa, cum multa bona dare possint abundanter, unam
solam horam dare non possunt, etiam nec sancti. Unde
Dominus ad apostolos suos : *Non est vestrum nosse tempora
vel momenta quæ pater posuit in sua potestate* (1); sibi soli
retinuit.

Vos videtis de letuario pretioso quod non datur gustan-
tibus in magna quantitate, sed de vili ; ita nec de tempore.
Mira insania eorum qui amittunt tempus! Insanus valde
diceretur qui studeret qualiter posset perdere centum libras.
Si quæreretur ab eo sic cogitante « Quid cogitas », et diceret « Quomodo perdam centum libras », fatuissimus diceretur. Magis est fatuus qui studet ut amittat tempus, cum
alia bona possunt recuperari, tempus vero non. Unde dicit
quidam philosophus : « Volat verbum irrevocabile, transit
tempus irremediabile (2) ». Versus :

Damna fleo rerum, sed plus fleo damna dierum (3).

Contra tales Bernardus : Confabulari libet, ait stultus,
donec hora vel tempus prætereat. O miser ! Donec tempus
pertranseat quod tibi ad agendam pœnitentiam, ad obtinen-
dam veniam, ad acquirendam gratiam, ad promerendam
gloriam miseratio conditoris indulsit ! Et tu dicis : « Donec
tempus prætereat. » Probavit quidam rusticus quod inter
omnes homines clerici sunt stultissimi tali ratione. Latomus
vel sutor lucratur in die sex denarios ; clericus aliquis qui
bene vult addiscere addiscit unum verbum per quod lucratur in examinatione unam præbendam centum librarum,

---

(1) *Act. apostol.*, I, 7.

(2) Lisons *irremeabile*. Ce philosophe, quel qu'il soit, a tiré le premier membre de sa sentence d'une épitre d'Horace : lib. I, epist.
XVIII, v. 71.

(3) La citation n'est pas complète. La maxime se compose de
ces deux vers que nous lisons dans le n° 8247, fol. 121, de la
Bibliothèque nationale :

Damna fleo rerum, sed plus fleo damna dierum ;
Quisque potest rebus succurrere, nemo diebus.

quam amittit si nescit illud verbum : et tamen, cum tantum possent lucrari, plures invenimus clericos otiosos quam rusticos ; ergo stultissimi. Quod concedo saltem quoad hoc : Cum bene possent operari, nec operantur. Cito assumet Salvator tempus quod tibi, frater, dedit ad pœnitentiam. Psalmus : *Cum accepero tempus* (1), etc. Dicet tibi : « Cedat tempus » ; concludet per obligationem mortem æternam. Quod si animæ possent in purgatorio habere unam solam horam temporis, plus amarent quam totum mundus. Unde dicitur vulgariter : « Et li tens s'en vet et je ne riens fet » ; in persona mali. Noli ergo expectare usquequo non possis recuperare. Unde beatus Anselinus in suis Meditationibus ita dicit : « O lignum aridum et inutile, æternis ignibus dignum, quid facies quando tempus tibi impensum ad agendam pœnitentiam exigetur quomodo a te fuit expensum (2). » Ideo dicit Salomon : *Quodcumque potest manus tua instanter operare* (3), et cet.

Sequitur de acceptibilitate hujus temporis. Istud tempus dicitur acceptabile respectu præteriti temporis et futuri : præteriti, quia nullus ante adventum Christi in carnem, si flevisset tot lacrymas quot guttæ sunt in mari, non potuisset salvari. Unde Job, XVII, 13, dicebat : *Si sustinuero, domus mea infernus est*. Adam per quatuor millia annorum fuit in inferno, et tamen contritus et dolens de peccato. Quidquid boni sancti faciebant nil valebat donec Christus venerit. Nunc autem venit : ita potest aliquis esse contritus, confessus et satisfaciens, quod quam cito moritur vadit in paradisum, etiam sine purgatorio. Quare hoc tempus dicitur acceptabilius alio tempore ante Christi incarnationem. Similiter respectu futuri temporis, quia nihil valet pœnitentia damnatorum in inferno. Specialiter autem hoc tempus Quadragesimæ est congruum ad minuendum, ad terras seminandum, ad vineas colendum et ad mare transeundum. Dico

(1) *Psalm.* LXXIV. 3.

(2) La citation exacte serait : « O lignum aridum et inutile, æternis ignibus dignum, quid respondebis in illa die, cum exigetur a te, usque ad ictum oculi, omne tempus tibi impensum qualiter fuerit a te expensum. » Anselmi *Meditat.* I ; *Patrol.*, t. CLVIII, col. 723.

(3) *Eccles.*, IX, 10.

quod hoc tempus Quadragesimæ est aptum ad sanguinem
minuendum et accipiendam medicinam tam corporalem
quam spiritualem. Modo commoventur humores : pravi humores corrumpunt corpus et pravi mores animam. Quando
quis eget minutione quærit a medico vel barbitonsore utrum
bonum fiat minuere. Loquamur de minutione corporali ut
per hoc liquefiat de minutione spirituali. Solet fieri minutio
corporalis generaliter in brachio de tribus venis : vena epatis , cordis, capitis. Quando aliquis habet pulmonem cali-
dum, id est « le foie eschaufé », vult minuti de vena epatis ;
quando habet dolorem in corde, de vena cordis ; quando in
capite, de vena capitis. Ista tria nominat Joannes in canonica
sua : *Omne quod est in mundo*, et cet. Sicut per venas cor-
porales sanguis corruptus in epate, corde, capite, est amovendus in corporali minutione, sic et in minutione spirituali
iste triplex sanguis corruptus est amovendus. Comparemus
ad invicem. Epar est fundamentum omnium virtutum natu-
ralium et principium generationis : per hoc competenter
datur intelligi concupiscentia carnis. Per cor, quod est com-
pactum, habens partes consertas, peccatum avaritiæ. Per
caput superbiam intelligo, quia in capite, ut patet per oculum, plura sunt signa superbiæ quam in aliis membris ;
ut patet in multis clericis qui faciunt « le dorenlot (1) », et in
istis mulieribus quæ ita ornant crines suos. In minutione
corporali minutor taliter nititur ad hoc ut de vena qua
indiget ille qui debet minui eliciat sanguinem ; non respi-
ciat ubique, sed ubi principaliter est sua intentio ; sic minutor spiritualis totaliter debet niti ut faciat exire sanguinem
corruptum, scilicet peccatum, per venam oris. Unde Salomon : *Vena vitæ os justi* (2), in confessione. Peccatum mortale est sanguis corruptus. Psalmus : *Libera me de sanguinibus* (3), et cet. Debet ergo sacerdos conari ad hoc ut
eliciat sanguinem corruptum in epate, scilicet in concupiscentia carnali ; in corde, scilicet in avaritia ; in
capite, id est in superbia, per venam oris, in confessione.

(1) Boucle de cheveux, relevée sur le front des hommes. (Godefroy, *Dictionn.*)
(2) *Proverb.*, x, 11.
(3) *Psalm.*, L, 16.

Debet ferire venam usque ad sanguinem; contra illos qui dicunt verba ornata : « sauf aler et sauf venir, sans nul blecier » ; debet ferire « de la lancete », hoc est de gladio Spiritus sancti, verbi Dei ; vel « flamete, » metu pœnæ infernalis.

Et nota sagacitatem naturæ. Natura ita sagax est quod primo emittit in minutione sanguinem malum, corruptum, et retinet bonum. Sic peccator peccata magis aggravantia plus debet confiteri ; contra pueros qui primo confitentur offensas patrum et matrum, quos antea non habuerunt per tres annos. Alii totum bonum quod fecerunt dicunt et malum retinent, sicut accidit de quadam muliere vetula, fatua et superba, quæ dicebat se nunquam peccasse ; cujus pedem dissimulando sacerdos suus volebat cum securi truncare. In talibus est periculum quando bonus sanguis emittitur et malus remanet.

Ulterius scitis quod ex dilatione minutionis aliquando generatur infirmitas corporis ; sic ex dilatione confessionis frequenter provenit infirmitas spiritualis. Quam cito sentis « une male eschafaison », unam carnis tentationem, debes confiteri, sicut ille qui sentit corporaliter. Unde in Ecclesiastico : *Ante languorem para medicinam* (1); sic debet fieri minutio spiritualis. Aliquando non potest aliquis minui quia nimis frigidus vel timidus est ; sic spiritualiter indiget peccator calefactione et consolatione ut possit minui, scilicet peccatum suum confiteri ; contra illos qui dicunt non debere sacerdotes peccatores in confessione interrogare, sed esse ibi sicut statua vel columna marmorea. Sicut enim barbitonsor calefacit brachium frigidum, sic minutor spiritualis debet calefacere peccatorem qui totus est congelatus per verbum Dei, alliciendo ad amorem Dei, ut, si est timidus pro magnitudine vel multitudine peccatorum, proponat Dei misericordiam erga illos qui se convertunt ad eum ; sicut de latrone in cruce, qui in una hora adeptus est veniam multorum scelerum ; sicut de Magdalena et de multis aliis in quibus abundavit peccatum, superabundavit et gratia.

Facta autem minutione, oportet ligari vulnus « que il nes crieve », quia sic posset incurrere mortem vel magnam infir-

____

(1) *Ecclesiastic.*, xviii,, 20.

mitatem ; sed non debet brachium ligari festuca, junco vel filo, quia non tegeret vulnus et esset periculum, sed fascia larga. Sic in spirituali minutione debet poni fascia, scilicet pœna peccato respondens. Sed adhuc in minutione corporali potest esse periculum si nimis cito fascia tollatur ; sic et in spirituali quidam bene faciunt pœnitentiam uno die vel duobus, sed tam cito dimittunt. Hoc non sufficit, sed oportet facere donec plaga peccati totaliter per medicamentum pœnitentiæ sanetur. Sic facta minutione et ligato vulnere, restat servare ipsam minutionem. Unde versus :

> Prima cibum, coitum vetat altera, tertia lucem,
> Et quartam servare diem jussit Galienus.

Sic et in spirituali minutione. De prima in Ecclesiastico : *Propter crapulam multi periere* (1). Qui autem abstinens est adjiciet vitam ; abstinentia est summa medicina ; cibus et potus ad moderantiam sumpti sunt sanitas animæ et corporis. Si ad superfluitatem, destruunt corpus, per consequens et animam. De secunda die, quæ vetat coitum, legitur de quodam magistro qui minutus mandavit amasiam suam et, ut cognovit eam carnaliter, statim mortuus fuit. Insani sunt qui fornicantur, sive minuti, sive non ; insanus diceretur qui « saudret » in foveam profundam « la teste avant » ; fovea profunda mulier fornicaria, fatuissimus ergo est qui intrat ad eam. Tertio prohibetur videre lucem. Psalmus : *Averte oculos meos ne videant vanitatem* (2). In hoc intelligitur quod nullus debet gloriari de opere bono suo, sed, sicut ait beatus Gregorius, sit ita bonum opus in publico ut intentio remaneat in occulto. Sic servare minutionem est modo facere operationem bonam, maxime in isto tempore, quia parum est religiosus in alio tempore qui in isto religiosior non est. Et sic in bono opere perseverare ; quod nobis, etc., etc.

Toute cette amplification sur la nécessité des saignées spirituelles sera présentement jugée d'assez mauvais goût. Mais il n'importe ; Robert de Sorbon s'est acquis

---

(1) *Ecclesiastic.*, xxxvii, 34. (2) *Psalm.* cxviii, 37.

à d'autres titres une si grande renommée qu'on ne peut ne pas être curieux de savoir comment il prêchait. Il prêchait simplement, sur le ton de la bonhomie, sans aucunement prétendre à l'éloquence ; mais certes le bonhomme ne manquait pas d'esprit.

Thibaud de Clairvaux. Ce prédicateur, tantôt nommé, dans notre manuscrit, *Theobaldus, monachus Claræ Vallis*, tantôt, plus simplement, *Theobaldus* « de Clarevaus », est resté jusqu'à ce jour un personnage tout à fait ignoré, si toutefois ce n'est pas Thibaud de Sanci, qui fut moine à Clairvaux avant d'être abbé de Citeaux, Voici plusieurs de ses sermons.

1. (Fol. 1.) Pour le premier dimanche de l'Avent. *Dicite, filiæ Sion… — Dicite, o vos prædicatores, ubique in ecclesia, corde, ore, opere, cuilibet filiæ Sion.*

Ce sermon, que suit une collation, est anonyme ; mais Thibaud s'en dit l'auteur dans le sermon suivant : *Sicut dictum est in præcedenti dominica non solum celebratur adventus Christi in carnem ; sed quadruplex : in carnem, in mentem, ad mortem, ad judicium* (fol. 5, col. 2) ; et nous lisons dans le sermon précédent : *Intelligitur quadruplex adventus filii Dei : primus in carnem, et iste est novus ; secundus in mentem, et iste est magnus ; tertius ad passionem, et iste adventus fuit mirabilis ; quartus ad judicium, et iste erit horribilis.*

Les collations sont habituellement une autre amplication du thème qui se lit en tête du sermon. C'est donc une seconde partie de sermon que nous avons

---

(1) *Evang. Joann.*, ii, 1.   (2) *Apocal.*, xix, 9.

ici sous le titre de collation, et cette seconde partie fut prononcée presque aussitôt après la première.

Le ton des deux parties est rustique. Ce moine qui ne demande rien au monde est dur envers tous les mondains. Il l'est particulièrement envers les rois. Les ayant qualifiés de juges iniques, qu'on peut toujours corrompre, il ajoute que leur férocité n'est pas moindre que celle des bêtes fauves :

Apparuit benignitas et humanitas Salvatoris... Sed certe humanitas aliorum regum et principum hodie parum apparet, imo magis ferocitas. Sunt aliqui feroces ut lupi, qui totum rapiunt et nihil dimittunt, et impletur illud prophetæ : *Principes tui quasi lupi rapaces;* Ezechiel, XXII.

Il serait intéressant de savoir quels sont, au jugement de l'orateur. ces *aliqui.* Ne paraît-il pas, en effet, lorsqu'il cite la phrase d'Ezéchiel, faire allusion à des rois vivants ?

2. (Fol. 4.) *Sermo Theobaldi de Clarevaus, dominica secunda in Adventu. — Populus Sion, ecce Dominus veniet... Quæcumque scripta sunt ad nostram doctrinam... — In illis verbis ultimis, quæ sumpta sunt de epistola Pauli hodierna...*

Un passage de ce sermon se rapporte au mystère de saint Nicolas, représenté, croit-on, dès le XIIe siècle. On voit ici que le personnage du saint était joué tantôt par des clercs, tantôt par de jeunes filles :

Sicut videmus in festo sancti Nicolai quod aliqui repræsentant personam ejus, ut clericorum aliqui, aut puellarum, et miracula quæ per eum fecit Dominus.

3. (Fol. 13.) *Sermo Theobaldi, monachi Claræ Val-*

lis. Pour le quatrième dimanche de l'Avent. *Gaudete in Domino semper... Modestia vestra nota sit... — Verba ista scripta sunt in epistola Pauli hodierna, in quibus verbis notantur tria.*

L'image des rois de ce monde obsède, comme il parait, la pensée de notre moine, et, ne pouvant l'écarter, à tout propos il l'accable d'invectives. Le roi du ciel nous a donné, dit-il, en naissant, l'exemple de la pureté, de la pauvreté, de l'humilité; mais ainsi ne naissent pas les rois de la terre :

Non ita nascuntur reges terræ; imo concepti sunt in immunditia, elevati sunt in potestate terrena et gloriantur de dignitate momentanea.

Assurément aucun laïque n'aurait osé parler des rois avec aussi peu de respect. Mais les rois n'avaient sur les clercs aucun droit de justice; pour tous les délits que nous appelons aujourd'hui politiques, la séparation de l'Église et de l'État assurait aux clercs une complète impunité. Nous ne contestons pas qu'ils en aient souvent abusé. Cependant il ne nous déplaît pas, nous en convenons, d'entendre un clerc grave et de grande autorité, comme Jacques de Vitry, par exemple, donner aux rois, aux princes, cette leçon de conduite :

Nolite de generositate sanguinis extolli ; decet niti virtute, non sanguine. Nolite dicere : « Patrem habemus Abraham » : de spina rosa, de pomo vermis oritur. Sit igitur rex, vel princeps, nobilis, honestæ vitæ, justus, pius, affabilis, amabilis : non crudelis, sed lenis ; non superbus, sed humilis ; omnis namque superbus intolerabilis est (1).

(1) Man. lat. de la Bibl. nat., no 17509, fol. 107 vo.

Du même sermon de Thibaud quelques phrases sont encore à citer pour faire juger le style de l'orateur :

Sicut probus miles, filium suum novum militem volens probare, in torneamentis dimittit eum fusticari, verberari, vulnerari, sed, si videt eum in periculo mortis, statim succurrit ei, ita Christus vult ut omnes pugnemus in campo hujus mundi ubi assidua est pugna contra inimicos nostrum, mundum, carnem et diabolum, et, cum videt aliquem bene pugnare, statim adjuvat eum... Sed heu ! hodie multi succumbunt, in hoc bello, « il se rendent sanz cop ferir »; succumbunt in prosperis et adversis. Si sunt in prosperitate succumbunt, quia multi quanto ditiores sunt tanto minus pauperibus subveniunt et contra Deum superbiunt, et qui de bonis a Deo sibi datis regratiari deberent tanto deteriores fiunt, similes cani qui mordet illum qui dedit ei de pane suo; si sunt in aliqua adversitate vel tribulatione, dicunt : « maugré celui, maugré ce l'autre »; et, qui in hoc deberent Deum laudare, non cessant contra eum murmurare.

N'est-il pas évident que ce style manque de noblesse ? Ainsi, vers la fin du xiiie siècle, on prêchait presque partout, même à Clairvaux, suivant la mode du jour, et si, comme nous l'avons fait remarquer, saint Bernard avait encore, en divers lieux, de rares imitateurs, quelques-uns, pour le moins, parmi les religieux de sa robe avaient appris à parler en chaire une langue tout autre que la sienne.

4. (Fol. 148). *Sermo Theobaldi, monachi Clarævallis.* Pour le neuvième dimanche après la Trinité. *Vocavit dominus villicum et ait... — Sicut in curia alicujus principi terreni malus dispensator...*

5. (Fol. 159.) *Sermo Theobaldi, monachi.* Pour le treizième dimanche après la Trinité. *Homo quidam*

descendebat... — *Per istum hominem de quo loquitur evangelium hodiernum intelligo peccatorem.*

6. (Fol. 179.) *Sermo Theobaldi, monachi Clarævallis.* Pour le vingt et unième dimanche après la Trinité. *Confortamini in Domino...* — *Sciens apostolus militiam esse vitam hominis super terram, sicut dicitur Job*, 6.

Saint Thomas d'Aquin. Les grandes éditions des *Œuvres* de saint Thomas offrent, sous le nom de sermons, un nombre considérable de *themata*, publiés d'après un manuscrit du Vatican. Ces thèmes sont-ils en effet de saint Thomas? On en doute et l'on paraît avoir raison d'en douter. Quel qu'en soit l'auteur, ce ne sont pas là de vrais sermons, et dans aucune édition des œuvres de saint Thomas on ne lit un seul vrai sermon, composé, rédigé dans la forme oratoire. Cela suprend et donne lieu d'abord de supposer que le « bœuf muet de Sicile » s'était fait dispenser, pour écrire ses gros livres, de jamais prêcher. Mais non, il a prêché et laissé des sermons qu'on aurait dû prendre le soin de rechercher. Ils sont, à la vérité, peu nombreux; cependant nous en avons deux dans notre volume.

Saint Thomas est, dans ses écrits, le plus grave, le plus dogmatique des maîtres. Voyez-le dans la chaire de l'école : son maintien est celui des philosophes au plus triste sourcil; la langue qu'il parle est celle de l'austère logique, qui ne saurait tolérer l'emploi d'un terme familier; mais dans la chaire de l'église, devant un auditoire, comme on dit, plus mêlé, son attitude est moins solennelle et sa diction moins concise, moins sèche. Il ne se donne pas sans doute, ainsi que bon nombre de ses confrères, la choquante licence de commenter un texte de l'Écriture en latinisant, sur le ton le plus jovial, les mots les plus vulgaires, souvent empruntés au jargon des halles; il était de trop bonne maison pour commettre une telle inconvenance; mais enfin il s'exprime quelquefois en prêchant avec un abandon qu'il n'a jamais en philosophant.

Ce n'est pas là certainement la seule remarque qu'on fera sur les deux sermons que nous allons publier pour la première fois. On y verra que ce grand docteur est rarement banal, même lorsqu'il paraphrase des lieux communs. Il a le tort, sans doute, de trop citer, d'alléguer trop de textes qui signifient rarement ce qu'il leur fait dire. Un des écrivains les plus ingénieux et les plus sages du moyen âge, Jean de Salisbury, reprochait à quelques philosophes de son temps, dès le XIIe siècle, cet abus des interprétations forcées : *Littera*, leur disait-il, *suaviter excutienda est, et non more captivorum acerbe torquenda ut restituat quod non accepit* (1). Il aurait pu, non moins justement, adresser ce reproche à tous les prédicateurs du même temps. Nous reconnaissons que saint Thomas le mérite aussi. « Il était docte, dit Scaliger, mais un peu pesant (2).» Oui sans doute; toute cette pacotille de textes dont il a fait provision le charge, le rend pesant et retarde sa marche. Mais de ces textes mal à propos invoqués il tire du moins,

(1) *Metalogicus*, lib. III, col. 1.
(2) *Scaligerana*, au mot *Aquin*.

le plus souvent, des pensées personnelles, et c'est en cela qu'il diffère de presque tous ses contemporains, qui se pillent les uns les autres sans vergogne, afin de rendre moins pénible, lorsqu'ils prêchent, le devoir qui leur est imposé.

Voici le premier sermon. Fol. 112 : *Sermo magistri Thomæ de Haquino, Jacobitæ, dominica quinta;* c'est-à-dire pour le cinquième dimanche après Pâques :

Petite et accipietis, ut gaudium vestrum sit plenum (1) Dicit beatus Hieronymus quod omnia opera nostra oratio dominica debet præcedere et gratiarum actio debet sequi ; unde, in quadam epistola sua ad Paulum, ita dicit : « In principio cujuslibet operis tui orationem dominicam præmitte et signum sanctæ crucis in frontem tuum imprime. » Idem : « Sicut non decet militem ire ad bellum sine armis, sic non decet Christi militem ire ad bellum contra dæmonem nisi sit munitus istis armis : dominica cruce, dominica oratione » : et ego addo : cum hoc, angelica salutatione. Ideo primo dicamus *Pater noster* et *Ave Maria*, antequam, et cet.

Petite, et cet.. Dicit apostolus ad Romanos quod quid rogare debeamus sæpius ignoramus ; ideo advocatus noster Jesus Christus, de quo Joannes in canonica sua : *Advocatum habemus ad Patrem Jesum Christum et ipse est propitiatio pro peccatis nostris* (2), iste advocatus invitat nos hodie ad petendum et promittit nobis dare, imo jurat nobis dare, dummodo petamus in nomine Salvatoris quæ sunt necessaria nostræ saluti. Unde in principio evangelii hodierni : *Amen, amen dico vobis. Si quid petieritis Patrem in nomine meo, dabit vobis* (3). Iste advocatus noster invitat nos ad petendum et docet nos formare petitionem nostram. Secundum hoc in istis verbis tria tanguntur. Primo ad

(1) *Evang.* Joann., xvi, 24. Et non pas *Apostolus ad Romanos*, comme il est dit plus loin.

(2) Joann. *epist. prima*, ii, 1, 2.

(3) *Evang.* Joann., xvi, 23.

petendum Dominus nos invitat : *Petite.* Secundo de impetrando nos assecurat : *Et accipietis.* Tertio, ut recte petamus quod nobis est necessarium ad habendum certificat cum subdit : *Ut gaudium vestrum sit plenum ;* quia alibi dicitur : *Omni habenti dabitur et abundabit* (1); alibi, in Luca : *Petite et accipietis, quærite et invenietis, pulsate et aperietur vobis* (2). Petite confidenter et accipietis bonum fortunæ quo corpus sustentatur ; quærite diligenter et invenietis bonum gratiæ quo anima reficitur ; pulsate incessanter et aperietur vobis janua paradisi ut cor vestrum gaudio repleatur.

Primo ergo invitat nos Dominus in verbis istis ad petendum. In quo notatur summa bonitas ejus et curialitas qui ita curialiter ad petendum nos invitat. Quatuor sunt quæ multum debent nos movere ad petendum. Primum nostra inopia et necessitas ; secundum summa Christi liberalitas ; tertium petendi temporis opportunitas ; quartum impetrandi securitas.

Primum dico quod debet nos movere ad petendum est nostra inopia et necessitas ; nihil enim boni habemus a nobis, sed a Deo ; unde apostolus ad Romanos : *Quid habes,* scilicet boni, *quod non accepisti? Si autem accepisti, quid gloriaris quasi non acceperis* (3)? Peccator nil habet a seipso, nisi peccatum suum, et qui in peccato mortali est totum amittit quidquid boni fecit, quia, ut ait Jacobus, *Si quis totam legem servaverit, offendat autem in uno, reus omnium factus est* (4). Qui offenderit Deum præceptum ejus transgrediendo ita damnabitur pro uno peccato sicut pro pluribus ; vel qui offenderit in uno largitorem omnium bonorum Christum reus omnium factus est, id est omnium malorum detrimentum patietur ; vel qui offenderit in uno, scilicet contra præceptum caritatis, quia caritas est mater omnium virtutum, factus est aliarum virtutum reus, sicut et qui patremfamilias offendit per consequens et totam familiam. Peccator ergo qui jacet in multis peccatis mortalibus in magna miseria est, quia non cognoscit suos defectus. Hoc

---

(1) *Evang.* Matthæi, xxv, 29. (3) Non pas *ad Romanos,* mais
(2) *Evang.* Lucæ. xi, 9.   *ad Corinthios prima,* iv, 7.
        (4) Jacobi *epist.,* ii, 10.

plane dicit Joannes in Apocalypsi, in persona peccatoris : *Dicis quod dives sum et locuples et nullius egeo ; nescis quia miser et miserabilis, pauper, cæcus et nudus* (1). Dicis quod dives sum in scientiis, locuples in divitiis, nullius egeo quia sanus et fortis, et nescis quia miser sum per peccati perpetrationem, miserabilis per virtutum spoliationem, pauper per gratiæ Dei amissionem, cæcus per ejus noncognitionem, nudus per infamiam. Omnia ista mala facit peccatum mortale, quia miseros populos facit peccatum. Ergo ad petendum primo debet nos movere nostra inopia et necessitas, quæ tanta est quod nihil boni habemus a nobis, imo solum peccata et defectus nostros, et quidquid boni habemus a Deo habemus.

Secundum quod debet nos movere ad petendum est summa Christi liberalitas. Ipse est enim omnium bonorum largissimus distributor ; qui significatur per illum regem Assuerum qui dixit reginæ Esther : *Quæ est petitio tua, Esther ? Etsi dimidium regni mei petieris, dabo tibi* (2). Iste non dat amicis suis partem regni sui, sed totum regnum suum. Ille regnavit super centum viginti provincias ; iste regnat super totum mundum. Ergo plus quam Assuerus ipse est qui dat curialiter, generaliter, abundanter. Et ista tria tangit Jacobus in epistola sua, dicens : *Dat omnibus affluenter et non improperat* (3). *Dat*, non vendit, ecce curialitas ; *omnibus*, ecce abundantia ; *et non improperat*, ecce liberalitas. Donum ejus non est donum insipientis, de quo in Proverbiis : *Datum insipientis non erit utile tibi* (4). Dabit tibi et non improperabit. Ibi non habet locum illud vulgare dictum : « A bon demandeeur bon escondiseeur (5) » ; sed potius : ad bonum petitorem largissimum datorem ; *Omne enim datum optimum et omne donum perfectum ab eo est* (6). Datum bonum est donum fortunæ, ut divitiæ ; donum melius donum naturæ, ut fortitudo corporis vel sanitas;

---

(1) *Apocal.*, iii, 17.

(2) *Esther*, v, 3.

(3) *Epist.* Jacobi, i, 5.

(4) Cette maxime n'est pas dans les Proverbes ; elle est dans l'Ecclésiastique, xx, 10.

Encore une citation qui manque d'exactitude.

(5) « A bon demandeur sage escondiseur ». Recueil de proverbes, dans le nº 18184, fol. 143.

(6) *Epist.* Jacobi, i, 17.

optimum donum est gratiæ, ut virtutes; donum perfectum est
gloriæ. Ipse dat omnia ista bona; plus paratus est dare
quam nos accipere, et tamen, cum tanta sit ejus liberalitas,
de quibusdam conqueritur qui nolunt petere, cum tamen de
Deo dicat beatus Gregorius : « Non se negat debitorem qui
se offert petentibus multum dare, sciens quia multum indi-
gemus » ; idem : « Erubescat humana pigritia, quia plus
vult Deus dare quam nos accipere, plus vult misereri quam
nos a miseria liberari. »

Tertium quod docet nos movere ad petendum est temporis
opportunitas. Qui habet aliquid facere in curia alicujus
principis servat tempus opportunum, quando dominus est
lætus et familia læta. Sic modo est tempus opportunum
petendi, quia Dominus noster Jesus Christus cum repræsen-
tione carnis nostræ vadit ad curiam cœlestem. Unde modo
sunt dies Rogationum, in quibus vult Dominus quod rogemus eum, quia ipso ascendente in cœlum lætantur angelici
cives et omnes cœli barones ; et ideo, quia tempus est modo
opportunum, quia die Jovis vadit Christus in cœlum rogatu-
rus pro nobis Patrem, modo petamus eum, nec expectemus
cum divite epulone qui tarde petiit guttam aquæ nec impetravit, nec cum fatuis virginibus quibus clausa est janua :
sed petamus in nomine Christi Salvatoris ea quæ sunt necessaria nostræ saluti et impetrabimus. Unde in evangelio
hodierno : *Usque modo non petisti quidquam in nomine
meo ; petite et accipietis* (1).

Quartum est impetrandi securitas, et istud sequitur ex
tribus primis habitis ; quia ex quo est tanta nostra inopia et
necessitas, tanta Dei liberalitas et ad petendum temporis
opportunitas, potest haberi impetrandi securitas. Unde Joannes in canonica sua : *Hæc est fiducia quam habemus ad
patrem ut, quodcumque petierimus, audiet nos* (2). Verum
quia hodie multi ad petendum et orandum sunt homines
pigri, ideo duo alia super omnia debent nos movere specialiter ad orandum, scilicet orationis pretiositas et nostra
necessitas : pretiositas, quia cum ista tria, jejunium, eleemosyna, oratio, sint ordinantia nos ad vitam æternam haben-

(1) *Evang.* Joann, XVI, 24.
(2) *Prima* Joann. *epist.* V, 14.

dam, oratio est dignior, quia eleemosyna et jejunium sunt respectu ejus quod est juxta nos, oratio respectu ejus quod est supra nos ; unde est dignior, quia ad Deum quasi quædam familiaris persona vadit et ibi mandatum peragit quo caro pervenire nequit. Necessitas orandi patet ex tribus propter quæ clamant homines : propter ignem, aquam, latrones. Ignis luxuriæ nos infestat, aqua avaritiæ nos molestat, latro infernalis cum satellitibus suis nos perturbat ; et ideo, quia tot in præsenti habemus impugnatores, frequenter debemus mittere ad Deum orationes ut in præsenti audiat nos per suam gratiam, in futuro largiatur nobis vitam æternam.

On ne doute pas que ce sermon ait été prononcé dans une église de Paris, quand saint Thomas habitait cette ville, au couvent de Saint-Jacques. Ce qui le prouve, c'est la citation d'un proverbe français.

Nous avons amendé quelques mots de notre texte d'après deux copies qui se rencontrent dans les nᵒˢ 14899 (fol. 76) et 14923 (fol. 22). Ce sermon est en outre suivi, dans ces deux copies, d'une collation sur le même thème, qui manque ici. Nous nous empressons de la reproduire. D'un tel homme que saint Thomas rien ne doit être laissé dans les ténèbres :

Petite et accipietis. Dictum est in primo sermone quæ sunt illa quæ nos debent movere ad petendum. Quoniam quatuor, ut dictum est : nostra necessitas, Christi liberalitas, temporis opportunitas, impetrandi securitas. Verum, quia multa sunt impedimenta propter quæ potest frustrari petitio nostra, ideo in isto sermone possumus ponere septem impedimenta. Primum impedimentum est propter petendi indiscretionem, secundum propter petentis dubitationem, tertium propter petentis immunditiam et indignitatem, quartum propter hypocrisim et simulationem, quintum propter odium et rancorem, sextum propter ad proximum duritiam, septimum propter divinæ legis contemptum et inobedientiam.

Primum ergo impedimentum est propter petendi indiscretionem. De isto dicit Jacobus : *Petite et non accipietis eo quod male petatis* (1), id est indiscrete, sicut petiit mater filiorum Zebedæi ut unus e filiis suis sederet ad dextram Dei, alter sed sinistram, in regno suo. Quibus respondit Dominus : *Nescitis quid petatis. Potestis bibere calicem quem ego bibiturus sum?* Hoc est pati similem passionem quam ego passurus sum. *Possumus*, dixerunt autem, et Dominus : *Calicem meum bibetis; sedere ad dextram meam vel sinistram non est meum dare vobis* (2). Glosa dicit : Sine meritis præcedentibus. Augustinus contra illos qui petunt honorem sæcularem ita dicit : « Quando ea quæ Deus laudat et dare promittit petitis, secure ab eo petite, quia Deus nobis illa concedit; quando autem temporalia petitis, cum discretione petite, nam utrum prosint homini an obsint melius scit Deus quam homo (3). » Multi tamen libentius petunt Deum propter bona temporalia quam propter æterna, et omnes tales indiscrete petunt, quia non est Dei dare tam parvum donum, sicut non decet regi Franciæ dare obolum; vel tales libenter non audit Deus quia non est eis commodum suum; sicut non audivit Paulum apostolum pro stimulo carnis, sicut non audit pueros in scolis ne verberentur, quia non expedit eis.

Secundum impedimentum quare aliquis non exauditur est propter suam dubitationem. Contra quos Jacobus : *Postulet in fide, nihil hæsitans; qui enim hæsitat similis est fluctui maris qui a vento movetur.* Et subdit : *Non ergo æstimet se homo ille aliquid accipere a Deo* (4). Gregorius : « Indignus cœlesti benedictione efficitur qui dubio quærit Deum effectu. » Hoc est quod dicit Joannes in canonica sua : *Omnia quæcumque petieritis in fide, credite quia accipietis* (5).

Tertium impedimentum est indignitas petentis et immunditia. De isto Isaias : *Cum multiplicaveritis orationes*

(1) Jacob., iv, 3.

(2) Matth., xx, 22, 23.

(3) Cela paraît emprunté au sermon ccclxiv de saint Augustin, mais n'est pas fidèlement reproduit.

(4) *Epist.* Jac., i, 6, 7.

(5) I *Epist.*, Joann. iii, 22. Mais ce n'est pas encore ici la reproduction exacte du texte de la vulgate.

vestras non exaudiam vos. Reddit causam : *Manus enim vestræ,* hoc est opera vestra, *plenæ sunt sanguine* (1), scilicet peccato; et in Threnis : *Nos inique egimus et ad iracundiam te provocavimus ; idcirco inexorabilis es* (2). Contra tales in Psalmis : *Si iniquitatem habeo in corde meo, non exaudiet Dominus* (3). Glosa ita : Puritas orationis a Deo exauditur; pura autem est oratio quam non impedit cura sæculi, amor carnis. Longe est a Deo animus quando curis sæcularibus est occupatus et carnis desideriis deditus; prius ergo purgandus est animus a sæcularibus curis et desideriis carnis sequestrandus ut acies mentis ad Deum dirigatur. Hoc patet per visibile exemplum : si immundis et ribaldis hominibus et manifeste usurariis non daret episcopus Parisiensis præbendas ecclesiæ suæ, quomodo pontifex cœlestis voluptuosis dabit præbendas gloriæ suæ.

Quartum impedimentum quare frustratur petitio alicujus est propter hypocrisim et simulationem. Hypocrita enim ore clamat et corde tacet. In quorum personam Isaias : *Populus hic labiis me honorat, cor autem eorum longe est a me* (4). Gregorius : « Vitam æternam si ore quærimus et corde non desideramus, clamando tacemus. » Unde in persona hypocritæ notabile verbum dicit : « Hypocrita, ait, clamat cum ipsum tribulatio rerum terrenarum angustat, quem tempore opportuno Deus non audit quia tempore pacis clamorem Domini non audivit. »

Quintum impedimentum est propter odium cordis et rancorem. In Ecclesiastico : *Homo homini servat iram et a Deo quærit medelam* (5). Nullus a Deo recipit veniam nisi fratri suo vel proximo relinquat rancorem. Exemplum in Evangelio de servo nequam, cui dictum est a domino suo : *Serve nequam, omne debitum dimisi tibi quoniam rogasti me ; nonne oportuit misereri conservi tui sicut et ego tui misertus sum* (6); et jussit tortoribus tradi donec redderet universum debitum. Concludit evangelista : *Sic pater meus cœlestis faciet vobis, si non remiseritis unusquisque de*

(1) Isaias, i, 15.
(2) *Threni*, iii, 42.
(3) *Psalm.*, lxv, 18. Citation encore inexacte.

(4) Isaias, xxix, 13.
(5) *Ecclesiastic.*, xxviii, 3.
(6) Matthæus, xviii, 32, 33.

cordibus vestris. Hoc est pactum quod facit nobiscum Dominus : *Dimittite et dimittetur vobis;* aliter non. Unde in oratione dominica : *Dimitte nobis,* etc.

Sextum impedimentum est propter duritiem ad proximum; sicut sunt multi divites qui tot habent de bonis hujus mundi et nil volunt dare pauperibus Christi; tales qui non faciunt misericordiam nec invenient post mortem; sicut dives epulo in inferno non impetravit unam aquæ guttam, quia Lazaro pauperi de mica panis noluit subvenire.

Septimum et ultimum impedimentum est propter legis divinæ contemptum et inobedientiam. In Ecclesiastico : *Qui obturat aurem suam ne audiat legem, oratio ejus erit execrabilis* (1); id est non audietur in consistorio curiæ cœlestis; sicut aliquis excommunicatus non audiretur in curia alicujus judicis sæcularis.

Super ista septem nota quod ad impetrandum valet homini super omnia memoratio fragilitatis propriæ et consideratio bonitatis divinæ. Unde Isidorus : « Cum coram Deo ad orandum sistimus, gemere et flere debemus, recolentes quam multa et gravia sunt peccata quæ commisimus, quam crudelia inferni tormenta quæ meruimus, quam incomparabilia in cœlo gaudia quæ expectamus. » Latrones et trutanni docent nos orare. Latro, attendens quid fecit et tormentum sibi præparatum, inter ista duo cum multis lacrymis veniam petit. Trutanni membra inferiora et turpiora aliis ostendunt et alia quæ sunt sana abscondunt ut alios moveant ad pietatem et dandam eleemosynam. Sic nos in præsenti Deo infirmitates nostras et peccata ostendamus, ut in præsenti nos audiat per suam gratiam et in futuro conferat nobis vitam æternam.

Le second sermon, pour le vingtième dimanche après la Trinité, est intitulé, fol. 176 : *Sermo magistri Thomæ de Haquino, Jacobitæ :*

Omnia parata sunt, venite ad nuptias (2). In evangelio

---

(1) Ce verset n'est pas de l'*Ecclésiastique ;* il appartient, avec un léger changement, aux *Proverbes :* xxviii, 9.

(2) *Evang.* Matth., xxii, 4.

hodierno recitatur quod quidam rex fecit nuptias filio suo et misit hora cænæ dicere invitatis ut venirent quia omnia parata sint. Spiritualiter rex iste Deus pater, de cujus familia sunt omnes christiani fideles; ejus filius, Christus humanatus; servi, prædicatores ejus; nuptiæ, cœlestes divitiæ Christo et servis suis paratæ. Secundum hoc tria tanguntur in verbis istis : primo Dei largitas, curialitas et familiaritas. Largitas patet in omnia parando : *Omnia,* ait, *parata sunt ;* curialitas in invitando : *Venite ;* familiaritas : *ad nuptias.*

Primo patet ejus largitas, cum dicit: *Omnia parata sunt.* Quæ *omnia ?* Locus spatiosus, cibus pretiosus, servus speciosus; locus paratus ad recipiendum, cibus bonus ad reficiendum, servus habilis ad ministrandum. Primo paratur locus spatiosus et magnus ut omnes volentes intrare recipiat ; in cujus figura dicitur in Genesi, ubi loquitur Rebecca servo Abrahæ : *Apud nos est locus spatiosus ad manendum* (1). Locus ille non ab homine vel angelo paratur, sed a Deo patre et Christo filio ejus, et certe magnum quid est quando pauperi paratur locus in nuptiis a domino. De hoc Joannes : *Vado vobis parare locum* (2). Et, ne forte excusationem aliquam prætendamus, paratus est nobis a principio mundi talis ac tantus locus in quo qui semel intravit nunquam exire vellet. Psalmus : *Parata sedes tua, Deus* (3), etc. Propter retardantes et ingredi nolentes increpat Dominus in figura hujus quod subjunctum est in prima auctoritate, ubi ait puella Rebecca servo Abrahæ : *Ingredere, benedicte Domini ; cur foris stas ? Paravi domum tibi et camelis* (4); quasi dicat : paravi locum justis et peccatoribus, quantumcumque foris sint, pœnitere tamen volentibus. O quam alius malus locus paratus est peccatoribus ad nuptias istas venire nolentibus ! De quo Psalmus: *Ignis, sulphur* (5), et cet. Item, paratur cibus pretiosus ut omnes reficiat. Ipse enim Deus pater mensam propriis manibus ponit. Psalmus : *Parasti in conspectu meo mensam* (6). Ipse cibum ponit in dulcedine summa. Psalmus :

(1) *Genesis*, xxiv, 25.
(2) *Evang.* Joannis, xiv, 2.
(3) *Psalm.*, xcii, 2.
(4) *Gen.*, xxiv, 31.
(5) *Psalm.*, x, 7.
(6) *Psalm.*, xxii, 5.

Parasti in dulcedine tua (1), et cet. Non est homo ita stultus in mundo qui non vellet dedisse quidquid habet in terra ut posset habere panem quem, si gustasset semel, omni tempore vitæ suæ haberet quidquid vellet, sine aliquo labore et sine aliqua sumptuositate. Talis est refectio mensæ divinæ. Sapientia, x : *Panem de cœlo præstitisti eis habentem omne delectamentum saporis, deserviens uniuscujusque voluntati* (2). Item, paratus est servus habilis et speciosus ut in omnibus serviat, cœtus angelicus, imo ipse Dei filius ; de quo Lucæ xiii : *Præcinget se, faciet illos discumbere et transiens ministrabit illis* (3), et cet. Tunc magna gloria erit pauperibus et abjectis quando ministrum habebunt filium summi regis et totum conjunctum exercitum, scilicet regis æterni. Sic igitur parata sunt omnia, scilicet locus, cibus, servus, quæ quidem tria. In figura hujus habetur tertio Regum, x : *Videns regina Saba sapientiam Salomonis et domum suam...* Ecce locus et *cibus mensæ ejus*, ecce *habitacula servorum* et cibos *ministrantium* et *vestes eorum ;* ecce : *servus non habebat ultra spiritum.*

Secundum, invitantis benignitas. *Venite,* ait. Magna est curialitas quando rex regum et dominus dominorum invitat nos ad nuptias suas. Lucæ ix : *Misit servum suum hora cœnæ dicere invitatis ut venirent quoniam parata sunt omnia* (4) ; et in Matthæo : *Dicite invitatis : « Ecce prandium meum paravi* (5). » Licet autem invitantis sit tanta curialitas, multi tamen venire contemnunt ; quod satis ostenditur in evangelio hodierno. Cum enim dixisset Dominus : *Omnia parata sunt, venite ad nuptias... Illi autem neglexerunt... Rex autem, cum audisset, iratus est et perdidit homicidas et civitates eorum destruxit, dicens : « Nuptiæ quidem paratæ sunt, sed qui invitatit « erant non fuerunt digni. »* Dicit tamen : Venite, filii ; venite, servi ; venite, amici. Tales solent ad nuptias invitari. Filii sunt innocentes, servi pœnitentes, amici contem-

---

(1) *Psalm.*, LXVII, 11.

(2) *Sapient.*, XVI, 20.

(3) Non pas XIII, mais XII, *Evang.* Lucæ. 37.

(4) Non pas Lucæ IX, mais XIV. 17.

(5) *Evang.* Matth., XXII, 4.

plantes. Filii sunt innocentes qui magis in seipsis similitudinem patris repræsentant ; qui dicuntur filii regis - æterni quoniam ipsis, tanquam (ejus) voluntati se conformantibus debetur hereditas regni cœlestis ; de quibus apostolus ad Galatas : *Quod si filii et heredes*, heredes regni, *Christi autem coheredes* (1). Item, servi sunt pœnitentes, præceptis Dei humiliter obedientes et eidem in labore pœnitentiæ servientes. De quibus Rom. VI : *Nunc vero liberati a peccato, servi autem facti Deo, habetis fructum in sanctificationem, finem vero vitam æternam* (2). Item amici Dei sunt contemplantes, secretis Dei tanquam sibi familiares assistentes, de quibus Joannes, XIII : *Jam non dicam vos servos, sed amicos meos, quia omnia quæcumque audivi a patre meo nota feci vobis* (3). Dicit ergo amicis, servis et filiis : Venite, o filii, reverenter ut erudiamini ; venite, amici, festinanter ut reficiamini ; venite, servi, confidenter ut recipiamini. Venite, filii, reverenter ut doceamini vos tenere perfectam innocentiam. Psalmus : *Venite, filii ; audite me* (4), et cet. In quibus verbis docet nos propheta in quibus consistit vera innocentia ; quoniam nec loquendo malum occulte nec loquendo dolum manifeste. Item, venite, amici, festinanter ut coronemini tanquam spirituales amici in nuptiis filii mei. Lucæ IX dictum est cuidam : *Amice, ascende superius et fiet tibi honor coram omnibus simul discumbentibus* (5); et certe magnus honor est portare coronam in nuptiis regis æterni. Cantic. X : *Veni de Libano, sponsa* (6) ; scilicet, o anima christiana, veni, coronaberis. Item, venite, servi, confidentur ut reficiamini, quia diu laborastis pro me, famem et sitim sustinuistis, Matthæi IX : *Venite ad me, omnes qui laboratis et onerati estis et ego reficiam vos* (7). Sic ergo dicit Dominus *Venite* omnibus ; multi tamen nolunt venire, cum tamen Dominus dicat, Joannis IX : *Omne quod dedit mihi pater ad me veniet et eum qui venit ad me non ejiciam foras* (8).

(1) Cela est tiré, non de l'épitre aux Galates, mais de l'épitre aux Romains, VIII, 17

(2) *Epistola* Pauli *ad Romanos*, VI, 22.

(3) *Evang.* Joann., XV, 15.

(4) *Psalm.*, XXXIII, 12.

(5) Lucæ *evang.*, XIV, 10.

(6) *Cant. cant.*, IV, 8,

(7) *Evang.* Matth., XI, 28.

(8) *Evang.* Joann., VI, 37.

Tertium sequitur, familiaritas invitantis ad nuptias. Magna est curialitas regem regum ad nuptias filii vocare genus humanum vile et abjectum. Istæ nuptiæ sunt nihil aliud quam quædam refectio cœlestis curiæ per conjunctionem sponsi et sponsæ, animæ sanctæ; quæ conjunctio figuratur Esther primo : *Jussit* Assuerus *præparari convivium permagnificum cunctis principibus et servis suis pro conjunctione et nuptiis Esther, et dedit requiem universis provinciis suis ac dona largitus est juxta magnificentiam principalem* (1). Assuerus, qui interpretatur beatus, Christus est; Esther, anima beata, sive Ecclesia, intra cubiculum regis cœlestis introducta ; nuptiæ conjunctio Christi et animæ. Per convivium illam æternam refectionem intelligo ad quam vocantur omnes principes, patriarchæ, prophetæ, apostoli et omnes servi cubicularii angeli, tanquam familiares sponsi, et martyres pro Christo gladiis trucidati, bajuli doctores, confessores sancti, virgines familiares : omnibus talibus paratum est convivium regni cœlestis.

Tria vero sunt propter quæ nuptiæ carnales a sæcularibus commandantur, scilicet nobilitas, formositas, societas; scilicet quando nobilis est sponsus, sponsa formosa, magna societas ; et certe in illis cœlestibus nuptiis est nobilitas incomparabilis quantum ad sponsum, formositas inæstimabilis quantum ad sponsam, societas præamicabilis quantum ad conjunctionem utriusque, scilicet sponsi et sponsæ. Sponsus primo est nobilissimus, quoniam rex et regis filius, rex regum, dominus dominorum. Hoc figuratum est in evangelio hodierno : *Simile est regnum cœlorum regi qui fecit nuptias filio suo* (2). Miserabilis prorsus qui tam nobilissimis nuptiis non fuerit associatus, sed omnibus miserabilior qui fuerit exclusus, sicut in præsenti evangelio de quodam dicitur : *Intravit rex ut videret discumbentes et invenit quemdam non indutum esse veste nuptiali et ait :* « *Amice, quomodo huc intrasti non habens vestem* « *nuptialem?* Sequitur : « *Ligatis manibus et pedibus, pro-* « *jicite eum in tenebras exteriores.* Item erit sponsa speciosissima anima sancta regi regum Christo fideliter despon-

____

(1) *Esther.* ii. 18.　　　　(2) *Evang.* Matth., xxii, 2.

sata et propter ipsum regem regina effecta. Apocalypsis ultimo : *Venerunt nuptiæ agni et uxor ejus præparavit se* (1), et datum est ei byssinum splendens. Dedit byssinum splendens propter duplicem munditiam mentis et corporis, cui debetur duplex glorificatio animæ et corporis. Item, ibi erit societas incomparabilis ; illic erit Jesus et Maria, mater ejus, et cœlestis exercitus omnium électorum ardentissimo zelo caritatis conjunctus. Joannes, II : *Nuptiæ factæ sunt in Cana Galilæœ.* Cana interpretatur zelus ; Galilæa, transmigratio. Zelus et amor animarum sanctarum ipsi Deo perenni copula conjunctarum sine comparatione transcendit omnem alium zelum ; quilibet enim in illa societate tantum diliget bonum proximi quantum et suum. Ideo in Apocalypsi dicitur : *Beati qui ad cœnam nuptiarum agni vocati sunt* (1) : beati qui ibi erunt, quoniam jucunditas in consortio, satietas in mensa. Ad istas nuptias nos perducat filius Dei, qui est benedictus, etc.

ANONYMES. Il nous reste à mentionner quelques sermons qui sont anonymes dans notre manuscrit et dont nous n'avons pu découvrir l'auteur ou les auteurs. En voici le détail.

1. (Fol. 11.) *Sermo generalis per totum Adventum. Veni, Domine Jesu... Verbum istud scriptum est in fine Apocalypsis, et est verbum ultimum sacræ Scripturæ.*

Tout ce que nous remarquons dans ce sermon, c'est de quelle façon l'orateur traite Aristote et Platon, ne les comprenant pas mieux l'un que l'autre :

Stulti gentiles philosophi, Plato, Aristoteles et alii, quia totum attribuebant creaturæ, nil creatori, quasi de Deo nil sapientes... « Il vouloient prendre la grue au ciel. »

1) *Apocal.*, XIX, 7.   2) *Apocal.*, XIX, 9.

Prendre la grue au ciel était un proverbe. Rutebeuf en a fait usage :

> Par envie mult le grevoient,
> Tant i avoit venin et fiel.
> Ceste prendra la grue au ciel,
> Fesoient-il par ataïne (1).

2. (Fol. 22.) *Dominica secunda post octabas Epiphaniæ. — Benedicite prosequentibus vos... — Verba ista sumpta sunt in epistola Pauli hodierna. In tota autem epistola instruit nos apostolus.*

3. (Fol. 32.) Pour le quatrième dimanche après l'octave de l'Épiphanie, *Ascendente Jesu in naviculam... — Legitur de Jona propheta quod, cum fugeret Tharsis a facie Domini...* Avec une collation.

Ce sermon est d'un religieux, puisqu'on lit en tête de la collation : *Sermo ejusdem fratris.* Nous croyons même qu'il est de Barthélemy de Tours dont il suit d'autres sermons. Quel qu'en soit l'auteur, nous allons en citer un passage curieux où des Africains sont comptés au nombre des marchands qui dès lors venaient trafiquer à Paris :

Sicut mercatores de Africa et Lombardia et aliis villis Parisius portant merces suas viles ut melius vendantur et sustententur in terris suis, ita Dominus, ad modum mercatoris, attulit in hunc mundum paupertatem, humilitatem, asperitatem, quæ vilia sunt in hac vita, sed cara in beata.

Remarquons les mots : *Ut sustententur in terris suis.* Cela veut clairement dire que ces Africains apportaient eux-mêmes leurs marchandises et s'en retour-

_____
(1) Littré, *Dictionn.*, au mot *grue.*

naient, les ayant vendues, dans leur lointain pays. Nous ne croyons pas qu'on ait encore recueilli beaucoup de témoignages sur ce fait intéressant.

4. (Fol. 37.) Pour le cinquième dimanche après l'octave de l'Épiphanie. *Domine, nonne bonum semen... — Unde ergo tot zizania quando instat tempus messis ?*

Le passage suivant est notable comme ayant trait aux mœurs :

Rustici filios suos, quando parvuli sunt, sublimant et faciunt eis tunicas rudicatas (1), et, quando sunt adulti, mittunt eos ad aratrum. Econtra nobiles viri primo ponunt filios suos sub pedibus et faciunt eos comedere cum garcionibus ; quando sunt magni, tunc sublimant eos.

Il y a dans ce sermon quelques apostrophes véhémentes. On le croit d'un moine.

5. (Fol. 64.) Pour le deuxième dimanche du Carême. *Filia mea male a dæmonio... — Verba ista, quæ sumpta sunt in evangelio hodierno, sunt mulieris Cananeæ rogantis Deum.*

Un des plus longs parmi ceux que renferme notre volume, ce sermon est un cours de morale ; il n'y a pas un mot de théologie dogmatique. Nous regrettons de n'en pas connaître l'auteur, dont le style est vif et, pour le temps, châtié.

6. (Fol. 91.) Pour le jour de Pâques. — *Epulemur non in fermento veteri... — Tria sunt genera hominum mortaliter peccantium.*

7. (Fol. 192.) *Præparate corda vestra... — Vide-*

(1) Ce mot n'est pas dans le *Glossaire* de Ducange.

*mus ad oculum, quando aliquis valens homo vult venire
ad domum alicujus bassi hominis...*

Ce sermon est une addition faite à notre recueil
vers la fin du xiv° siècle. Une page étant restée
blanche, on l'a remplie. Le sermon est bouffon. Qu'il
nous suffise d'en extraire quelques phrases. Le thème
Præparate corda vestra est, au début, ainsi développé :

Primo movet ad mundam conscientiam, ut habeat mundum domicilium : « il demande pour son ostel neste
conscience, et pour ce il veust que nous soions de saincte
vie ». Ideo dicitur *Præparate*. Nota ; quando coquus scit
quod dominus præ aliis diligit unum ferculum, solet id præ
aliis præparare; certe de omnibus bonis hominis nisi
cor (1); unde ipse dicit : Fili, præbe cor tuum mihi; » et
ideo debet præ aliis plus curare de corde... Secundo insi-
nuat ejus potentiam ut de nobis habeat dominium : « il dist
qu'il est de grant puissance, e pour ce il veut avoir de nous
la seigneurie » ; ideo dicit...

Voilà donc comment on prêchait à la fin du xiv°
siècle ; de degrés en degrés le style familier était
descendu jusque-là.

Les sermons qui suivent paraissent tous du même
auteur. Cet auteur vivait certainement dans la seconde
moitié du xiv° siècle. C'est ce que prouve son style.
Il prouve aussi, notons-le, qu'il était homme de belle
humeur. Nous lisions tout à l'heure, dans un autre
sermon (2), qu'un bon serviteur de Dieu doit avoir le
cœur gai. Assurément celui-ci ne l'avait pas triste,

(1) Il faut lire sans doute : *Nihil Dominus diligit nisi cor.*
(2) Fol. 68, col. 1.

ou, comme on disait alors « à rechigne chat (1) ».
Pourquoi ne s'est-il pas fait connaître ?

8. (Fol. 193.) *Vos amici mei estis...* — *Gallice
dicitur* : « Bien est amis qui amor aime ». *Cum igitur
Dominus noster Jesu amor noster sit...*

Le style de ce sermon est parfois très vulgaire. Il y
a de nombreux exemples ; mais ils sont très brième-
ment cités, comme étant déjà connus des auditeurs.
On y trouve ces proverbes : « Cil est riches qui Diex
aime. » — « Au besoing voit l'en qui amis est. » —
« Tantes viles tantes guises. »

Nous en avons d'autres copies dans les n°s 14951
(fol. 32) et 16499 (fol. 284).

9. (Fol. 195.) *Esto fidelis usque ad mortem...* —
*Jam consuevit communiter dici : Quando commenda-
tur aliquis ipse est fidelis.* Autres copies anonymes :
n°s 14951 (fol. 48), 14961 (fol. 183).

Les prévôts, les baillis des princes sont appelés ici
des écorcheurs. Les usuriers ne sont pas mieux traités. Les prédicateurs du moyen âge ignorent généralement, ou paraissent ignorer, les premiers axiomes de
l'économie politique : tout commerçant est pour eux
un usurier coupable d'affamer le pauvre peuple.
Celui-ci qualifie même d'usure le soin qu'on prend de
recueillir et de conserver le blé, le vin, après la
récolte :

Exemplum usurariorum qui bona temporalia recondunt,
utpote bladum et vinum, et pauperes fame mori non expa-
vescunt; similes serpentibus qui balsamum, ut dicitur,
servant, nec deferri permittunt, licet non utantur; vel

(1) *Ibid.*

IV   7

mastinis qui, licet pleno ventre, cadaver devoraverunt (1)
ita quod crepare videntur, tamen aves famelicas arcent
et abigere nituntur.

On n'hésite pas à reconnaître que le spéculateur
ne mettait pas ce blé, ce vin en réserve sans avoir
l'intention de les vendre plus tard à meilleur prix.
Mais quoi de plus légitime ? Et n'est-il pas clair qu'en
ne réservant rien durant l'automne, on eût préparé,
pour l'hiver, la famine ? Ainsi l'intérêt public était,
non lésé, mais servi par l'intérêt privé. C'est là ce que
les prédicateurs s'obstinaient à ne pas vouloir comprendre. Qui formerait un recueil de leurs déclama-
tions contre le négoce, le prêt, le contrat de vente et
le contrat d'assurance, en composerait un fort volume.
Toutes étaient-elles de bonne foi ? A vrai dire, nous
ne le croyons pas.

Jacques de Vitry raconte l'anecdote suivante :

Cum quidam prædicator vellet omnibus ostendere quam
ignominiosum sit fœneratoris officium, quod nullus publice
audet confiteri, dixit in sermone : « Volo vobis facere absolutionem secundum officium et ministerium singulorum.
Surgant primo fabri ! » Et surrexerunt. Quibus absolutis, ait :
« Surgant pelliparii ! » Et surrexerunt. Ita, secundum quod
nominabat diversos artifices, consurgebant. Et tandem cum
clamaret : « Surgant usurarii ut habeant absolutionem ».
licet plures essent de usurariis quam de aliis hominum
generibus, nullus surrexit, sed omnes pro verecundia
abscondebant se et latitabant, et, aliis ridentibus et irri-
dentibus illos qui ministerium suum confiteri non audebant.
fœneratores recesserunt confusi (2).

On excuse l'auteur de cette plaisanterie. Taxer

(1) Lisez *devorant*.
(2) Man. lat. de la Bibl. nat., n° 17509, fol. 122.

d'usuriers tous les trafiquants et faire rire d'eux les gens de métier, soit! Mais on n'excuse pas ceux qui par des invectives passionnées provoquaient le bas peuple à la haine des mêmes gens.

Un peu plus loin, sur cette phrase tirée de l'épître de saint Paul aux Philippiens : *Factus obediens patri usque ad mortem,* notre anonyme rapporte ce qui suit :

Exemplum veteris militis, cui cum prædicaretur verbum propositum, cum ire non posset nec equitare pro senectute, in lectica portari se fecit ultra mare ; postmodum inito certamine, se ligari fecit super equum robustissimum et in acie præponi, tentus a duobus militibus a dextris et a sinistris, et sic gloriosam reddidit animam. Volebat enim esse fidelis usque ad mortem.

N'omettons pas de citer encore cette allusion aux divertissements populaires de la Pentecôte :

Sunt servi mundi qui coronantur corona superbiæ ; qui similes sunt regibus ludorum, ut patet in ludis Pentecostes, in quibus rusticus ipsa die coronam gerit et in crastino fimum spargit.

Rusticus ; c'est aux champs qu'est la scène : aux champs, le jour de la Pentecôte, on faisait des rois, que l'on couronnait. Non seulement des rois, mais encore des reines, comme nous l'apprend le passage suivant d'un autre sermon anonyme :

Numquam fuit ita pauper rusticus in mundo qui, post peractam pœnitentiam, non portet coronam in cœlo ; non coronam Pentecostes, qualem portant puellæ quæ reginæ vocantur ipsa die, sed in crastino coguntur ancillare ; nec coronas quas portant reges de Pentecoste et in crastino

fimum portant aut spargunt...., sed coronam auream, signo
sanctitatis expressam (1).

Un autre sermonnaire parle aussi des reines, et
plaint ces reines, ces rois, que leur majesté précaire
condamnait à rester tout un jour gravement immo-
biles, comme des idoles, quand leurs égaux, leurs
égales de la veille et du lendemain, se livraient à
toutes sortes de divertissements :

Isti coronantur ut reges ludorum et reginæ, quæ modo
coronantur et cras oportet eas laborare... Et nota quod
est eorum conditio pejor quam aliorum, quia alii ludunt et
et ipsi non audent ludere, sed stant in parte sicut
idola (2).

10. (Fol. 199.) *Justorum semita quasi lux...* —
Facta præcedentium proponuntur nobis in exemplum.
Autre copie : n° 14951 (fol. 83).

11. (Fol. 202.) *Euge, serve bone et fidelis...* — *Gallice dicitur :* « Biau servise tret morsel de bouche. »
Et hoc quidem bene verum est. Autre copie : n° 14951
(fol. 118).

Voici d'abord un nouveau témoignage du crédit
acquis et longtemps conservé par les jongleurs :

Nota quod plures sequuntur mundum quam Deum.
Plures habet auditores joculator quam prædicator, et propter hoc tales ostendunt se plus esse de scola mundi quam de
scola Dei.

Nous avons dit que l'auteur de nos sermons anonymes plaisantait volontiers. C'est, par exemple, sur
ce ton dégagé qu'il commente, après l'avoir citée,

(1) Bibl. nat. man. lat. 14971, fol. 19, col. 4.
(2) Bibl. nat. man. lat. 18193, fol. 16, col. 4.

cette maxime de l'épître aux Romains : *Servi estis ejus cui obedistis* (1) :

Nota quam bonos (2) habet diabobus, qui ad nutum sibi obediunt, imo qui nutum ejus præveniunt. Habet suos joculatores, scilicet lascivos suos trajectores qui trahunt de sacco plus quam sit in sacco, omnes male judicantes et maledicos ; suos thesaurarios, omnes avaros ; suos gladiatores, omnes contentiosos ; suos advocatos, omnes detractores ; suos insidiatores, omnes invidos ; suos latrinarios, omnes gulosos ; et sic de aliis. Certe periculosum est servire tali domino.

12. (Fol. 204.) *Quis putas est fidelis servus...* — *Sicut gallice dicitur*, « il fet bon servir à bon seignour » ; *et hoc ostendit Dominus.* Autre copie, n° 14951 (fol. 120).

13. (Fol. 206.) *Domine, in voluntate tua præstitisti...* — *Vulgariter dicitur, et verum est, quod parum valet pulchritudo sine bonitate.* Autre copie, n° 14951 (fol. 172).

Il ne faut pas confondre ce sermon avec un autre, dont l'auteur est Nicolas de Biard, qui se lit sous son nom dans le n° 15954 (fol. 204) et sans nom dans les n°ˢ 12419 (fol. 140) et 12421 (fol. 98). Le thème des deux sermons est identique ; mais le proverbe qui vient après est, dans le sermon de Nicolas, sous cette forme française : « Qui est baus et n'est bons refuser le doit on ».

Ayant donc traduit ce proverbe en latin, notre sermonnaire le commente ainsi :

Ad litteram nos videmus multa pulchra, sed parum pro-

____

(1) *Epist.* Pauli *ad Rom.*, vi, 16.
(2) C'est à dire *bonos servos.*

ficua. Exemplum de militibus in pariete pictis et de rustico qui tenet securim ad ostium, quod aliquid magnum videtur et tamen parum proficit.

Il paraît que ces images, peintes sur les murailles, de soldats, de bûcherons armés, menaçants, se voyaient en divers lieux, car nous lisons dans un autre sermon :

Ipsi sunt sicut idola, vel imagines in parietibus depictæ, quæ securim tenent et gladium, nec feriunt, nec defendunt (1).

De même, dans le traité *De abundantia adaptionum ad omnem materiam*, que conserve le n° 1119 de la Mazarine :

Quidam prælatorum sunt qui debent alios corrigere, sed facti sunt sicut imagines in ostiis depictæ quæ securim vibrant et nullum percutiunt, et sicut formido (2) in cucumerario, gallice « espouteyles d'orge », et sicut mercenarii qui gladios portant et nullos pulchros ictus faciunt (3).

14. (Fol. 208.) *Species mulieris bonæ.. — Vulgariter dicitur, et bene, quod parum valet pulchritudo sine bonitate ; sed quando mulier est speciosa et bona...* Autre copie, n° 14951 (fol. 177).

Les jovialités de notre prédicateur ne sont pas toujours décentes. Pour le faire apprécier, nous n'avons qu'à citer le passage suivant :

Quidam faciunt domum suam domum interfectionis, « c'est à dire coupe gorge et larronnière », qui lites et odia,

______

(1) D'un sermon anonyme, dans le man. lat. de la Bibl. nat., n° 14951, fol. 93 v°, col. 2.

(2) *Formido*, épouvantail.

(3) Fol. 12, col. 4.

qui rapinas et injurias exercent, denique qui aliena spolia sive actu sive voluntate deripiunt; et hoc est quod dicitur Luc. x, 9 : *Domus mea domus orationis vocabitur ; vos autem fecistis eam speluncam latronum ;* ubi Dominus duo facit, quia suæ domus et ostendit usum et reprehendit abusum. Item quidam faciunt eam domum negotiationis ; « c'est à dire hales de marchié », qui terrenis et mundanis inhiant, ita quod in corde suo sonet strepitus negotiationum, quadrigantium et hujusmodi, ita quod Dominus tonans non auditur ibi, sicut vulgariter dicitur ; tot enim sunt in domo cordis dolia, tot modii bladi et vini quod Deus non potest intrare. Quibus dicitur, Joannis tertio (1) : *Auferte omnia hinc et nolite facere domum meam domum negotiationis.* Item quidam faciunt eam domum abominationis, id est « bordel », qui turpidines carnis exercent, sive actu sive voluntate. De quibus conqueritur Dominus, Ezech., VIII : *Certe vidisti, fili hominis. Numquid leve est hoc domui Juda,* dicit Dominus, *ut facient abominationes suas quas fecerunt hic ?*

Les phrases citées de l'Écriture font avec le reste un étrange contraste.

Ici finissent les sermons empruntés à la somme anonyme. Ceux dont il nous reste à parler ont été pris ailleurs.

15. (Fol. 210.) *Fratres tuos visitabis... — Unum verbum communiter dicitur et est verum : Velit, nolit, vadit sacerdos ad synodum.*

L'objet de ce sermon est de recommander les visites pastorales. Les prélats ne sont guère portés à faire ces visites, et les curés les redoutent. Il est donc opportun de rappeler qu'elles sont prescrites. Ce sermon, prononcé devant des dignitaires ecclésiastiques, est d'une gravité soutenue.

(1) Non pas *tertio*, mais *secundo*. v, 16.

16. (Fol. 213.) *Descendi in hortum meum...— Isti divites mundani, sicut videmus, hortos habent et virgulta sua.*

Ce sermon est une autre paraphrase des conseils et des remontrances qui sont la matière du précédent.

17. (Fol. 216.) *Vadam et videbo fratres...* — *Vulgariter dicitur, et multum bene :* « Que oil ne voit a cuer ne dieut » ; *et sine dubio minus movetur quilibet ex auditu quam ex visu.*

Nous transcrivons, sans le comprendre, ce passage qui sera peut-être facilement interprété par quelque archéologue :

Sicut paterfamilias exhortatur et excitat servum pigrum ad opus quod incœpit perficiendum, et ipse prælatus præcedere debet alios ad laborem, ne sit sicut Nicholaus de Calciata sanctus, qui ceteros hortatur ad eundum et semper manet immobilis.

Voilà donc le détail des pièces que contient ce volume. L'avons-nous à tort estimé digne d'une si longue notice ?

14954

Des sermons, tous anonymes, occupent la plus forte part de ce volume. Si nous n'en avons pu découvrir tous les auteurs, nous en pourrons, du moins, indiquer quelques-uns.

Fol. 1. *Qui sedes super cherubin...* — *Frequentes scripsit.* Ce sermon est de Pierre Le Mangeur. Nous l'avons rencontré déjà dans les n°ˢ 2951 (1), 12415, 13432 (2), 13576 (3), 13582 (4), 14932 (5).

(1) Tome I, p. 147.
(2) Tome II, p. 169.
(3) *Ibid.*, p. 245.
(4) *Ibid.*, p. 297.
(5) *Ibid.*, p. 149.

Fol. 2. *Qui habitat in adjutorio...* — *Inclinavit altissimus.* Du même et déjà souvent cité. Voir sous le n° 2951.

Fol. 4. *Adorna thalamum...* — *Legimus : ubi majus donum scientiæ ibi gravius periculum culpæ.* Nous n'avons pas encore eu l'occasion de citer ce sermon. Il est anonyme dans les n°ˢ 3301 C (fol. 19), 14932 (fol. 172) ; mais il est sous le nom de l'auteur, Pierre Le Mangeur, dans les n°ˢ 14873 (fol. 211) et 14934 (fol. 1). Le P. Busée et Beaugendre n'en ayant pas fait la rencontre, il est inédit.

Fol. 7. *Egredimini, filiæ Sion...* — *Gloriosa dicta sunt.* De Pierre Le Mangeur. Voir sous le n° 2951 (1).

Fol. 9. *Descendi in hortum...* — *Dignum duximus, fratres.* Ce sermon est de Maurice de Sully. Nous l'avons cité sous le n° 14925 (2).

Fol. 10. *Converti me ad viam...* — *Sustinet hic Ezechiel.* De Pierre Le Mangeur. Voir le n° 2951 (3).

Fol. 13. *Expulit Jesum spiritus in desertum...* — *Fratres, magister noster, quem unum in cœlis habemus...*

Ce sermon est du xii° siècle et le ton en est constamment grave. Mais nous ne savons à qui l'attribuer ; cette copie est la seule qui nous soit connue.

Fol. 16. *Adventus ab adventu, id est ab adveniente Christo, dictus est. Duo autem sunt ejus adventus.* Une autre copie, pareillement anonyme, est dans le n° 3301 C (fol. 1).

Fol. 17. *Sedisti ad mensam divitis...* — *In verbis*

(1) Tome I, p. 171.
(2) Tome III, p. 320.
(3) Tome I, p. 145.

istis loquitur spiritus consilii. Ce sermon est anonyme. comme il l'est ici, dans le n° 272 (fol. 45) de l'Arsenal. Mabillon, l'ayant rencontré sous le nom de saint Bernard, l'a publié dans ses *Œuvres*, t. II, p. 645, mais en prenant soin d'avertir qu'il ne parait pas de son style. S'il n'est pas de saint Bernard, il est certainement d'un de ses contemporains.

Fol. 19. *Ascendens Christus in altum...* — *Quod audivimus et vidimus hoc testamur.* Nous avons déjà cité ce sermon sous le n° 14932 (1). Toutes les copies que nous en connaissons sont anonymes.

Fol. 20. *Quæ est ista quæ ascendit...* — *Hæc est illa felix et beata Virgo, mater Dei et hominis, Maria, quæ prima...* Pas d'autre copie de ce sermon absolument dépourvu de toute originalité.

Fol. 21. *Induite, vos, armaturam...* — *Militia est vita.* L'auteur est Geoffroy de Troyes. Nous l'avons dit sous les n°ˢ 13586 (2) et 14804 (3).

Fol. 23. *Quærite Dominum dum inveniri...* — *Commune et usitatum...* Cité sous le n° 13578 (4); mais anonyme dans cet autre recueil, comme il l'est ici.

Fol. 26. *Septiformis est lepra: alia quæ est in capite, quæ est error de divinitate, alia...* Les explications ici données sur les sept espèces de lèpres ne semblent pas être un sermon ; et non plus ce qui suit, sur les sept remèdes qui les peuvent guérir. Ce sont là, croyons-nous, des dissertations mystiques, peut-être des chapitres de quelque somme.

1) Ci-dessus, p. 4.

(2) Tome II. p. 300.

3) Tome III, p. 147.

4) Tome II, p. 273.

Fol. 30. *Diligamus Dominum...* — *Est amor quinquepartitus ; alius est enim socialis, alius naturalis.* Il ne nous paraît pas non plus certain que cela soit un sermon. Quoi qu'il en soit, nous n'avons pas ailleurs rencontré ces trois fragments.

Fol. 31. *Habemus altare de quo non habent edere...* — *Fratres mei, ejus verba vacua...* Nous avons cité précédemment ce sermon sous le n° 13578 (1). On en ignore l'auteur.

Fol. 34. *Jacob post luctam...* — *Eloquii sacri singulæ syllabæ.* Ce sermon est aussi, sans le nom de l'auteur, dans le n° 13578 (2).

Fol. 37. *Vinea fuit pacifico...* — *Magnum est, carissimi, magna parare, sed majus est parta tueri.* Ce sermon très solennel semble d'un évêque. Il est certainement d'un séculier s'adressant à des séculiers.

Fol. 40. *Egredietur virga de radice...* — *Æmulamini, fratres, Spiritus sancti carismata.* Ce sermon a été récemment publié par M. le cardinal Pitra sous le nom d'Eudes de Soissons, évêque de Frascati ; *Anal. noviss. Spicilegii Solesm.*, t. II, p. XLII. L'éditeur ayant signalé, dans le manuscrit dont il a reproduit le texte, une phrase altérée qu'il a regretté de n'avoir pu comprendre, nous croyons devoir ici donner cette phrase corrigée : *Spiritualis enim qui percipit quæ Dei sunt, de voluntate Domini sui judicans, ei potest ministrare.*

Fol. 42. *Cum descendisset Jesus...* — *Quando Christus, fratres carissimi.* Ce sermon est du scolastique

____

1) Tome II, p. 273.   2) Tome II, p. 273.

d'Angers Geoffroy Babion. Nous l'avons cité sous
le n° 12420 (1).

Fol. 44. *Paulus apostolus ait : Etenim... — Si
igitur Pascha...* Aussi de Geoffroy Babion. Voir sous
le n° 585 (2).

Ici finit la première série des sermons, et, du
fol. 45 au fol. 54, nous avons soit un traité, soit plutôt un fragment de traité sur les devoirs de tout
clerc ayant charge d'âmes. Cet écrit commence par :
*Et Dominus in Ezechiele : Et tu, fili hominis... — Su-
per hunc locum expositor : Ex his discimus hominem,
quamvis iniquum...* L'auteur paraît surtout inquiété
par certaines hérésies que les évêques négligent de
combattre ; mais ce qu'il dit de ces hérésies n'a pas
la précision d'un document historique.

Au fol. 54 : *Summa decretorum.* C'est un choix
de décisions canoniques rangées dans un ordre arbi-
traire, et qui ne sont pas toutes des décrets pontifi-
caux ou synodaux.

Du fol. 76 au fol. 150, d'autres sermons, qui
paraissent tous du même auteur, et dont un certain
nombre se lisent aussi dans les n°ˢ 15964 et 16488 ;
mais ils y sont pareillement anonymes, et nous ne
savons à qui nous les devons attribuer. On a du
moins lieu de croire que l'auteur était un clerc séculier : *Vos,* dit-il, *fratres carissimi, qui suscepistis
curam gregis dominici* (fol. 87, col. 3). Mais il n'en
est pas moins dur pour les évêques, dont il parle souvent, même sans à-propos, n'ayant, comme il semble,

(1) Tome II, p. 103.   (2) Tome I, p. 37.

rien de plus à cœur que de les outrager. Ce passage est à citer pour faire apprécier le degré de son insolence habituelle :

Prælati moderni temporis significantur per tres filios Judæ. Judas autem Christum significat qui de tribu Juda ortus est, cujus filii quodam modo sunt prælati quia succedunt in ecclesia. Omnes prælati mali vel sunt sufficientis ætatis vel minoris. Si sufficientis, vel sunt aperte mali vel occulte. Sela, qui minoris fuit ætatis, significat parvulos qui constituuntur hodie in ecclesiis, qui, quia minoris ætatis sunt, non valent ecclesiam impinguare nec spirituales filios generare, et ideo coguntur fornicari sicut Thamar. Et notabile est quod pater Selæ fornicatus est cum Thamar, quæ Selam espectabat. Sic hodie plerique prælati dant nepotulis suis, et utinam non filiis, ecclesiasticas dignitates, sed ipsimet fornicantur cum ecclesia, temporalibus interim beneficiis in deliciis et aliis superfluitatibus abutendo. Hi faciunt sicut fures et latrones magni, volentes ecclesiam spoliare. Solent enim tales aliquem parvulum ad ecclesiæ fenestras elevare, per quas ipsi, utpote majores, non possunt intrare. Qui parvulus, dum intraverit, majores fures in ecclesiam intromittit, et sic tandem per majores omnes ornatus ecclesiæ asportantur. Sic plerique episcopi, cum ipsi, utpote majoris dignitatis, archidiaconatus et præbendas et parochias intrare non valeant, intromittunt suos nepotulos non per ostium, sed ascendentes aliunde; qui dum intraverunt, eorum occasione percipiunt ipsorum beneficia, modicum quidem illis miseris largientes; qui pro modico temporali commodo ad æternum inferni patibulum cum ipsis majoribus latronibus, id est prælatis, cum in morte deprehensi fuerunt, suspendentur; imo, sicut solent latrones ecclesiæ, in rota confringentur, quia rotali pœna et interminabili conterentur. Isti nepotuli sunt fureti venatorum. Quoddam animal parvulum, gallice vocatum *furet*, intromittur in antrum cuniculorum et expellens cuniculos tradit manibus venatorum; sic, mediantibus nepotulis, prælati ecclesiasticas venantur et rapiunt facultates. Prælati aperte mali significantur per Her, filium Judæ, de quo legitur quod fuit ne-

quam coram Domino. Occulte autem mali significati sunt
per Onan... (Fol. 113, col. 3.)

C'en est assez. Nous avons bien d'autres sermons
du même temps où les évêques sont maltraités ; mais
il y en a peu qui nous offrent une telle succession,
disons une telle progression d'injures.

Voici maintenant quelques anecdotes; citons d'abord
l'histoire édifiante de l'abbé *Date :*

Audivi quod quidam erat abbas nigri ordinis largus in
eleemosynis, qui, quodam tempore famis, omnibus petentibus jussit dari. Unde, quia sæpe dicebat officialibus :
« Date, Date, » in derisionem vocatus fuit a monachis abbas
Date ; et, dum cresceret fames et abbas non cessaret dare,
timebant monachi ne propter datas eleemosynas inopiam
paterentur, et deposuerunt abbatem qui et ipse libenter
cessit. Verum paulo post tanta gravati sunt penuria ut,
præter paucissimos, omnes de monasterio emitterentur.
Quidam autem monachus de senioribus qui remanserant,
cum esset in oratione, cœpit quasi familiariter loqui cum
Domino. « Nonne, ait, dixisti, Domine : *Quærite primum
regnum Dei et hæc omnia adjicientur vobis; et: Petite
et dabitur vobis?* Et ecce nos servi tui, quærentes regnum
Dei, petimus necessaria victui, et tu non das. Recordare
pacti tui, quoniam justus et verax es in omnibus verbis tuis. »
Et audivit vocem : « Nonne legisti me dixisse: *Date et dabitur vobis;* et certe, quandiu dedisti dedi vobis ; sed quia
vos abbatem *Date* deposuistis, ego deposui *dabitur.* Resu-
mite vos *Date* et ego resumam *dabitur.* » Quod responsum
ille monachus fratribus intimavit et sic abbas Date reelectus
est et cœpit monasterium abundare. (Fol. 95, col. 4.)

Nous avons un autre texte de la même historiette, au fol. 51 de notre n° 15971. Qu'on le compare à celui que nous venons de transcrire. Ils diffèrent sans doute l'un de l'autre, mais diffèrent peu.

Chacun ornait à sa guise ces exemples pris dans des recueils.

Nous trouvons plus loin une moins plaisante histoire, que l'auteur n'a prise nulle part, mais raconte sur le rapport d'un témoin :

Quidam homo dives fuit in Rothomagensi diœcesi, qui, cum uxore sua, cessit omnibus bonis unico filio suo ut ille sponsam duceret ditiorem. Filius autem fideliter promisit quod abundanter patri et matri quamdiu viverent provideret. Separatim itaque patri et matri habitantibus primo satis abundanter providit filius ; tandem, claudens viscera pietatis, nimis eos tenuiter procuravit. Quodam itaque die dominico vidit mater carnes ferri in domum filii et dixit marito : « Diu est quod parum comedistis ; ite hodie ad domum filii nostri et invenietis ibi bonam assaturam. » Tempore itaque prandii pater venit pulsans ad ostium, statimque filius impiissimus assaturam, quam ad comeden dum jam in partes diviserat, jussit abscondi. Intrante autem patre, interrogavit filius quid vellet. Qui respondit : « Volebam hic prandere, putans aliquid boni hic paratum esse. » — «Vides, ait filius, quid habemus ; accipe duos denarios et eme tibi et matri meæ quod comedatis.» Exeunte autem patre clausum est ostium et assatura reportata, cujus frustum cum ad comedendum ori applicaret versum est in bufonem, et insiliens faciei ejus sic adhæsit ei ut pedes superiores cum duabus maxillis eadem caro fierent et reliquum corpus coram ore ipsius dependeret, statimque vocato presbytero, præsentatus est archiepiscopo peccatum suum confitens et rem gestam per ordinem sibi narrans. Archiepiscopus autem hoc ei per pœnitentiam injunxit ut iret ad majores villas et civitates Franciæ et, convocatis juvenibus et pueris, factum narraret, ne quisquam auderet de cetero parentes contemnere, sed sicut præcepit Dominus honorare. Eo tempore Joannes de Magno Ponte, de ordine Prædicatorum, cum aliis pueris vidit hominem illum Parisius, sicut ego cum aliis fratribus ab ore ejus audivi. (Fol. 142. col. 3.)

Ainsi le témoin est nommé; c'est le Dominicain Jean de Grand Pont. Mais, ne le connaissant pas d'ailleurs, nous ne pouvons garantir sa véracité.

Un autre recueil de sermons anonymes termine le volume. Ils sont tous du cardinal Hugues de Saint-Cher. Le nom de l'auteur se lit en tête d'une autre copie, dans notre n° 16473. Échard a connu celle que nous avons ici et l'a citée sous le n° 1038 de Saint-Victor (1).

14955

La plus grande partie de ce manuscrit est occupée par des sermons que nous avons déjà cités ou que nous citerons d'après d'autres copies. Il nous suffira de mentionner ceux dont nous n'avons pas encore parlé, ou qui se trouvent en des volumes que nous n'avons pas l'intention de décrire.

Fol. 5. *De sancto Petro, martyre.* — *Esto fidelis usque ad mortem...* — *Verba ista sumpta sunt ex Apoc.* Ce sermon est banal. L'auteur nous apprend qu'il était régulier.

Fol. 9. *In Assumptione beatæ Mariæ.* — *Quæ est ista quæ ascendit... Ora pro nobis... — Verba secundo proposita sunt filiorum Israel.* Transcrivons le récit d'un miracle, qui, dit le narrateur, eut lieu dans la ville de Bourges, sous le règne de Louis IX :

Fuit in partibus Bituricæ civitatis quidam armiger, tempore Ludovici regis, patris nostri regis qui modo est. Hoc accidit in novitate regni sui. Ille armiger, dives primo, post-

(1) *Script. ord. Præd.*, t. I, p. 201.

modum in conviviis et in societatibus omnia bona sua
stulte expendit, nec post potuit invenire amicum qui ei sub-
veniret. Motus ergo peccato desperationis, quadam die,
dum solus equitaret et suam patriam elongaret, venit ante
eum diabolus in humana specie, promittens sibi multa dare
si ei homagium faceret, Deum et matrem et omnes sanctos
et sanctas negaret. Ille diabolo homagium fecit, Dominum
et sanctos et sanctas negavit, sed matrem suam nullomodo
negare voluit.Desperatus ergo de salute sua, venit in quoddam templum ; videns imaginem beatæ Mariæ tenentis
puerum in manibus, exclamavit et dixit : « O, inquit, domina mea, ecce armiger tuus, non servus filii tui Jesu
Christi, quem negavi, sed tuus, quam negare nolui. Dicitur communiter quod misericordia tua nulli deficit peccatori ;
modo videbo si misericordia tua mihi subvenerit indigenti. »
Flente autem illo et orante, grande miraculum Deus ostendit ibi, quod quidam vassallus et nobilis, qui erat juxta,
(vidit) imaginem tenentem puerum et orantem ut armigero
illi veniam concederet, et, vocans illa imago vassallum
illum, monuit ut armigerum illum in domum suam duceret
et unam solam filiam in matrimonium sibi daret et ipsa in
auxilium suum esset, quod ita erat in cœlo sicut ille videbat
in templo.

Fol. 10. *Omnium Sanctorum.* — *Laudemus viros
gloriosos...* — *Antequam ascendamus ad principale
intentum, dicendum est...* L'auteur est ici nommé ;
c'est maître Gérard de Reims, surnommé Bruine.
Son sermon n'offre rien à citer. Il se trouve aussi
dans le n° 530 (fol. 9) de l'Arsenal.

Fol. 13. *In Circumcisione.* — *Circumcidetis carnem...* — *Dominus circumcidi voluit propter duo.
Primum est ut legem adimpleret.* Maître Gérard de
Reims encore ici nommé. Une autre copie dans le
n° 530 (fol. 5) de l'Arsenal.

Fol. 15. *De S. Victore.*—*Labora sicut bonus miles...*

Vidi Dominum sedentem... — *Solium Patris, domus Filii, templum Spiritus sancti.* Nous n'avons pas à citer une autre copie de ce sermon. On y lit ce proverbe : *Nescit rusticus quid valent calcaria ;* « Ne set vilen que sporon valent ». A la suite, une collation.

Fol. 27. *In ordinibus.* — *Mundamini, qui fertis vasa...* — *Verba ista scripta sunt in Isaia, 55. In verbis istis status ordinatorum...* Ce sermon et le suivant sont, croit-on, plus modernes que ceux qui précèdent.

Fol. 28. *De beato Stephano.* — *Stephanus, plenus spiritu...* — *In verbis propositis beatus Stephanus commendatur a tribus.* Sermon très banal de quelque Victorin.

Du fol. 29 au fol. 33, des exemples : *Exempla moralia ad prædicandum.* Nous citons celui-ci.

Audivi de rato quem quidam glarim vocant, quod in voluntate habuit religionem seu claustrum intrare, in quo posset se salvare; cumque venisset ad quemdam locum, vidit magnum ratum in balista pendentem et ait illi : « Quid hic facis ? » At ille: « Nonne vides quod hic in cruce pendeo, et hic meam pœnitentiam facio ? » Ratus respondit : « Non placet mihi hæc pœnitentia; nimis videtur religio dura. » Cumque ad alium locum venisset, vidit alium ratum in decipula ferrea inclusum ; cumque quæreret ab eo quid ibi ageret respondit : « Nonne vides quod in hoc loco pœnitentiam meam facio ? » At ille : « Nimis est arctum hoc claustrum ; non possem talem pœnitentiam facere. » Cumque modicum procederet, vidit ratos multos in quodam lardario discurrentes et de carnibus quantum volebant comedentes. Quibus ait: « Quid facitis in hoc loco ? » At illi responderunt : « Claustrum istud intravimus ut in religione vivamus et pœnitentiam faciamus. » At ille : « Optimum claustrum intrastis pro corporibus vestris salvandis; volo vobiscum manere et pœnitentiam meam facere. Alia enim claustra reperi, sed ista vita .mihi præ aliis placet. » Tales sunt similes illis qui in claustris solitariis in pœnitentia dura et arcta nolunt morari, sed ditiora monasteria quærunt ut ventres suos impleant...

Après ces exemples, de nouveaux sermons. Le premier, au fol. 33, commence par : *Proposito sibi gaudio...* — *In verbo proposito notantur duo de quibus commendatur beatus Andreas.* L'auteur de ce sermon est nommé dans le n° 12426 (fol. 31); c'est Évrard du Val des Écoliers. Du même sont tous les sermons qui suivent, jusqu'au fol. 57. Ils appartiennent à son recueil pour les fêtes des saints.

Fol. 57. *In Dedicatione ecclesiæ.* — *Domum tuam, Domine, decet sanctitudo...* — *Sicut scitis, fratres carissimi, verba ista scripta sunt in Psalm.* L'auteur de ce sermon et ceux des suivants nous sont inconnus.

Fol. 59. *De beato Matthæo.* — *Surrexit Elias propheta...* — *In verbis istis tria notantur quæ sunt necessaria prædicatori.*

Au même feuillet : *Et hæc omnia gentes inquirunt...* — *Dixerat enim Dominus ante : Nolite solliciti esse...*

La comparaison suivante n'est pas noble ; mais on la trouvera peut-être ingénieuse :

Quidam sunt sicut porcus, qui, licet pastor in arborem ascendat ad excutiendum sibi glandes, nunquam tamen sublevat caput; ita sunt multi qui multa bona a Deo recipiunt, tamen eum non respiciunt.

Fol. 61. *In Nativitate B. Mariæ. Visa est arca testamenti...* — *Sicut dicit beatus Dionysius in Angelica hierarchia, quia ista corpora...* Ce sermon, du genre mystique, où maître Hugues de Saint-Victor est cité, nous paraît être d'un de ses confrères en religion.

Fol. 62. *In Rogationibus. — Petite... — Petenda est sanitas mentis, quærenda est cognitio veritatis.* Nous attribuons ce sermon à l'auteur ignoré du précédent.

Fol. 64. *Beatus est dives... — Commendatur in his verbis beatus N. multipliciter. Primo a multitudine divitiarum spiritualium.* Sermon en l'honneur d'un saint quelconque. Tel est aussi le suivant, au même feuillet : *Quis, putas, est fidelis servus... — Hic notandum est quod prædicator debet ministrare...* Ou plutôt ce ne sont pas là des sermons; mais ce sont, comme on disait, des thèmes à paraphraser, avec quelques conseils donnés aux prédicateurs.

Fol. 65. *Corripiet me justus... — Volenti dirigi in viam salutis ostenditur in proposito verbo...* De fréquentes citations de saint Augustin donnent à supposer que le sermon est d'un religieux de son ordre.

Même feuillet : *Inveni gratiam coram oculis... Ora pro nobis... — Hæc verba sunt Osiæ ad Judith.* Pour la fête de sainte Catherine.

Fol. 66. *In die Paschæ. — Epulari et gaudere nos oportet... — Carissimi, sciens evangelista quod nos, Redemptori nostro compatientes...* Voilà un vrai sermon; mais il n'y a rien à signaler.

Fol. 68. *In festo beati Joannis Baptistæ. — Joannes est nomen ejus... — Joannes in quo est gratia interpretatur, vel cui donatum est.* Ce ne sont que subtilités mystiques. Nous hésitons à croire que l'orateur se soit toujours bien compris lui-même.

Fol. 69. *In festo beatorum Petri et Pauli. — Viri pastores, servi tui... — In verbis istis commendantur apostoli a tribus, secundum quod ordinantur...* Voici ce qu'il y a de moins banal dans ce sermon :

Hodie non sunt viri ecclesiastici servi Dei, bona temporalia pauperibus dispensando ; sed sunt servi pecuniæ, ipsam avide conservando et in ipsa tanquam in Deo confidendo ; et ideo ipsa avaritia dicitur idolorum servitus.

Fol. 70. *In nativitate beatæ Mariæ. — Civitas solis vocabitur... — In Isaia scriptum est. Secundum vulgarem modum loquendi, quamvis rex Franciæ...* L'exorde de ce sermon a seule le ton familier.

Fol. 71. *Beati mortui... — Hodie fratres carissimi, est confratria omnium fidelium.* Le nom de l'auteur est dans le n° 15957 (fol. 175); c'est Nicolas d'Hacqueville. Un autre exemplaire anonyme est dans le n° 946 de l'Arsenal, fol. 31.

Fol. 73. *Non coronabitur nisi quis... Vulgariter dicitur :* « A laborer fu nez tout ly est. » *Latine ad bonum finem vadit totum.* Le texte français paraît ici corrompu. Nous lisons ailleurs, après le même texte de l'Écriture : » En la bone fin vait tot (1). » Ici nous n'avons pas un sermon ; nous avons la matière d'une amplification parénétique pour la fête d'un martyr.

Fol. 74. *Reddet Deus mercedem... Dicit Gregorius : Spes præmii minuit vim flagelli.* Autres copies anonymes : n°ˢ 14951 (fol. 97), 16499 (fol. 288). Il y a dans cet autre modèle de sermon plusieurs dictons fran-

____

(1) Bibl. nat. Man. lat., n° 14951, fol. 52.

çais : « Qui fet son preu ne solle ses mains. » — « A seignors totes honors. »

Fol. 76. *De beato Clemente.* — *Bonus homo de bono thesauro...* — *Verbum istud scriptum est in Matth. et est verbum Salvatoris nostri.* Il n'y a rien à citer.

Fol. 77. *Dominica prima in Adventu.* — *Dicite, filiæ Sion...* — *Verba ista sumpta sunt a Zacharia propheta, et in cap. 9 dicitur similiter : Exulta...* Ce sermon est encore de Nicolas d'Hacqueville. On le trouve sous son nom en de nombreux manuscrits, notamment dans notre n° 18193 (fol. 57). Faisons remarquer que c'est le premier sermon du recueil intitulé *Dormi secure*, formé, comme on le sait, pour venir en aide aux curés dans l'embarras.

Fol. 79. *In tertia dominica Adventus* — *Quid existis in desertum...* — *In verbis istis tria sunt consideranda. Primum est unde debemus exire.* Autre copie anonyme : n° 15957 (fol. 11); mais sous le nom de l'auteur, Nicolas d'Hacqueville : n° 18193 (fol. 62).

Fol. 80. *In Quadragesima.* — *Ecce nunc tempus acceptabile...* — *In istis verbis duo sunt consideranda. Primum est quid est illud tempus.* Aussi de Nicolas d'Hacqueville, et sous son nom dans notre n° 15957 (fol. 240). L'objet de ce sermon est de recommander la confession.

Fol. 82. *In media Quadragesima.* — *Est puer hic... In isto evangelio tria possumus considerare.* Autres copies anonymes : n°ˢ 14935 (fol. 60), 15957 (fol. 41.) Avec le nom de l'auteur, Nicolas d'Hacqueville : 18193 (fol. 88).

Fol. 83. *In Ramis palmarum.* — *Hoc sentite in*

vobis... — *In verbis istis tria sunt consideranda.*
Primum est quæ sunt illa... Autres copies anonymes : nᵒˢ 14945 (fol. 64), 15952 (fol. 120), 15955 (fol.
109), 15957 (fol. 46). Avec nom de Nicolas d'Hacqueville : 18193 (fol. 94).

Nicolas d'Hacqueville a laissé plusieurs recueils de
sermons. Ceux que nous venons de rencontrer sont
empruntés à celui de ces recueils dont le titre est :
Sermones dominicales. Nous n'en avons rien transcrit
parce qu'ils ont été plusieurs fois imprimés.

Fol. 85. *Veniet ad templum...* — *Antiqui patres*
cum magno desiderio adventum Salvatoris expecta-
bant. Ce sermon est d'Évrard du Val des Écoliers.
Il est sous son nom dans le nᵒ 12426 (fol. 129).

Fol. 86. *Mulier gratiosa inveniet... Quis dedit gallo*
intelligentiam aut quis posuit in visceribus hominis
sapientiam? — Dicit Gregorius quod galli... Ce sermon, que suit une collation, est pour la fête de sainte
Cécile. Nous n'en connaissons pas l'auteur.

Fol. 89. *In Epiphania.* — *Intrantes domum invene-*
runt... — Notandum est quod tria ad nostram ædifi-
cationem in verbis istis... Nous n'avons pas non plus
une autre copie de ce sermon.

Fol. 91. *In dominica post Pentecosten.* — *Pater*
Abraham, miserere... — Sicut vulgariter dicitur
« Qui estorne de son diner mielx l'en est à son
soper. » Anonyme dans les nᵒˢ 3738 (fol. 135), 15956
(fol. 93), 16474 (fol. 124) et 16499 (fol. 50), ce sermon
est sous le nom de Guillaume de Mailly dans le
nᵒ 16475 (fol. 154).

Fol. 93. *De beato Victore.* — *Confidite, ego vici*

mundum... — *Quamvis istud verbum sit verbum Salvatoris, beati tamen Victoris...* D'Évrard du Val des Écoliers : n° 12426 (fol. 242).

Fol. 94. *In die Paschæ.* — *Quomodo Christus sur-rexit...* — *In verbo proposito notantur duo. Primo enim notatur claritas divinæ resurrectionis.* D'Évrard du Val des Écoliers : n° 12426 (fol. 180.

Fol. 96. *In die Pentecostes.* — *De excelso misit ignem...* — *Istud verbum est Jeremiæ de exordio nascentis Ecclesiæ congratulantis.* Autre copie anonyme : n° 3734 (fol. 147). D'Évrard du Val des Écoliers : n° 12426 (fol. 212).

Ce sermon est sur un lieu commun, le mépris des biens temporels. Il y a cependant autre chose que des maximes banales. Nous en citons ce passage :

Si homo examinaretur de scientia in qua nunquam studuit, nunquam ad regendum in ea obtineret licentiam, sed sustineret confusionem et repulsam ; et quia isti animales homines semper student in temporalibus, cum Deus in die judicii examinabit eos, tanquam summus cancellarius, de bonis spiritualibus, omnino nescient respondere, et ideo cum summa confusione repellet eos, dicens : « Amen dico vobis; nescio vos. »

Fol. 100. *In festo Omnium sanctorum.* — *Beati qui persecutionem patiuntur...* — *In verbis istis tria sunt consideranda. Primum est quæ faciunt hominem beatum esse.* De Nicolas d'Hacqueville : n° 15957 (fol. 172).

Fol. 101. *Quærite Dominum dum inveniri...* — *Sciendum est quod Dominus quæritur quadrupliciter.* Nous n'avons pas à citer une autre copie de ce court sermon.

Fol. 102. *In festo beati Laurentii. — Quasi ignis effulgens... — Carissimi, nos sumus ex nobis egeni et pauperes.* Ce sermon est tout entier une leçon de morale ; il n'y a pas de subtilités théologiques. C'est pour cela sans doute qu'il n'a pas eu de succès, et qu'il n'en reste, croyons-nous, que cette copie. Il paraît être d'un Victorin.

Fol. 104. *Frater qui adjuvatur a fratre... — Omne opus quod agimus oratione prævenire debemus.* Celui-ci doit être aussi d'un chanoine de Saint-Victor, car on y lit : *Super illud verbum dicit magister Hugo de Sancto Victore, in Expositione regulæ nostræ...*

Fol. 105. *In passione. — Per proprium sanguinem intravit... — Dulces gentes,* « Mi sire seint père, li apostole, » *posuit hæc verba in scripto.*

Comme on le voit, l'orateur a pour auditoire, non pas, en chapitre, des religieux, mais, dans quelque église paroissiale, les bonnes gens, la foule des fidèles. C'est pourquoi sans doute son très long sermon est, du commencement à la fin, un mélange répugnant de français et de latin macaronique. Il aurait dû tout dire en français. Les laïques l'auraient mieux compris, et il n'aurait pas si cruellement offensé les oreilles des clercs lettrés.

Fol. 108. *In Ramis palmarum. — Plurima autem turba straverant... Misit duos discipulos... — In evangelio modo lecto est utrumque istorum verborum.* Dans notre n° 16481 (fol. 177, l'auteur de ce sermon est nommé *Arnulfus de Albanetio.* Le nom du lieu paraît altéré. S'il ne l'est pas, cet Arnoul *de Albanetio* n'a pas été connu par les bibliographes. Quant au sermon,

il est du même style que le précédent, non moins
barbare. Nous transcrivons, pour le faire juger, l'anecdote suivante :

Audivi a quodam, qui erat de sapientioribus de villa, de
duobus fratribus, quorum unus erat pauper et alter dives.
Et quadam nocte jacebant in una camera; iste dives torna-
bat se in lecto suo; alius ex tanta tornatione evigilabat se
quandoque. Tandem dixit ei : « Quid est hoc, frater? Vos
non dormivistis in tota nocte. » Cui ille : « Tot habeo punc-
turas quod mirum est. » Tunc ille dixit sibi : « Dicas mihi
et apponam consilium, si potero. » Cui ille : « Dicam tibi,
ex quo tu vis. Habebam centum marcas et bene scio quid
feci de centum, una minus; sed de illa centesima non possum cogitare quod feci, utrum posui in mercationibus meis
vel ubi. » — « *A malheur!* Ego habeo unam marcam
solam; tene illam et pone in loco ubi illa deficit et permitte
me dormire. » Sic ergo patet quod divitiæ sunt spinæ quæ
pungunt...

On est indulgent pour le style d'un prédicateur
quand on découvre, sous des termes grossiers, des
traits d'esprit. Nous n'avons pas fait, dans le présent
sermon, une semblable découverte.

Fol. 111. *In Pascha. — Probet seipsum homo... —
In epistola hodierna.* « Il est vérité que en la jornée
de hui », *in cœna quam Dominus fecit...* Autre copie,
sous le nom du Dominicain Gilles d'Orléans :
n° 16481 (fol. 111).

Gilles d'Orléans ne parlait pas une meilleure langue. Voici quelques phrases de son sermon relatives
au sacrement de l'Eucharistie :

Quicumque vult recipere hoc benedictum corpus, hoc benedictum sacramentum, debet se purgare per veram confessionem, et tunc, quando bene se purgaverit, vel probaverit in

vera confessione, poterit comedere ad mensam Domini de hoc benedicto pane vel corpore et bibere ad calicem Domini. *Il i a aucunes créautures* vel *bestes* in hoc sæculo quæ vivunt de pura terra, sicut talpa, aliquæ quæ vivunt de aqua, sicut pisces aliqui, aliquæ quæ de aere, sicut *li plovier*, aliquæ quæ de igne, sicut salamandra ; sed homo vivit de duobus, quia ipse vivit secundum corpus de quatuor elementis..., et secundum animam vivit de cibo angelorum, scilicet benedicto corpore Christi... *Biau sire* Deus, vos dedisti eis unum panem paratum, scilicet vestrum corpus benedictum...

M. Daunou reconnaît que le latin de Gilles d'Orléans manque d'élégance ; mais on peut, ajoute-t-il, supposer que ce fameux sermonnaire prêchait en français et que ses sermons ont été mal traduits en latin par un de ses admirateurs (1). C'est une supposition qui doit être écartée. M. Daunou ne l'aurait pas faite s'il avait su que la détestable langue de Gilles d'Orléans était, de son temps, celle de bien d'autres prédicateurs non moins renommés.

Fol. 112. *In Assumptione beatæ Mariæ.* — *Universus Israel deducebat arcam... — Tempore indigentiarum solent homines habere recursum ad capsas.* Ce sermon, dont nous ne connaissons pas une autre copie, est d'un Victorin. L'auteur nous l'apprend quand il appelle saint Victor « notre patron. »

Fol. 114. *De beato Augustino. — Omne pretiosum vidit... — Sciendum enim est quod, secundum quod dicit Sapiens, non est inventus similis illi.* Aussi d'un Victorin, qui, parlant de saint Augustin, dit « notre maître ».

---

(1) *Hist. litt. de la France*, t. XIX, p. 233.

Fol. 116. *De beato Bartholomæo.* — *Ipse est directus divinitus...* — *Scitis enim quod in operibus mecanicis commendatur subtilitas magistri...* L'auteur montre qu'il est régulier quand il raille les séculiers allant à Rome mendier des bénéfices.

Fol. 117. *Cum invitatus fueris ad nuptias...* — *In verbis istis tria possunt considerari.* — *Primum est quæ sunt istæ nuptiæ.* Un texte plus complet du même sermon est au fol. 121 de notre manuscrit, et il en existe une autre copie anonyme dans le n° 15957 (fol. 90). Or, tous les sermons de ce n° 15957, ceux même auxquels manque le nom de l'auteur, sont de Nicolas d'Hacqueville.

Au même feuillet, une collation pour le jour de la fête de Saint-Pierre-aux-liens. Elle commence par *Angelus Domini adstitit...* — *Postquam verbum istud introductum est.* Il suffit de l'indiquer ; elle est sans intérêt.

Du fol. 119 au fol. 121, des proverbes français, commentés en latin. Le commentaire a pour but d'indiquer aux prédicateurs l'emploi qu'ils doivent faire de ces proverbes. Citons : « Muiz vaut amis en voie que deniers en courroie. » *Amicus in via potest dici bona operatio, ut eleemosyna et hujusmodi...; vel amicus in via potest dici Dominus noster Jesus Christus, cui nulla est comparatio nec ponderatio ad bonitatem ipsius.* On n'avait plus ensuite qu'à paraphraser cela ; ce qui n'était pas une difficile besogne.

A la suite, deux sermons. Le premier commence par : *Magister, quod est mandatum?...* — *In hoc totali evangelio agitur de duobus. Primum est de resurectione.* Autre exemplaire anonyme : n° 15957 (fol. 92). Sous le nom de Nicolas d'Hacqueville : n° 18193 (fol. 144).

Le second, pour la fête de saint André, commence par : *Qui vult venire post me... — In verbis istis duo consideranda. Primum est quomodo conveniunt beato Andreæ.* Il est aussi de Nicolas d'Hacqueville : n° 15957 (fol. 187).

Après ces sermons, du fol. 124 au fol. 133, un *Tractatus de tribulatione* qui commence par ces mots : *Da nobis, Domine Deus, auxilium de tribulatione... — Tibi animæ tribulatæ et tentatæ proponitur verbum hoc.* Les copies de ce traité sont très nombreuses, mais elles sont toutes anonymes. Nous en avons une autre dans le n° 1472 des Nouvelles acquisitions, fol. 57 ; deux à la Mazarine, n°s 1084 et 1140. Nous le trouvons encore indiqué dans les n°s 161 de Bourges, 368 de Saint-Omer, 123 de Charleville, 9737 de Munich, 4315 de Vienne. Le rédacteur du catalogue de Vienne a proposé de l'attribuer à Gérard de Liège. Il ignorait certainement, lorsqu'il a fait cette proposition, que Goussainville avait depuis longtemps publié, sous le même titre, un traité presque semblable, l'attribuant au célèbre archidiacre de Bath, Pierre de Blois. Un traité, disons-nous, presque semblable. C'est là ce qu'on constate au premier abord. Mais un examen plus attentif des deux pièces fait bientôt reconnaître que le traité publié n'est en réalité qu'une très libre altération du traité demeuré jusqu'à ce jour inédit.

Voici le texte du premier chapitre, tel qu'il est dans notre manuscrit :

Da nobis, Domine, *auxilium de tribulatione* (1). Tibi animæ tribulatæ et tentatæ proponitur verbum hoc, ut, intellecto de quo tribulationes serviunt sapientibus, et quæ servitia ex eis extrahere potes, nisi per te steterit, non solum patienter sed etiam hilariter, gallice *à bonne chiere*, eas sustineas, et dicas consolari interius ex eo ipso quod exterius desolaris; nam, ut dicit Seneca, non est ita magna consolatio sicut illa quam ex desolatione nemo extrahere potest nisi prius agnoverit tribulationis fructum; qualiter scilicet qui tribulationes immittit eas ordinat ad profectum et utilitatem sustinentium, nisi ipsi ex perversitate suæ voluntatis ordinationi creatoris sui se opponant. Illi vero qui defectus suos ex una parte cognoscunt, et utilitates tribulationum ex alia, in verbo proposito a Deo petunt de tribulatione juvari, non ipsam amoveri, nam (si) ejus amotionem peterent, contra seipsos fortassis peterent, sicut Paulus quando petebat stimulum amoveri, II Corinth., 12; cui responsum est : *Sufficit tibi gratia mea, nam virtus in infirmitate perficitur.* Sunt autem multi fructus tribulationum; sed ad præsens de duodecim tangemus, in quibus multi alii tanguntur sive continentur, quos de facili intelligere poterit qui doctrinam istam diligenter et attente legerit vel audierit; nam, sicut cibus corporalis male masticatus pejus digeritur, sic lectio ad salutem pertinens, sine intentione lecta vel audita, minus proficit quia non retinetur. ·

Et voici maintenant le texte publié par Goussainville et reproduit par M. Giles, dans son édition des *OEuvres* de Pierre de Blois, puis par M. l'abbé Migne (*Patrol.*, t. CVII, col. 989) :

Ordo et modus docendi de quo tribulationes deserviunt est ut eas non solum patienter, sed etiam libenter sustineas, et consoleris interius ex quo quod exterius desolaris;

(1) *Psalm. LIX*, 13.

nam, ut ait Seneca, non est major consolatio quam quæ ex
desolatione trahitur. Quam consolationem nemo potest
habere ni prius noverit effectum tribulationis; qualiter scilicet Deus, qui tribulationes immittit, eas ordinat ad profectum et utilitatem sustinentium, nisi ex perversitate rebel-
lionis se ordinationi creatoris opponant. Illi ergo qui
defectus suos ex parte una cognoscunt, et, utilitatem tribulationis ex altera considerantes, in firmo proposito a Deo in
tribulatione petunt ut a se tribulationes extirpet, contra
seipsos fortassis petunt, sicut Paulus, qui petiit carnis
stimulum amoveri. Cui responsum est a Deo : *Sufficit tibi
gratia mea, nam virtus in infirmitate perficitur.* Sunt
autem multi fructus tribulationum ; sed ad præsens de
duodecim tangemus, in quibus etiam multi alii continentur,
quos de facili intelliget qui tractatum istum diligenter
legerit vel audiverit plus attente ; nam, sicut cibus male
masticatus de difficili digeritur et parum prodest, sic doctrina sacræ Scripturæ sine attentione lecta, cursorie vel
audita.

L'édition première de ce texte, si librement dégagé
de toute vieille scorie, est de l'année 1607. On trai-
tait volontiers ainsi, dans ce temps-là, les écrits du
moyen âge quand on jugeait bon de les produire.
Goussainville nous apprend, d'ailleurs, comment,
dans le cas présent, les choses se sont passées.
Tandis qu'il préparait son édition de Pierre de Blois,
un de ses amis, Henri Justel, fils de Christophe, lui
fit remettre ce *Tractatus de tribulatione* copié sur
deux manuscrits du collège Merton par le géomètre
John Wallis. Mais ce très savant géomètre, *eruditis-
simus vir*, n'avait aucune expérience en matière de
paléographie, *abbreviaturis antiquis non bene assyetus*,
et, de plus, il faisait profession d'avoir peu de confiance dans la fidélité des anciens copistes, *cum
amanuensibus parum confideret* ; en conséquence,

ajoute Goussainville, il s'employa de tous ses efforts, avec une infatigable patience, *ingenti studio et indefesso labore*, à mettre en bon état, *emendare*, ce petit livre qu'il goûtait. Ainsi, l'aveu de l'éditeur est formel ; le texte publié n'est pas celui de Pierre de Blois ; c'est celui de John Wallis.

Maintenant est-il bien certain que le texte inédit soit du fécond archidiacre de Bath ? Il est au moins permis d'en douter. Deux manuscrits du collège Merton, les n°s 43 et 47, nous offrent à la vérité sous le nom de Pierre de Blois ce *Libellus de utilitate tribulationis* dont John Wallis, nous dit-on, a si laborieusement refait le texte. Mais ces deux manuscrits, dont l'un est évidemment copié sur l'autre, ne sont pas d'une respectable antiquité. Et ce n'est pas là tout ce qu'on peut objecter à l'attribution. Vers la fin de sa vie, certainement, comme l'a fait remarquer dom Brial (1), après l'année 1189, Pierre de Blois a dressé lui-même le catalogue de ses ouvrages dans son *Invectiva contra depravatorem ;* or, il n'y parle pas de ce *Libellus.* A-t-il été du moins cité par quelque ancien bibliographe ? Il ne l'a été par aucun. Enfin cet écrit mystique, où le français se mêle au latin, ne semble aucunement de l'archidiacre, ni même de son siècle. S'il est d'un Pierre de Blois quelconque, celui-ci doit avoir vécu, pensons-nous, au moins un siècle plus tard.

Au. fol. 133, des extraits de saint Augustin, intitulés *Liber florum sancti Augustini.* Ces extraits, au

_____

(1) *Hist. litt. de la France*, t. XV, p. 405.

nombre de vingt, ne s'étendent pas au delà du fol. 137.

Nous avons ensuite une nouvelle série de sermons.

Fol. 137. *In adventu. — Veni, Domine Jesu… — De quocumque adventu intelligitis, tria possunt notari. Primum desiderium animæ…* Le copiste a pris le soin de nous faire connaître son opinion sur ce sermon : *sermo*, dit-il, *optimus.* Il aurait dû plutôt nous en indiquer l'auteur.

Fol. 140. *In tertia dominica post Pascha. — Conversationem inter gentes… — Cum verba ista scripta sunt in epistola hodierna et sunt verba apostoli Petri…* Ici l'auteur est nommé; c'est le Dominicain Jean de Montlhéry, sous-prieur, dit le copiste, sans doute sous-prieur du couvent de Saint-Jacques. Quelques phrases de ce sermon ont été citées au tome XXVI de l'*Histoire littéraire*, p. 436. On y lit, en outre, cette anecdote, qui n'est pas mieux racontée par Étienne de Bourbon (1) :

Quidam frater ordinis nostri, qui vocatur frater Jordanis, prædicabat cuidam juveni nobili et pulcherrimo, (et) persuadebat ei ingressum religionis. Post multa verba invenit ipsum multum durum. In fine verborum dixit ei : « Rogo te ut unum facias pro me, scilicet ut respicias membra tua ita pulchra et manus pulchras, et cogites quantum damnum erit si manus istæ tam pulchræ fiant pabulum ignis infernalis. » Ille ruminavit verbum illud in corde, et cogitavit et recogitavit, et compunctus est, et intravit religionem.

Une collation, prononcée le même jour, succède à ce sermon. Il y a aussi des anecdotes ; mais elles manquent d'intérêt.

(1) Étienne de Bourbon, *Anecd. hist., légendes*, p. 29.

Fol. 142. *Sermo in festo beati Martini, fratris Seuciani, canonici de Monte Sancti Eligii. — Quasi stella matutina... Oportet prævenire solem... — Verba ultima sumpta sunt in libro Sapientiæ.* Ce chanoine du Mont-Saint-Éloi nous a-t-il laissé d'autres sermons ? On n'a jusqu'à présent signalé que celui-ci (1).

Fol. 145. *In festo beati Clementis papæ. — Domine Deus, au diclamorem... In medio ecclesiæ aperuit... — Carissimi fratres, verba ultimo proposita scripta sunt in Ecclesiastico.* Après ce sermon, une collation sur le même thème, selon l'usage. Nous ne connaissons pas le prédicateur. On le féliciterait, s'il était connu, d'avoir compris qu'un sermon doit moins avoir pour objet d'exposer le dogme que d'enseigner la morale.

Fol. 150. *In dominica secunda Adventus. — Respicite et levate... Respexit in ordinem... — Hic notantur duo, tam prædicatori quam auditori verbi Dei necessaria.* Il n'y a rien d'original dans ce sermon anonyme ; ce ne sont que citations des Pères.

Fol. 152. *Cum audisset Joannes in vinculis... — Verba ista scripta sunt in hodierno evangelio et beatus Gregorius exponit ea.* La première partie de ce long sermon est une véhémente déclamation contre les évêques :

Lucifer voluit se æquiparare Deo; ita faciunt homines multi, et, quia Deus est unus in substantia et trinus in personis, ita miseri clerici volunt esse, quia qui unus est in substantia vult trinus esse in personis, quia vult habere personatus.

(1) *Hist. litt. de la France*, t. XXVI, p. 437.

Ce trait nous semble assez heureux. On lit un peu
plus loin :

Prælati a subditis tollunt pellem et ossa ; sicut dicitur
gallice : *Et tollent la char et les os et la pel, comme le lou
de l'agnel.*

Fol. 145. *In die Natalis. — Homo natus est in ea...
— Verba ista scripta sunt in Psalm.* Ce sermon
anonyme n'est aussi qu'un assemblage de phrases
empruntées soit à l'Écriture soit aux Pères.

Le volume finit par quelques notes sur les Proverbes de Salomon.

14961

On lit au feuillet 114 : *Sermones de communi ma-
teria, a fr. J. de Alneto, can. Sancti Victoris, compilati;* au feuillet 143 : *Sermones de Quadragesima,
compilati a fr. J. de Alneto;* et l'inspection du volume
fait supposer que ce Jean d'Aunay ou de Launay,
chanoine de Saint-Victor, a copié de sa main ou fait
copier sous ses yeux, non seulement ces deux liasses
de sermons, mais tout ce qui les précéde ou les suit.
On peut donc juger quel était son goût littéraire sur
les pièces dont il a fait choix. Non seulement son
goût littéraire, mais encore son humeur, son caractère. C'était, pensons-nous, un bon homme, ni trop
léger, ni trop grave.

La plupart des sermons qui forment ce volume sont
anonymes. C'est là ce qui nous a fait entreprendre
de le décrire. A la vérité nous ne sommes pas en
mesure d'en nommer tous les auteurs ; mais nous en

nommerons, du moins, quelques-uns, et ferons ainsi connaître des textes ignorés de leurs œuvres.

Fol. 1. *Stetit Jesus in medio discipulorum*. — *Sciens Dominus discipulos suos tempore passionis fuisse turba-tos*. La table des matières contenues dans la première moitié du volume et une courte dissertation sur les deux litanies, que nous avons déjà rencontrée dans le n° 14899, coupent en deux parts ce sermon, dont la fin est au feuillet 10.

L'auteur est Guillaume de Mailly. Comme nous l'avons dit sous le n° 14952, Guillaume de Mailly nous a laissé deux recueils de sermons : l'un pour les dimanches, appelé communément *Abjiciamus* (1); l'autre, *Suspendium*, pour les jours de fête (2). Le sermon dont nous venons de citer les premiers mots fait partie de l'*Abjiciamus* dans les n°ˢ 16474 (fol. 93) et 16475 (fol. 114). Le nombre des emprunts faits à ces deux recueils par Jean d'Aunay donne lieu de penser qu'il mettait Guillaume au premier rang parmi les sermonnaires de son temps.

Suivent, au feuillet 12, des extraits du traité *De septem donis*, attribué, comme on le sait, au Dominicain Étienne de Bourbon. Les historiettes ici racontées ne se succèdent pas en même ordre que dans le gros livre auquel elles sont empruntées. Le plus souvent, d'ailleurs, elles ne sont pas littéralement transcrites,

---

(1) Dans le catalogue des livres taxés en 1303 on lit : « Sermones *Abjiciamus* de Mali, de dominicis , continent pec. 49 : 20 den. » (Jourdain (Ch.), *Index chron.*, p. 76); et à la page 208 du n° 228 d'Orléans (n° 272 du cat. imprimé) : F. Joannes de Fontaneto pro *Abjiciamus* debet 3 sol. et 6 denarios. »

(2) Voir *Hist. litt. de la France*, t. XXVI, p. 452.

Étienne de Bourbon pouvant être abrégé sans incon-
vénient. Faisons enfin remarquer que le copiste ajoute
quelquefois aux narrations naïves de l'original d'autres
qui ne le sont pas moins, comme celle-ci (fol. 13) :

Puella quædam 17 annorum consueverat jejunare die
sabbati in pane et aqua, nuda pedes et sine camisia ; cumque
semel ad herbam ivisset die sabbati, in meridie, apparuit ei
quidam nigris vestibus indutus, visumque ei fuit primo quod
esset pater suus ; sed, appropinquante eo, cognovit patrem
suum non esse, sed cœpit intra se timere et fremere. Qui
appropinquans dixit ei quare herbam suam colligebat. Cui
puella : « Nostra est, inquit, herba. » — « Tu mentiris »,
ait ille ; et, apprehendens eam cum corda sacci sui in quo
herbam ponebat, ligavit eam et ligatam projecit in puteum
antiquum, profundum valde, distantem ab omni villa fere
per leucam. Quæ cadens miraculose stetit super quemdam
lapidem in puteo, proeminentem inferius 30 cubitis, sine
læsione aliqua, ubi fuit per 12 dies, induta sola tunica, sine
cibo et potu. Tandem cum quidam a casu transiret, et lapidem ibi projiceret, clamavit, et sic extracta est. Dicebat
autem quod invenerat ibi quinque lapillos et secundum hoc
dicebat quinque *Ave Maria*, et sic quiescebat, et dormiendo
ei beata Virgo apparebat, quæ exitum ei promittebat. Hoc
vidit fr. Joannes de Alneto.

Ainsi le témoin se nomme et signe son témoignage.
On ne doute pas qu'il soit sincère. Il était donc nota-
blement crédule, même en son temps.

Au feuillet 47 commence une longue série de sermons. Les premiers mots de celui qui s'offre d'abord
à nous sont : *Protector noster, aspice...* — *Cum visus sive
aspectus aliquarum creaturarum et virtutem et affec-
tum habeat in creaturis.* Ce sermon est encore anonyme dans les nᵒˢ 15966 (fol. 127) et 16475 (fol. 159) ;
mais dans le nᵒ 16475 (fol. 194), il est sous le nom

de l'auteur, Guillaume de Mailly. Le n° 15964 (fol. 258) l'attribue faussement à Gérard de Reims.

Fol. 49. *Angelorum esca nutristi populum...* — *Salvator noster tria nobis benignitatis et amoris indicia...* Le copiste qualifie ce sermon de *peroptimus*. Cela prouve qu'il n'avait pas un goût très pur. Ayant en effet déjà rencontré ce sermon dans le n° 14947, nous y avons signalé d'assez grosses inconvenances (1).

Fol. 52. *Quis putas puer iste...* — *Verba sunt admirantium in beati Joannis nativitate.* Nous avons aussi mentionné ce sermon sous le n° 14947 (2).

Fol. 53. *Fac tibi duas tubas argenteas...* — *In verbis istis ad commendationem istorum gloriosorum apostolorum quinque notantur.* Voir encore le n° 14947 (3).

Fol. 55. *O quam pulchra est casta generatio...* — *Tria quæ diligit sponsus in sponsa invenire vult.* Ce sermon est de Guibert de Tournai. Nous l'avons sous son nom dans le n° 15943 (fol. 66).

Beaucoup de mots français et quelques comparaisons trop familières :

Cor debet esse *preus et gentis et cortois*, hoc est nobile, liberum et urbanum, quod non vadit rusticane sicut vetula ad forum, torquendo sotulares. Propter hoc enim torquentur sotulares in pedibus quia nimis sunt largi; et tu a via justitiæ distorques si nimis laxe vivis, si nimis large accipis de delectationibus carnis, ut cibi et potus et somni. Restringe ergo te ab his ut recte incedas.

Une courte digression sur le mot *articulus* sépare ce sermon du suivant.

(1) Ci-dessus, p. 12. (3) *Ibid.*, p. 14.
(2) *Ibid.*, p. 13.

Fol. 57. *Vocatum est nomen ejus Jesus...* — *Utinam possemus Salvatori nostro familiares esse, ut ipse nos et nos ipsum nossemus.* Deux autres exemplaires anonymes sont dans les n°ˢ 14947 (fol. 279) et 16508 (fol. 27). Nous l'avons cité sous le n° 14947 (1).

Fol. 57. *Veniet ad templum sanctum...* — *Nota quod quadruplex est templum ad quod Christus venit.* Voir le n° 14947 (2).

Fol. 58. *Venerunt mihi omnia bona...* — *Satis, credo, nota sunt hodiernæ solemnitatis mysteria fidelibus.* Ce sermon n'a pas été, tel qu'il est, prononcé; c'est une matière qui attend une paraphrase. En effet, après avoir cité quelques mots du prophète Isaïe, l'auteur laisse à d'autres le soin de les expliquer : *Nota et expone.*

Le copiste a transcrit à la suite la légende bien connue des filles du diable. Nous avons rencontré déjà de nombreux textes de cette ingénieuse fiction; mais aucun n'est aussi développé que celui-ci;

Diabolus, invidens beatitudini hominum, fecit sicut fieri solet moderno tempore. Solent enim isti magis divites usurarii, qui non sunt alicujus nominis vel valoris, tradere filios suos pauperibus nobilibus pro nomine magno habendo et acquirendo. Sic fecit diabolus. Videns enim se deceptum et volens se facere valere et habere magnum nomen, maritavit septem filias suas quas habebat septem generibus hominum.

Primam, id est Rapinam, optime maritavit, scilicet militibus, præpositis et baillivis et hujusmodi, qui deberent terram in pace custodire et de raptoribus vindictam sumere, et ipsimet illam destruunt et conficiunt, sicut murilegus caseos stulti. Dic exemplum de rustico qui emit catum et posuit eum in caseario suo ut custodiret caseos suos a muribus, et

(1) Ci-dessus, p. 10.   (2) *Ibid.*, p. 11.

catus plus comedit de caseis quam mures comedissent. Contra quos dicitur in Isaia : *Væ qui prædaris ! Nonne et ipse prædaberis* (1) ?

Secundam filiam, id est Usuram, maritavit burgensibus usurariis, qui optime debent assimilari urso propter tres rationes : prima ratio est quia ursus super omnia animalia canes habet in odio, sic et usurarius prædicatores, qui per canes significantur eo quod de nocte fugant fures et lupos, servant domum domini sui et habent linguam medicinalem ; secunda ratio quare usurarius comparatur urso est quia ursus super omnes mel diligit, sic usurarius dulcedinem istorum temporalium ; tertia ratio est quia, sicut magister ursi in diebus festivis facit ursum ludere et plus lucratur de urso suo quam in aliis diebus, sic facit diabolus in diebus festivis, cum magis deberet venire ad ecclesiam usurarius et audire mandata, tunc discurrit per villas quærendo debita sua, et sic ludit diabolus de illo.

Tertiam filiam, id est Fraudem, seu deceptionem, maritavit mercatoribus et negotiatoribus qui in ulna magna emunt et in parva vendunt. Et nota de omnibus generibus mercatorum, quorum unusquisque decipit hodie proximum suum. Contra quos dicitur, Apoc. III : *Negotiatores terræ flebunt amare.*

Quartam filiam, id est Sacrilegium, optime maritavit, scilicet colonis terræ et laboratoribus primitias et decimas male solventibus, et, quod pejus est, omnia retinentibus. Contra quos dicit Hieronymus amico : « Quidquam rapere furtum est ; Ecclesiam defraudare sacrilegium est. »

Quintam filiam, scilicet Falsum servitium, maritavit servis et ancillis. Nota de quolibet genere servitorum et famulorum qualiter male serviunt.

Sextam filiam, id est Superbiam, maritavit matronis quæ trahunt caudas per vicos et plateas. Nota de superbia mulierum et quære in tractatu de *De Vitiis* (2) et satis invenies.

Septimam filiam, id est Luxuriam, non potuit quia ipsa noluit ; sed potius voluit ipsa Luxuria, tanquam ribalda et meretrix, cum omnibus generibus hominum misceri.

(1) Isaïe, XXXIII, I.
(2) Traité de Guillaume Péraut.

On remarquera que tous les maris ici donnés aux filles du diable sont des laïques. Cependant le bruit a couru que plusieurs furent mariées à des gens d'Église, et c'est là ce qu'ont répété, l'ayant cru, non seulement des laïques, comme Richard Cœur de Lion, mais encore des ecclésiastiques de grande autorité, comme Eudes de Cériton et Jacques de Vitry. Ces assertions diverses ont été mises en regard les unes des autres (1).

Deux autres copies de ce sermon, pareillement anonymes, sont dans les n°ˢ 14967 (fol. 284) et 18187 (fol. 13).

Fol. 60. *Quid vis ut faciam tibi, Domine...* — *Domine, adjuva me...* — *Vulgariter dicitur :* « Cui Dex veut aidier nus ne li puet nuire. »

Ce sermon anonyme est de frère Albert, de l'ordre des Mineurs. Nous l'avons déjà rencontré dans les n°ˢ 14923 (fol. 25) (2), 14952 (fol. 5) (3) et nous en avons donné des extraits. Il y a quelques différences entre les trois textes.

Fol. 61. *Sapientiam sanctorum narrant populi...* — *Carissimi, ista solemnitas duplici de causa est nobis instituta.*

L'auteur de ce sermon doit être un régulier, car il traite mal les évêques qui, trop paresseux pour prêcher, s'opposent à ce que d'autres prêchent : *Quid nisi lupi, cum deberent esse pastores? Si enim non essent de numero luporum non adversarentur latra-*

---

(1) *Journal des Savants*, 1884, p. 225.
(2) Tome III, p. 297.
(3) Ci-dessus, p. 20.

tibus canum. Ces chiens, qu'on empêche d'aboyer, sont en effet, on n'en peut douter, les Prêcheurs, les Mineurs, dont les succès oratoires ont inquiété les évêques et provoqué de tumultueux conflits.

Fol. 63. *Memor esto, quoniam mors non tardabit...* *Justitia ejus in filios...* — *Videmus quod in aliquibus rebus, supposita Dei influentia, natura incipit et perficit.* Ce sermon, dont nous n'avons pas à signaler une autre copie, est, comme l'exigeait le thème, d'une gravité soutenue. Nous le croyons aussi d'un régulier.

Fol. 65. *Vincenti dabo edere de ligno...* — *Secundum Bernardum, non est victoria sine pugna.* Pas d'autre copie.

La péroraison est une apologie de la vie claustrale. On y lit cette anecdote :

Sicut legimus de quodam magistro qui, videns imminere mortem, transivit ad religionem; et cum quæreretur ab amicis quare hoc faceret, respondit : « Habeo passum valde periculosum transire et ideo nolo solus esse. »

Fol. 68. *Justus de angustia liberatus... Libera me de sanguinibus...* — *David, prophetarum eximius, attendens sermonem Domini...*

Ce sermon, prononcé le jour de la fête de saint Victor, l'a certainement été dans l'abbaye consacrée sous son nom. Hugues y est cité dix fois au moins; mais le sont avec lui Cicéron, Aristote. C'est le sermon d'un théologien infidèle à la tradition de son école, qui ne s'est pas abstenu de commercer avec les philosophes et les rhéteurs profanes. Gautier, Absalon l'en auraient vivement réprimandé. Mais nous sommes au XIIIe siècle, et la place la plus forte du mysticisme n'a pu résister elle-même aux assauts multipliés de la philosophie.

Fol. 71. *Abjiciamus opera tenebrarum... — In evangelio hodierno recolit ecclesia adventum filii Dei in mundum.* Il y a dans ce sermon plus d'un mot français et plus d'une locution proverbiale. Il y a aussi quelques dictons populaires. Citons celui-ci : *Dicitur de illo qui fuit amicus et post fit inimicus :* « *Ejeci illum de calendario meo.* »

Fol. 74. *Hora est jam nos de somno... Surge et invoca Deum... — Tria tanguntur in verbo secundo quæ requiruntur in quolibet prædicatore.* Style tempéré, pas de mots français, pas de facéties.

Fol. 75. *Præparare in occursum Dei... Parasti in conspectu meo... — Sicut corpus sustentatur et nutritur cibo corporali...*

Il faut citer un ou deux passages de cet étrange sermon :

Si aliquis sederet ad mensam refertam et plenam bonis cibariis et non comederet, stultus reputaretur, et merito, quia, sicut dicitur, *Qui est fos à la table il est fos tote la jornée ;* quia postea esuriet et egebit et non habebit aliquid ad comedendum... Sic est spiritualiter magna infirmitas vel fatuitas, quando Dominus proponit nobis per prædicatorem cibum suum... si non diligenter attendamus et retineamus... Multi sunt qui, cum veniunt ad sermonem, hoc non faciunt nec curant quid dicat prædicator, sed quomodo ; et, si sit sermo bene rimatus, si thema sit bene divisum, si bene loquatur frater, si bene prosequatur, si bene concordet, dicunt : « Quam bene prædicavit frater ille ; quam pulchrum sermonem fecit ! » Hoc est solum quod quærunt in sermone, nec attendunt quid dicat. Tales certe male se speculantur, imo errant in speculando se. Tales similes sunt rusticis forincesis, adjacentibus bonæ civitati, qui, cum veniunt ad civitatem et instat aliqua magna festivitas, ut Natale vel Pascha, vadunt ad domum barbitonsoris ad radendum barbam suam contra festum. Sed videte quomodo contingit eis. Bene cavebit sibi barbitonsor quod non apponat melius rasorium quod habeat ad radendum barbam unius rustici; sed mittet unum de addiscentibus suis ad illum ut ibi addiscat radere, quia, sicut dicitur communiter, *A barbe a vilen aprant an a rere;* tunc ille addiscens incipiet eum radere et totum excoriabit et faciet forte sanguinem exire de quatuor locis in barba sua. Quando fuerit rasus et credet se esse bene paratum, surget et ibit ad speculum barbitonsoris, et cum, deberet se speculari et videre si esset bene paratus, tunc respiciet in speculo et videbit ibi imagines depictas ex uno latere, ex alio fenestras et marmosetos domorum propinquarum quæ ex repercussione apparent in speculo, et obliviscetur sui ipsius ; nec advertit quomodo cruentavit barbam suam ille qui rasit eum, et tunc recedens vadit per villam totus cruentatus, totus excoriatus, et deridetur ab omnibus qui vident eum. Certe ita faciunt multi. Quando veniunt ad sermonem, in quo deberent se speculari et videre defectus suos, tunc advertunt se et respiciunt marmosetos et columnas claustri et ecclesiæ.

Cela est d'un très mauvais style. Cela, de plus, est tout à fait inconvenant et sans esprit. Eh bien ! le reste du sermon n'est ni plus grave ni plus ingénieux. Et pourtant ce n'est pas devant des séculiers qu'on prêche ainsi ; c'est devant des réguliers, et, pensons-nous, devant des chanoines de Saint-Victor, dans la chaire de Hugues, d'Achard, d'Absalon. Quelle décadence !

Mais, dans ce monastère quelconque, tout est à l'état de relâchement, les mœurs, paraît-il, comme le langage :

Scitis quod arcus libentissime et de facili inclinat se versus ventrem ; sed, si curvetur versus dorsum superius, statim frangitur. Ita sunt multi. Si præcipiatur eis aliquid quod pertineat ad recreationem, libentissime faciunt ; ut si dicatur eis a superiori suo : « Frater, ite in infirmariam ; ite ad illum prioratum. » Tunc obediunt libenter. Sed si dicatur eis aliquid durum, aliquid grave, statim franguntur, per impatientiam murmurant et excusant se. Ut si dicatur eis : « Frater, ite ministrare et servire in furnariis », tunc dicunt : « Ah! domine, non faciam hoc; non ego sum talis persona de tali genere ; non decet meam personam ; mittite illum fratrem qui est de humili plebe. » O Deus ! quam bona est illa obedentia !

Une telle réponse n'aurait été faite, au xiie siècle, par aucun clerc cloîtré; mais, à la fin du xiiie, les moines, les chanoines de noble race tenaient déjà les plébéiens à distance. Si l'humilité monastique était encore recommandée, elle l'était mollement, pour la forme; c'était une vertu du vieux temps.

Fol. 79. *Dominus prope est...* — *Vulgariter dicitur :* « Qui est garniz si n'est honnis. » *Ideo Paulus nobis denuntiat adventum Salvatoris cum dicit : Dominus prope est. In quibus verbis duo tanguntur.*

Ainsi débute, presque sans différence, un sermon de Guillaume de Mailly que contient le n° 16475 (fol. 17). Mais il n'y a de semblable, dans les deux sermons, que les premiers mots. Celui de Guillaume est d'un style plus noble que celui-ci.

Fol. 79. *Parvulus natus est nobis...* — *Sicut dicitur, Eccl., VIII, Omni negotio tempus est et opportunitas. Ideo Dominus, videns nos pro peccato primi parentis affligi sub diaboli servitute, misericordia motus...*

Par les mêmes mots commence encore un sermon de Guillaume de Mailly, n° 16475 (fol. 26). Ainsi que nous l'avons déjà fait remarquer plus d'une fois, les prédicateurs n'avaient pas alors une claire notion du mien et du tien.

Fol. 81. *Ecce nunc tempus acceptabile...* — *Sicut dicit Ecclesiastes, III, omnia tempus habent. Gallice :* « Totes choses ont lor saison ».

Ce sermon est encore anonyme dans les nᵒˢ 16507 (fol. 243) de la Bibliothèque nationale et 1726 de Troyes ; mais dans les nᵒˢ 15956 (fol. 41), 16474 (fol. 56) et 16475 (fol. 66) de la Bibliothèque nationale il appartient à l'*Abjiciamus* de Guillaume de Mailly.

Vingt ou trente sermons de l'*Abjiciamus* se lisent dans les nᵒˢ 15959 et 15964 sous le nom du Dominicain Gérard de Reims. Ainsi Gérard de Reims est, dans le nᵒ 15959 (fol. 468), l'auteur désigné de celui qui nous occupe en ce moment, et c'est à Gérard de Reims que l'attribuent, en conséquence, Échard et les auteurs de l'*Histoire littéraire* (1), ne soupçonnant pas qu'il est ailleurs sous le nom de Guillaume. Où est l'erreur ? Les deux recueils de Guillaume ont été, nous l'avons dit, formés par lui-même, tandis que les nᵒˢ 15959 et 15964 nous offrent des sermons de toute provenance, choisis et réunis par des copistes. On admet donc facilement qu'il peut s'y rencontrer plus d'une fausse attribution. On suppose moins volontiers que Guillaume, s'étant approprié vingt ou trente sermons d'un autre, les ait présentés au public comme l'œuvre de ses veilles. Nous ne le supposons, pour notre part, aucunement. Ses contemporains,

(1) *Hist. litt. de la France,* t. **XXI**, 312.

qui goûtaient ses sermons, les ont beaucoup lus. Si donc il y avait eu tant de fraudes dans l'un de ses recueils, ils les auraient certainement constatées.

Une phrase de ce sermon nous montre combien le Petit-Pont était alors fréquenté, au moins un jour de la semaine, le samedi :

Stultum est expectare vesperum cum mane est serenum ; sed etiam, si mane sit turbidum, forte adhuc magis erit vesperum. Exemplum de rustico qui expectavit totam diem sabbati super Parvum Pontem, volens transire sine pressura et in sero fuit major pressura.

Fol. 83. *Sanata est filia ejus...* — *Sicut multi cibi sunt medicinales, sic econtra multi sunt malesani.* Anonyme, comme il l'est ici, dans les n°ˢ 3738 (fol. 95), 16499 (fol. 21) et 16507 (fol. 248), ce sermon est un de ceux qui composent l'*Abjiciamus* dans les n°ˢ 15956 (fol. 42), 16474 (fol. 58) et 16475 (fol. 68). Dans le n° 15959 (fol. 514) il est, ainsi que le précédent, . sous le nom de Gérard de Reims.

Les lutteurs anglais étaient alors renommés :

Sicut Anglicus in lucta doctus, resurgens rejicit adversarium, sic caro dejecta per jejunia resurgens rejicit animam.

Fol. 84. *Erat Jesus ejiciens dæmonium...* — *Dicitur vulgariter* « que de bonnes jornée fet qui de fol se delivre ». Anonyme dans les n°ˢ 15959 (fol. 585) et 16499 (fol. 22). Dans l'*Abijciamus* de Guillaume de Mailly : n°ˢ 15956 (fol. 44), 16474 (fol. 60), 16475 (fol. 71).

Nous trouvons ici plus d'une comparaison familière. Citons celle-ci :

Quando diabolus venit in hominem per peccatum, aufert ei omnes sensus spirituales ; facit enim ad modum divitis qui vult « se aasier » in aliqua domo. Primo ingressus domum, post se claudit ostium, et præcipit familiæ ne dicat ipsum esse ibi.

Vers la fin, Guillaume fait allusion à la fable des trois diables : Cloborse, Cloboche, et Clocuer. Cependant il ne prend pas la peine de la raconter à des lecteurs qui sans doute la connaissent tous. Mais aujourd'hui personne ne la connaît plus ; la démonographie est une science perdue. En voici le récit fait par Hérolt, dans son *Promptuarium exemplorum* :

Eremitæ cuidam quadam vice occurrebant tres dæmones, quos interrogavit quomodo vocarentur. Primus dixit : « Ego vocor Claudens cor, et hoc facio. Quando aliquis, audito sermone, vult confiteri, tunc claudo ei cor, quo suspirare non potest. » Alter dixit : « Ego vocor Claudens os, et hoc facio. Quando aliquis vult confiteri et dominum nostrum evadere, tunc claudo ei os, quo confiteri non potest. » Tertius dixit : « Ego vocor Claudens bursam, quo quis injustas res restituere non potest, nec de justis bonis eleemosymam facere, et ita uniti sumus et unus juvat alterum in quantum potest (1).

Nous donnerons plus loin un autre texte de cette plaisante légende. Les noms des trois diables montrent qu'elle est de fabrique française.

Fol. 86. *Accepit Jesus panes... — Consuetudo est post meridiem, in tempore jejunii, ponere mensam.* Anonyme dans les nᵒˢ 3738 (fol. 97), 15955 (fol. 47) et

____

(1) *Promptuar. exempl.*, au mot *Confessio.*

16499 (fol. 23). Dans l'*Abjiciamus* de Guillaume de Mailly : n°ˢ 16474 (fol. 63), 16475 (fol. 75).

Guillaume suit le conseil donné par Jacques de Vitry; assez souvent il conte des historiettes. Mais il les conte très brièvement, comme celle-ci :

Nota de moniali, quæ, cum sine benedictione comederet lactucam, intravit in eam diabolus. Quando autem requisitus fuit diabolus a sancto viro quare in eam intraverat, respondit quod sederat super lactucam, et monialis ipsum cum lactuca comederat.

Hérolt cite aussi cet exemple (1), disant l'emprunter aux *Dialogues* de saint Grégoire. Saint Grégoire n'a jamais passé pour badin. S'il ne l'était pas, il était, il faut le reconnaître, bien naïf.

Fol. 88. *Christus assistens pontifex...* — *In verbis istis circa mysterium redemptionis de qua in ista dominica agitur...* Anonyme : n°ˢ 3738 (fol. 100) et 16499 (fol. 25). Dans l'*Abjiciamus* de Guillaume : n°ˢ 15956 (fol. 49), 16474 (fol. 66), 16475 (fol. 78).

Il y a dans ce sermon une phrase très dure contre le clergé :

De multis potest dici hodie : sic populus, sic sacerdos ; et utinam non pejor sacerdos quam populus !

Fol. 90. *Humiliavit semetipsum...* — *In verbis propositis proponuntur nobis tria de Christo in exemplum.* Ce sermon est, dans tout le volume, presque le seul dont le copiste ait indiqué l'auteur : *In passione Domini, Mailli.* Il appartient, en effet, à l'*Abjicianus :* n°ˢ 16474 (fol. 71) et 16475 (fol. 85). Nous en avons,

____

(1) *Promptuarium.* au mot *Crux*.

en outre, rencontré deux copies anonymes dans les n°ˢ 3574 (fol. 31) et 16500 (fol. 118).

Fol. 91. *Esto fidelis usque ad mortem... — Videre mihi videor beatum Vincentium dimicantem.* Sermon en l'honneur de saint Vincent. L'auteur est ici Guibert de Tournay. Nous avons ce sermon sous son nom dans le n° 15933 (fol. 199). Prévenons que la copie de notre n° 14961 n'est ni fidèle ni complète. Le copiste n'a pas seulement retranché ; il a quelquefois ajouté.

Fol. 93. *Benedicta tu in mulieribus... — Sicut, præceptis salutaribus moniti et divina institutione formati, audemus dicere : Pater noster, et cet., ita, angelica salutatione præventi...* Autre copie anonyme : n° 3731 (fol. 22).

Fol. 94. *Petite et accipietis... — Gallice dicitur : Satis emit qui petit ;* « Assez achate qui demande : et por ce nostres sires, qui est cortois, nos semont de demander ». Nous avons encore ici cet autre proverbe : « Une bonté autre requiert » ; et ce vers bien tourné, que Nicolas de Biard a pareillement cité dans un de ses sermons (1) :

Qui non dat quod amat non accipit ille quod optat.

Fol. 95. *Te assumam et regnabis... Assumite gladium spiritus... — Deduc, ut scis : Te assumam. Scitis quod antequam Christus nasceretur, imo prope mundi principium...* Nous n'avons ici qu'une matière de sermon ; ce que nous font comprendre ces mots

(1) Num. 15954, fol. 86.

plusieurs fois répétés : *Deduc, ut scis ; Dilata, ut vis ; Expone de Virgine Maria ; Narra exemplum de clerico.* Ainsi les deux thèmes du sermon sont à déve-lopper et l'on indique comment il faudra s'y prendre. Mais cette indication n'est pas toujours donnée en des termes convenables ; il y en a même de si gros-siers que nous ne pouvons les reproduire.

Fol. 96. *Ambulate digne Deo... Ambulavimus in lumine Dei nostri... — Dilata et expone, ut scis : Am-bulate et cet. Scitis quod viatores, quando sunt in terra aliena.* Encore, ainsi qu'on le voit, une matière. Elle est probablement du même auteur que la précé-dente.

Fol. 97. *Qui custos est Domini... — Melius est rem in sua custodia non recipere quam receptam male custodire.* Sermon court et sans écart.

Fol. 98. *Gloria in excelsis Deo... — Notandum est quod Dominus mirabiliter pacem nostram deside-ravit.*

Cette matière est très brièvement, même très négligemment donnée. Les principales divisions du discours sont indiquées par des mots français.

Fol. 99. *Benedictus qui venit in nomine Domini... — Prædicator venit in nomine Domini quando primo loquitur veraciter.* Encore ici, comme il semble, une simple matière.

Fol. 99. *Exaltavi electum de plebe... — Dicitur quod non est festum bibere ad cyphum clamatoris vini.* On disait, en français : « Ce n'est pas feste de boere vin à hanap de crior. »

Trois courts traités sur la confession interrompent

ici la série des sermons. Le premier commence par ces mots : *In diebus illis salvabitur Juda...* — *Quando aliquid magnum debet fieri, solent homines inde multum loqui.* Nous en ignorons l'auteur. Le deuxième a pour titre : *Item de confessione fr. Joannesde Abbatis villa,* et tels en sont les premiers mots : *Dixi : Confitebor injustitiam...* — *Secundum Augustinum, initium bonorum operum confessio est malorum.* L'*Histoire littéraire* ne mentionne pas ce traité parmi les œuvres de Jean Halgrin d'Abbeville ; les anciens bibliographes ne l'avaient donc pas connu. Ce n'est pas d'ailleurs, à proprement parler, un traité ; c'est plutôt une instruction, lue devant des religieux le premier dimanche du Carême. L'auteur cite en effet « l'épître du jour », et dit qu'il va commenter cette épître en « parlant » de la confession. Il la commente en racontant plusieurs anecdotes. Celle-ci, par exemple :

Exemplum de filia cujusdam magni principis quæ consuluit papam utrum religionem intraret. Mandavit sibi papa quod in statu suo remaneret, quia sanctissime vivebat et multas eleemosynas faciebat quas in religione facere non potuisset. Quæ tandem a quodam servo suo, instinctu diaboli, decepta, imprægnata fuit; unde præ cordis dolore religionem intravit, ubi pro isto peccato multa sustinuit spiritualiter, sed tamen præ pudore nunquam ausa fuit confiteri. Unde accidit quod post mortem suam abbatissæ suæ in vultu terribili appareret et dixit ei quod tale peccatum fecerat, sed, quia erubuerat confiteri, in perpetuum damnata pro ipso solo erat.

Le troisième des opuscules sur la confession est particulièrement à l'adresse des pécheurs. On leur enseigne quand et comment ils doivent aller faire l'aveu de leurs fautes. Ce sont là plus que des conseils; ce sont des prescriptions, et elles sont au nombre de dix.

Après ces traités, de nouveaux sermons.

Fol. 107. *Nimis honorati sunt amici...* — *Ad honorem et commendationem apostolorum Christi verbo proposito notantur duo.* Nous ne remarquons ici que ce proverbe : *Pejor rota carri semper clamat.*

Fol. 108. *Nimis honorati sunt amici tui...* — *Vulgariter dicitur quod Deus nunquam amicum habuit quem non exponeret confusioni.* Ce sermon est le premier d'un recueil que contiennent les nᵒˢ 12421, 18193 de la Bibliothèque nationale et 1839, 1996 de Troyes. Dans le nᵒ 1839 de Troyes l'auteur est nommé Pierre, *ordinis Minorum;* les trois autres manuscrits sont anonymes. Quel est ce Pierre, de l'ordre des Mineurs? Nous dirons, en décrivant le nᵒ 18193, quelle raison on peut avoir de croire qu'il se nommait Pierre de Saint-Benoit.

Fol. 109. *Vado et venio ad vos...* — *In his verbis Dominus discipulis suis tria innuit intelligenda.* Ce sermon ne contient rien à citer. Tout y est banal.

Fol. 111. *Ascendam in palmam...* — *In sacra Scriptura aliquando per palmam intelligitur crux, aliquando pœnitentia, aliquando contemplatio.* Nous retrouvons ici la légende romanesque dont nous avons déjà cité plusieurs textes, sous le nᵒ 14952, d'après Albert de Metz et Guy d'Évreux : une fille de roi, rétablie dans son héritage par un chevalier qui meurt pour elle, pleurant chaque jour sur les armes de son vengeur :

Sicut invenitur de quadam puella, filia cujusdam regis, quæ, orbata parentibus suis, a propria hereditate expulsa est. Tunc cujusdam regis filius, super eam pietate motus, eam sibi accepit in uxorem et pro hereditate ejus pugnavit et reduxit eam ad propria, et in prælio pro ipsa mortuus est. Tunc puella, militis suscipiens arma, magna diligentia custodivit et quotidie super illa ingenti plorabat affectu. Filia regis est filia Adami, qui magnus homo in paradiso extitit, sed hereditatem suam perdidit quando a paradisi gaudiis propter peccatum inobedientiæ ejectus fuit. Sed Dei filius, pietatis gratia motus super eam, id est animam, ab hereditate spoliatam, eam sibi desponsavit quando humanitatem divinitati suæ sociare dignatus est et triginta duobus annis et mensibus tribus contra hostem dimicavit, etc.

Suivent quelques maximes, empruntées à saint Augustin, saint Jérôme, saint Grégoire, saint Bernard.

Au fol. 114 commence, ainsi que nous l'avons dit, la série des sermons que Jean d'Aunay, chanoine de Saint-Victor, déclare avoir pris à divers auteurs. Le début du premier est : *Scientes tempus quia hora est jam nos de somno... In principio epistolæ hodiernæ. Prothema : Quodcumque petieritis... — Dicitur gallice :* « A bon demandeur bon escondiseur ». Ce sermon est pareillement anonyme dans le n° 15129 (fol. 150). Mais il y a d'assez notables différences entre les deux textes. Le texte du n° 15129 est le plus étendu ; quelques narrations sont abrégées dans celui que nous offre le n° 14961. Celle que nous allons reproduire est à peu près conforme dans les deux manuscrits :

Exemplum de Ph., rege Franciæ, qui semel erat gravissime infirmus, in tantum quod medici omnino de salute ejus desperabant ; tandem positus super foramen (1) et cilicium, vocavit uxorem, filios et amicos et omnes barones, dicens : « Ecce ego qui nobilissimus, ditissimus et potentissimus de mundo eram ; pro omnibus divitiis regni mei et potentia et amicis non possum a morte extorquere inducias usque ad horam unam. » Et, infirmitate gravante, « Quid ergo mihi valent omnia quæ habui ? » Et, his dictis, flevit ipse et fleverunt omnes circumstantes. Postea vero, per misericordiam Dei, contra opinionem omnium et spem suam curatus est, qui ab omnibus mortuus credebatur, et tunc crucem accepit et ivit ultra mare ut Deo retribueret secundum misericordiam quam sibi fecerat.

Citons maintenant une narration abrégée. On lit dans la copie transcrite par Jean d'Aunay :

Exemplum de milite, cui Alexander papa tradidit loco pœnitentiæ annulum suum portandum, sub hac conditione quod omni die illum respiceret pluries, et, quandoque illum respiceret semper cogitaret se moriturum.

Et voici comment l'aventure de ce pénitent est racontée dans le n° 15129 :

Ad hoc narratur exemplum de quodam milite flagitioso, qui multa homicidia et rapinas commiserat. Tandem, inspiratione divina et bonorum virorum monitione, ivit Romam ut papæ Alexandro peccata sua confiteretur ; et, cum ei confessus fuisset infinita enormia peccata et gravia, nullam pœnitentiam voluit ab eo accipere, dicens se non posse aliquam pœnitentiam facere quia nimis erat delicatus et non erat talibus assuetus. Tandem sanctus papa dedit in loco pœnitentiæ annulum suum portandum, tali conditione quod illum omni die pluries respiceret, et quotiescumque illum respiceret, cogitaret se esse moriturum. Quod et fecit, et cogitans se moriturum mirabiliter contristabatur in seipso, et, cum tantam tristitiam amplius non posset sustinere, rediit ad sanctum papam, dicens hanc pœni-

____

(1) Lisez *stramen*, comme dans le n° 15129 (fol. 151).

tentiam esse gravissimam et quod ipse mallet quantam-
cumque aliam pœnitentiam facere quam illam. Et tunc
sanctus papa injunxit ei jejunare, orare, eleemosynas dare
et alia bona facere; quod et fortiter fecit, et sic propter
timorem mortis et tristitiam conversus est et mutatus in
tantum quod pœnitentia videbatur sibi facilis.

Les sermons qui suivent immédiatement sont aussi,
presque tous, dans le n° 15129; mais nous avons
constaté que les deux copies de ces mêmes sermons
diffèrent toutes plus ou moins. Il nous semble que
le texte authentique est celui du n° 15129. Nous
pensons donc que Jean d'Aunay s'est ici donné la
liberté soit d'abréger soit d'amplifier ce qu'il com-
pilait. Ajoutons que dans le n° 15129, comme dans
le n° 14961, tous ces sermons sont anonymes, et
qu'étant du même style ils paraissent du même
auteur. Les mots français et les comparaisons vulgaires y abondent.

Fol. 115. *Pastores loquebantur ad invicem...
Loquente Petro, cecidit spiritus...* — *Si aliquis
haberet loqui de arduo et magno negotio.* De ce sermon
nous n'avons à citer que ce proverbe : « L'an parle
volentiers de ce que l'an aime. »

Fol. 117. *Reges videbunt et consurgent... Confidenter state...* — *Confidentia est magnum bonum
et habet magnam virtutem* Autre copie : n° 15129
(fol. 154). Ici l'on rencontre cet autre proverbe : « Qui
voit le feu an la meson son voisin il ne doit pas
estre asseur de la sene. »

Fol. 119. *Jam lætus moriar... Egomet videns paupertatem...* — *Dicitur gallice :* « Il est mout povres

qui goute ne voit » ; *et si hoc verum est corpora-liter...* Autre copie, n° 15129 (fol. 158).

L'auteur de ce sermon était bien peu versé dans l'histoire littéraire. Il compte, en effet, Hugues de Saint-Victor parmi les poètes, et lui rapporte ces vers, dont l'auteur est, on le sait, le chancelier Philippe de Grève :

> Homo, vide quid pro te patior !
> Ad te clamo qui pro te morior.
> Vide pœnas quibus afficior...

Jean d'Aunay n'a probablement pas reconnu cette erreur, puisqu'il ne l'a pas corrigée.

Fol. 120. *Turbata est in sermone ejus... Non sumus sufficientes... — Sicut videmus ad oculum, quando aliquis homo habet facere negotium...* Autre copie, n° 15129 (fol. 166).

Voici deux exemples où sont relatés des usages de la cour romaine :

> Exemplum de papa. Quando de novo consecratur, coram oculis suis stupa comburitur et dicitur : « Sic transit gloria mundi. » Item, narratur quod cum domino papa semper defertur, ubicumque vadit, lectus sui antecessoris mortui, paratus ac si aliquis homo in eo jaceret, et ponitur in loco in quo papa sæpius est, sicut in aula vel camera sua, ut ipse cogitet se moriturum sicut ille mortuus est.

Autre proverbe : « La bonne vie atrait la bonne fin. » C'est le dire commun des philosophes profanes et des docteurs chrétiens.

Fol. 123. *Respice in faciem Christi... Super me respice... — Solet esse magna confortatio et magnum bonum infirmo...* Autre copie : n° 15129 (fol. 169).

Dans ce sermon, dont la matière est le mépris du monde, les femmes sont particulièrement maltraitées :

Mundus est *la garanne au diable,* in qua venatur ut capiat animas, et tendit ibi laqueos infinitos. Unus laqueus ejus est pulchritudo corporalis et ornatus. Unde istæ dominæ, quæ tam pulchræ videntur esse et tam bene ornatæ, *acemées,* sunt muscipula diaboli, quam tendit ad capiendum fatuos ; ipsæ sunt *la ratière au diable.*

Fol. 126. *Surrexit antequam homines se cognos-cerent... Si manseritis in sermone... — Boni scolares et discipuli qui libenter laborant ad retinendum.* Autre copie : n° 15129 (fol. 173).

Fol. 127. *Ostende eis viam tuam... Ostendam tibi quid facias... — Magnum signum prudentiæ est, quando homo nescit aliquid quod deberet scire, si illud velit sibi ostendi.* Autre copie : n° 15129 (fol. 176). En fait, notre n° 14961 ne contient qu'une partie de ce sermon.

Fol. 128. *Spiritum tuum bonum dedisti... Facies quæcumque docuerint te... — Si aliquis habet magnum negotium facere et periculosum.* Autre copie : n° 15129 (fol. 180).

Fol. 129. *Ostendisti auroræ locum... Ostende eis viam bonam... — Homo alienigena, cum debet ire per extraneam et ignotam viam.* Autre copie : n° 15129 (fol. 183).

Fol. 130. *Memento creatoris tui... — Sapiens monet in verbis istis unumquemque fidelem recordari Dei.* Ce sermon, qui ne parait pas complet, n'offre rien à signaler.

Fol. 131. *Memoria mea in generatione sæculorum...*

Memor esto verbi tui... — Quando aliquis homo verax, qui nullo modo mentiretur... Nouvel emprunt au n° 15129. Nous citons, en corrigeant un texte sur l'autre, le passage suivant, qui, dans le n° 15129, se lit au revers du feuillet 209 :

Legitur de Aristotele quod cum, laborans in extremis, morti appropinquaret, discipuli ejus circa eum congregati cœperunt ab ipso quærere ut eis daret aliquod bonum documentum et diceret aliquid perpetua memoria dignum. Et tunc, cogitans breviter, ipse respondit eis : « In hanc vitam miseram intravi anxius, vixi turbatus, exeo inscius et ignarus. »

L'orateur doit avoir emprunté cette anecdote au traité de *De septem donis* d'Étienne de Bourbon (1); et celui-ci dit l'avoir entendu conter par Humbert de Romans. Tel était donc, assuraient les théologiens, le dernier mot de la sagesse humaine : « Je ne sais rien. »

Dans le même sermon nous trouvons ces proverbes : « Bonté qui n'est seue si est perdue. » C'est là sans contredit un proverbe immoral. Mais tous les proverbes ne sont pas moraux. Nous le constatons, d'ailleurs, sans nous en étonner. Les auteurs n'en sont pas, on le sait, des délicats formés à l'école de Zénon ou de Chrysippe.

Fol. 135. *Laudemus viros gloriosos... Principes populorum congregati... — Scitis quod, congregata universitate Parisiensi.* Ce sermon est dans le n° 15952 (fol. 277) sous le nom du chancelier Nicolas. Il s'agit de Nicolas de Nonancourt, élu chancelier de Paris

____

(1) Lecoy de la Marche, *Anecdot. hist., légendes, apol., tirées du recueil d'Ét. de Bourbon*, page 222.

en l'année 1284, après Philippe de Thori. Il n'approuvait pas, dit-il, les théologiens philosophes :

Debes imitari sanctos ut licentiaris in fide, et, si oportet nos examinari in fide, debemus aspicere ad fidem ut vincamus argumentationes contra fidem... Nos sumus in periculo qui legimus libros gentilium ; in sustinendo opiniones ipsorum possumus de facili errare.

Ce péril avait été depuis longtemps signalé; mais les disciples de saint Thomas et ceux de Duns Scot prétendaient l'éviter, confiants dans leur prudence. S'ils n'avaient pas eu cette heureuse confiance, ils se seraient contentés d'étudier saint Augustin, et le mouvement intellectuel du xiii⁰ siècle n'aurait pas eu lieu. On se ferait d'ailleurs une fausse opinion du chancelier Nicolas, si l'on croyait qu'il s'est abstenu lui-même de lire ces livres des gentils qui peuvent, dit-il, si facilement induire en erreur. Il les a lus et en allègue souvent l'autorité dans ce sermon où il enfle sa voix pour les condamner. Outre Cicéron, Sénèque y est quatre fois cité. Cela ne fait-il pas comprendre qu'il déclame simplement sur un lieu commun lorsqu'il en parle si mal ?

Nous le supposons plus convaincu, quand il reproche aux régents, aux écoliers de Paris, leurs conspirations, leurs révoltes :

Turbatores et discoli gloriantur in discordia et contentione ; quando in capitulis et societatibus possunt ponere discordiam, gloriantur. Isti sunt sicut piscatores qui turbant aquam ut possint melius capere pisces. Parisius est fons scientiæ. Quando fons est turbatus tunc turbantur rivuli ; ita quando studium turbatur, tunc per totum mundum est turbatio. Multi sunt qui non haberent unde viverent nisi essent contentiones. Si duo ribaldi incipiunt Parisius pugnare, nationes pugnabunt invicem pro eis. Ex certa scientia movent aliqui discordias inter alios ut habeant unde vivant.

L'ordre manque dans ce passage; il est mal composé; mais tout ce qui s'y trouve est instructif. Nous y remarquons d'abord un notable témoignage de l'influence exercée, dès la fin du XIIIe siècle, par les émotions de Paris, non seulement sur la France, mais encore sur l'Europe entière. Nous y voyons ensuite, plusieurs fois et très fermement exprimée, l'opinion du chancelier sur les causes secrètes de ces émotions. Si certaines gens, dit-il, n'avaient pas intérêt à les provoquer, elles n'existeraient pas. C'est là sans doute une accusation portée contre des procureurs, des canonistes, des légistes, et nous admettons volontiers que le chancelier, étant aux prises avec les maîtres, qualifie durement leurs conseillers. Cependant il ne nous paraît aucunement invraisemblable qu'il y ait eu dans ce temps-là, comme en d'autres temps, des artisans intéressés de contentions, de discordes. Les maîtres et les chanceliers ayant eu presque toujours des torts réciproques, il était facile et pouvait être profitable à quelques gens d'engager entre eux de fréquentes hostilités.

Fol. 137. *Mementote quomodo salvi sancti... Secundum misericordiam tuam memento...* — *Quando aliquis habet negotium magnum.* Ce n'est qu'un fragment de sermon. Le copiste a pris soin lui-même de nous en avertir.

Fol. 138. *Considera, Israel, pro his qui mortui...*

Revela oculos meos et considerabo... — *Prædicator verbi Dei indiget duobus.* Citons ce proverbe : « Mort et prisonnier n'a nul ami. »

Fol. 140. *Et nunc reges intelligite... Intellige clamorem... Inspiratio omnipotentis...* — *Notandum quod homo debet intelligere multa.* Rien à citer. Ce ne sont que phrases de l'Écriture brièvement commentées.

Fol. 142. *Qui timet Dominum... Fecit mirabilia... Attende et fac...* — *Verba sunt prædicatoris ad quemlibet auditorem.*

M. Godefroid a signalé dans ce sermon l'emploi du mot « hoqueleeur (1). » Voici la phrase où ce mot se trouve :

Super cathedram Moysi sederunt scribæ et pharisæi. Quæ dicunt facite ; secundum opera vero eorum nolite facere. Docent enim paupertatem et divites sunt, humilitatem et elati sunt... Unde tales sunt sicut *le hoqueleeur* in taberna, qui ita assignat super alios symbolum . quod nihil inde solvit.

Après ce sermon, commence une nouvelle série, qui a pour titre particulier : *Sermones de Quadragesima, compilati a fratre J. de Alneto.*

Fol. 143. *Ecce nunc tempus acceptabile...* — *In epistola dominicæ benedictionum et sæpe cantatur per Quadragesimam.* Fragment de sermon où il y a beaucoup de mots français. Mais nous n'y remarquons que ce proverbe : « Toutes choses ont leur saison. »

---

(1) *Dictionn. de l'ancienne lang. franç.* au mot *Hoqueleor.*

Fol. 143. *Hæc est voluntas Dei... — In epistola secundæ dominicæ in Quadragesima, sumpta in epistola prima apostoli.*

Fol. 145. *Cum ejecisset Jesus dæmonium... — In evangelio hodierno. Dicitur, et verum est, quod bonam dietam facit qui de fatuo se expedit.*

Il ne s'agit, dans ce sermon, que de démons disputant à Dieu l'empire du monde. Vers la fin, la légende des trois diables ou des trois noms du diable :

Exemplum de dæmoniaco quem adjuravit quidam homo sanctus ut diceret nomen suum ; qui respondit se habere tria nomina secundum tria officia quæ faciebat et tria de quibus serviebat. Vocabatur primo, gallice, « Clocuer », claudens cor, hoc contra contritionem ; secundo « Cloboche », claudens os, contra confessionem ; tertio « Cloborse ». claudens bursam, contra satisfactionem, ne scilicet per eleemosynas et peregrinationes et cetera bona opera satisfaciant.

Voici maintenant un troisième texte de la même légende, avec un trait de plus :

Dicitur quod quidam dæmoniacus ad quemdam sanctum virum semel adductus est. Qui præcepit dæmoni ut exiret et nomen suum diceret. Et ille : « Nos sumus tres qui in isto homine habitamus. Ego vocor Claudens cor ; alius frater meus vocatur Claudens os ; tertius vocatur Claudens marsupium. Officium enim meum est cor peccatoris indurare ne possit contritionem habere ; et, si forte conteritur, laborat frater meus ut a confessione impediatur ; et, si forte conteritur et confitetur, alius frater meus laborat ne satisfaciat ; et per hunc modum fere omnes lucramur. Tertius tamen frater noster Claudens marsupium plures nobis omnibus acquirit (1). »

(1) Bibl. nat., ms. lat., n° 18190, fol. 219.

Ainsi, quoi que disent et que fassent les suppôts de Satan, on se repent; on va même plus loin : on se confesse; mais, quand ils dissuadent de satisfaire par des aumônes, plus docilement on leur prête l'oreille : Clôt-bourse est de tous les diables le plus favorablement écouté, et ses succès rendent ses confrères jaloux.

Fol. 145. *Sequebatur eum multitudo magna...* — *Homines communiter vident libenter aliqua quæ nunquam viderunt.* Sur ce sermon et le suivant nous n'avons rien à dire. Nous ne savons pas d'où Jean d'Aunay les a tirés.

Fol. 147. *Sanguis Christi qui per Spiritum sanctum...* — *Quando narrantur gesta illustrium virorum et militum strenuorum...*

Fol. 148. *Solvite et adducite...* — *In evangelio hodierno; Matth. XXI. Milites solent ire ad torneamenta...* L'exorde de ce sermon paraîtra singulier :

Milites solent ire ad torneamenta equitantes cum societate bona prout possunt et cum magnis paratibus, et aliquando ducuntur cum tympanis vel tibiis; sed redeunt vulnerati quandoque et depauperati, soli, sine festo et apparatu, curviantes enses suos. Christus hodie venit in Jerusalem ad torneamentum contra diabolum, die Veneris assignatum; et ideo voluit hodie venire cum festo, *montés*, ut poterat, super asinum, nam nunquam ante hunc diem legitur equum vel asinum ascendisse, habens magnum comitatum, scilicet duodecim apostolos et multos Judæos, cum pueris qui ei obviam processerunt a Jerusalem usque ad descensum montis Oliveti; puerique cantabant, loco trumparum et tympanorum, eum festive ducentes, sicut figuramus in processione et in evangelio processionis hoc narratur; sed hodie etiam, quæ fuit quasi prima dies conflictus et torneamenti contra servos diaboli, scilicet scribas et pharisæos, qui ejus mortem propalaverant, rediit in sero lassus et famelicus, pedes, sine cantu vel festo ; et continuavit hoc modo torneamentum usque ad ultimam diem principalem conflictus, scilicet diem Veneris, cum fuit occisus in bello ; sed tamen hostem suum devicit. Quia igitur hodie ad torneamentum venit et equitare vel asinare volebat, non habens equum in promptu, mandavit, pro asino qui erat in Jerusalem per duos discipulos, Dominus illis hoc quod præ assumptum est de evangelio processionis : *Solvite et adducite.*

Fol. 149. *Probet seipsum homo... — Quando aliquis homo pauper vel mediocris est invitatus ad comedendum.* Il y a dans ce sermon plusieurs exemples ; mais ils sont brièvement rapportés à des auditeurs qui les connaissaient :

De choreis notandum quot peccata fiunt ibi et quomodo diabolus est ibi princeps, sicut Deus in processione ecclesiæ. Exemplum de illo sancto viro qui, transiens juxta choreas, et, videns super humerum cujuslibet choreizantis unum diabolum, cœpit flere. Item exemplum de puella Andegavensi, quæ, post choream dormitans, dum sederet in limine domus matris suæ, fere occisa et combusta est a dæmonibus eam ibi rapicantibus. Item de alia apud Carnotum.

Fol. 150. *Ego in flagella paratus sum... — Nos videmus communiter quod illi magis læte recipiuntur ab hominibus qui non vadunt vacuis manibus.* Un autre exemplaire, pareillement anonyme, est dans le n° 15129 (fol. 162).

Ce proverbe est à citer : « Tant va li poz a l'iaue qu'il brise » ; et cet exemple :

Exemplum de quodam milite, qui, propter Dominum et fidei defensionem omnibus quæ habebat in patria dimissis, volens sequi Christum crucifixum, cruce signatus est et ivit ultra mare cum societate quam potuit habere, et, viriliter pugnans, omnes alios ad bene pugnandum exhortans, transiit usque ad montem Oliveti, unde Christus legitur ascendisse in cœlum ; Lucæ ultimo et Actuum primo. Et cum esset in summitate ipsius montis, ex intima devotione cordis cœpit flere, et, in cœlum manibus expansis, dixit : « Domine Jesu Christe, ego te secutus sum quantum potui usque ad locum unde credo te in cœlum ascendisse et nescio ubi te amplius debeam quærere vel sequi. Fac de me quod vis, quia in cœlum te vellem sequi libenter si possem. Tibi me commendo. Nolo plus reverti. » Et, his dictis, cadaver ejus dissolutum cecidit ad terram et anima ejus evolavit in cœlum. Servi ejus et socii hoc videntes, admirantes et stupefacti de ejus morte, adduxerunt expertum medicum ad locum illum ut scirent quid illi contigerat. Qui petiit ab eis quomodo erat sibi tunc et cujus gestus vel complexionis ; et responderunt quod erat ante fortis, jocundus et ridens, sed maxime devotus in amore Dei. Tunc dixit ille medicus : « Vere propter nimium gaudium et amorem Dei scissum est cor ejus. » Et fecerunt ipsum scindi, et, latere aperto, invenerunt cor ejus in duas partes scissum et in eo scriptum erat : « Amor meus Jesus.

Fol. 153. *Fili, gaudere et epulari te oportet...* — *Hæc verba de hodierna solemnitate congrue exponuntur.* Un autre exemplaire de ce sermon est dans le n° 14947 (fol. 229), et il y est dit qu'il fut prononcé par un frère Mineur dans les prés de Saint-Germain.

Fol. 154. *Visita nos in salutari tuo...* — *Mutua hominum visitatio solet esse signum amicitiæ.*

Fol. 156. *Ecce rex tuus venit...* — *Solet dici quod* « Mout annuie qui atant » ; *et quia antiqui patres...* Matière de sermon qu'il faudra, dans l'occasion, amplifier.

Fol. 157. *Veniet desideratus cunctis gentibus...* — *Vulgariter dicitur* « que mout annuie qui atant ». *Prov. XIII : Spes quæ differtur affligit animam.*

Ces quatre derniers sermons, dont nous ne connaissons pas d'autres copies, sont probablement du même auteur. Tout y est grave, mais banal. C'est pourquoi nous n'en tirons rien.

Fol. 158. *Levate capita vestra...* — *In verbis istis duo notantur. Primo enim ponitur consolatoria exhortatio.* Quatre autres copies anonymes de ce sermon sont dans les nᵒˢ 15956 (fol. 16), 15959 (fol. 55), 16474 (fol. 13), 16499 (fol. 5). Mais dans le nᵒ 16475 (fol. 11) l'auteur est nommé; c'est Guillaume de Mailly.

Fol. 159. *Ecce mulier Cananea...* — *Vulgariter dicitur* « que besoing fet vielle troter » ; *unde ista necessitate compulsa egressa est.* Ce n'est qu'un fragment de sermon.

Fol. 160. *Noli vinci a malo...* — *Consuetudo est quod, quando alicui imminet bellum quod vitare non potest...*

Fol. 161. *Vince in bono malum...* — *Duces, imminente bello contra inimicum, cum quo pacificare est nocivum, quem superare est honorificum...*

Fol. 162. *Voca operariaros...* — *Sicut dicitur Eccles. III, tempus est amplexandi et tempus longe fieri ab amplexibus.* De Guillaume de Mailly, nᵒ 16475 (fol. 55). Sans le nom de l'auteur : 16474 (fol. 47).

De ce sermon nous avons cité, sous le nᵒ 14952, une phrase concernant maître Ourry. Nous y trouvons aussi ces proverbes : *Servus regis par est comiti; In curia regis unusquisque est pro se;* et ces vers de quelque chanson populaire :

> Leissiez œuvre de mal fere
> Et aprenez autre mestier.

Fol. 165. *Custos Domini sui glorificabitur... Dicit beatus Gregorius quod secundum qualitatem audito-rum...*

L'auteur inconnu de ce sermon était certainement un Français, car il prend soin de dire que son roi est le roi de France, non celui d'Angleterre. Il mêle d'ailleurs du français à son latin. A beaucoup de gens, dit-il, il tarde que la messe soit dite, *ut eant ad come-dendum et bibendum, talesque ponunt Dominum* « au charnier avec le lart ». Comme on le voit, son langage est libre. Libre, mais non plaisant. S'il rapporte plu-sieurs historiettes pour égayer ses auditeurs, il les dit sommairement et sans esprit. Nous les trouvons ailleurs plus longuement et plus agréablement racon-tées. Gilles de Provins raconte bien mieux que lui l'anecdote d'une femme légère qui fut cruellement châtiée pour ne s'être pas confessée et qui fut plus tard miraculeusement guérie quand elle avoua sa faute. Le récit de Gilles de Provins, inédit comme celui de notre anonyme, le voici (n° 16482, fol. 30) :

Non est diu... fuit in quadam villa una proba mulier ; et, si ipsa erat proba, ipsa habebat virum bene æque probum : ita quod erant unum bonum par. Mortuus est vir ejus vel baro ; remansit vidua, vel demorata est vidua. Quidam mu-sardus tantum fecit quod eam in peccatum misit. Quid plura? Quanto plus illa processit, *ala plus avant*, in peccato suo, tanto minus peccatum ei displicuit. Duravit hoc forte per dimidium annum et amplius. Ita quidem accessit prima dies Quadragesimæ. Tunc illa accessit ad ecclesiam, et quando ibi fuit et vidit alias ad confessionem accedere, incœpit cogitare : *A lasse chétive !* tu solebas tali die venire ad confessionem et digne accipere cineres! — Et certe sic adhuc deberet esse quod major pressura deberet hodie esse ad confessionem, scilicet in die Cinerum, et per totam istam hebdomadam et sequentem quam in die dominica ad panem benedictum, sine comparatione. Sed sancta Ecclesia bene potest hodie plorare et dicere et conqueri de multis... (suivent quelques réflexions du prédicateur sur la rareté des fidèles dans l'église). — Dico ergo quod prædicta femina sic cogitabat in corde suo et turbabatur et erubescebat in seipsa; et cogitavit quid faceret; et diabolus, qui subtilis est et prudens, et conjecturando bene percipit quid homo aliquando cogitet, semper paratus hominem vel feminam deviare a bono proposito, et unicuique nostrum præsens est et maxime plus potest in eos qui sunt in peccato mortali, nec pœnitent, et talis erat ista, eam, inquam, stimulabat et removebat eam a bono proposito quantum poterat. Ipsa vero cecidit in talem meditationem : « Misera, si tu dicis istud peccatum tuo sacerdoti, ipse cognoscit te, diu est, scilicet ex quo tu solebas vivere multum caste cum bono viro tuo jam defuncto, et ipse putat quod non sit tam bona capra in tecto, et, si dixeris ei ad quod ministerium te vertisti, jam te tenebit pro prava garcia. Tunc adhuc non dices ei, sed jejunabis. » Venit usque ad vigiliam Paschæ. Tunc non potuit invenire in conscientia sua quod vellet confiteri peccatum suum. Et tunc diabolus misit ei in cor quod sacerdos suus, propter probitatem quam putabat in ea, supponeret cras quod fuisset confessa fratribus Minoribus vel Prædicatoribus, et quod sic in crastinum reciperet cum aliis corpus Christi. Venit in crastinum ad ecclesiam et in introitu ecclesiæ accessit ad locum in quo erat aqua benedicta, et, accepto sparsorio, dedit inde sibi satis. Hoc est satis leve ad faciendum. Sed, sicut Domino placuit, quælibet gutta quam cito cadebat super vultum suum, tam cito statim fiebat una gutta lepræ; ita quot fuerunt guttæ aquæ benedictæ in ejus facie, tot fuerunt guttæ lepræ cujusdam ita horribilis quod quælibet aliarum quæ erant juxta eam admirabantur ; et ipsa nihil de hoc sensit nec scivit. Inter eas autem una, quæ erat sibi magis familiaris vel privata, accessit ad eam, dicens : « Sancta Maria, bella vicina, vel amica, qualiter venisti huc et quia? Quare, sancta Maria, quia vos estis una de vilioribus leprosis quam unquam vidimus. » Illi misit manum ad faciem suam et probavit quod sic erat, et tunc mirabiliter fuit contrita de peccato suo et malo proposito. dicens : « Malum est se capere fortiori se ; « *il se fait mau prendre à plus for que soi.* » Nec ivit ad vetulas *sorcieres*, quibus Deus dabit suam maledictionem (suit une exhortation aux sorcières de renoncer au plus vite à leur métier). Dico ergo quod ista, tanquam sapiens, non ivit ad vetulas *sorcieres*, sed ivit coram altare beatæ Virginis et ibi jactavit se cum magnis et calidis lacrymis, et incœpit recitare corde bono bona quæ fecerat in honore beatæ Virginis ; et dicebat sic : « Domina, subveniat vobis quot dies pulchros sabbati, id est quot *biaus samedis*, jejunavi in honore vestri ! Subveniat vobis etiam quam pulchras candelas ad altare vestrum obtuli in honore vestri ; quoties etiam coram altari vestro genua nuda deflexi ! » Et sic sacerdotem suum requisivit. Qui, accedens ad eam, dixit : « Sancta Maria, quid habetis vos ? Et quomodo contigit vobis istud, Domina ? » Cui illa : « *A por de sire ; ore nus soyent et jo le vous diray.* » Quo facto incœpit delegare malam vicinam, et aperte ac nude sibi omnia detegere, sicut male operata fuerat (quelques réflexions sur les gens qui se confessent sans tout dire). Ideo ista, tanquam prudens, sicut dixi, nude et aperte totum detexit suo sacerdoti. Ille autem, tanquam probus homo, plus doluit in corde suo quam sibi vultum fecit, et, videns ejus tantum dolorem et lacrymas calidas propter peccatum suum, non injuncta illi alia pœnitentia ad præsens, sed dicens : « Domina, alias loquemini mecum, » imposuit ei manum super caput et eam absolvit ; et virtus confessionis et absolutionis tantam virtutem habuit quod utraque lepra statim sanata fuit. Dum sacerdos, ipsa elevante vultum suum, faciem suam aspiceret, vidit ejus faciem saniorem et rubicundiorem, *plus rouelée*, quam nunquam fuerat vel viderat, dicens ei : « Bella amica, videtur mihi quod Dominus fecit vobis miracula in hoc die, quia vos habetis faciem totam sanatam et pulchriorem et rubicundiorem quam nunquam vidimus vos habere. » Cui illa ait : « Domine, audebo ne accipere corpus Christi ? » Cui ille : « Audacter accipiatis, bella amica, quia promitto vobis quod, sicut estis sanata extra, ita penitus estis sanata ab intus. Sed pro Domino injungo vobis, bella amica, ne ad illud peccatum amplius redeatis, quia Dominus magnam curialitatem hodie vobis fecit. » Ipsa autem promisit et bene contrita et confessa recepit suum Salvatorem, audita missa devote et cum lacrymis magnis. Cum autem recessit ab ecclesia invenit musardum suum ad domum suam; qui satis paraverat ad comedendum et de bono. Illa autem non dixit ei : « Fuge de domo mea, quia amplius non curo de tuo consortio; » sed ille accepit thitolam suam et incœpit ludere et magnum festum per domum ducere; illa autem libenter totum audivit et comedit cum ipso, nec tenuit conventum, seu pactum *donnet* suo confessori, nisi usque ad noctem; et sicut inter vos dicitis quod tantum vadit potus ad aquam quod ibi remanet, Dominus talem vindictam accepit de ipsa et suo ribaldo insimiliter, quod viliter et violenter ambo mortui sunt subito... Ubi animæ sunt nescio.

Ce long récit, que nous avons pourtant abrégé, n'est pas sans doute d'un bon style; mais il nous a paru qu'il pouvait être utile de le reproduire comme exemple de libre amplification. Les historiettes ayant eu du succès, certains prédicateurs en donnaient plusieurs, quatre ou cinq, dans un seul sermon ; d'autres en développaient une, par tels ou tels artifices, de manière à la faire occuper un sermon tout entier. On abuse de tout. Et l'on abusa tant de cette morale en action qu'on finit par la rendre insupportable.

Une note sur les propriétés de l'eucharistie sépare ce sermon du suivant, qui est pour le jour de Pâques :

Fol. 166. *Jesum quæritis Nazarenum...* — *Certe qui hodie quæreret ab omnibus christianis bonis qui sunt congregati in ecclesia quid quærerent...* Rien à citer; tout est banal. L'auteur de ce sermon est Nicolas d'Hacqueville. Il est nommé dans le n° 15957 (fol. 252). Une autre copie anonyme est dans le n° 14955 (fol. 98).

Fol. 167. *Petite et accipietis...* — *Christus, more mercatoris qui ad nundinas hujus mundi venit...* Anonyme dans les n⁰ˢ 3731 (fol. 46), 15955 (fol. 394) et 16474 (fol. 110), ce sermon est de Guillaume de Mailly : n° 16475 (fol. 136). Il appartient à l'*Abjiciamus.*

Fol. 169. *Maria abiit in montana...* — *Quando regina Franciæ debet coronari et mandatur per totum regnum...* Nous avons déjà cité ce sermon, dont une autre copie, pareillement anonyme, est dans le n° 14799 (fol. 168). Une troisième est dans le n° 14973 (fol. 135). Jean d'Aunay a plus d'une fois, ici comme ailleurs, modifié le texte original.

Fol. 171. *Miseremini mihi saltem vos...* — *Frequenter contingere videmus quod quando aliquis nititur ab aliquo...* Dans ce sermon, qui est d'une longueur inusitée, il y a presque autant de français que de latin. Ce mélange fut longtemps à la mode, quoique blâmé par les gens de goût. Mais l'histoire nous apprend que l'autorité des gens de goût a rarement prévalu, même dans la république des lettres. Certes aucun des graves docteurs du xiii⁰ siècle n'a pu sans quelque dépit entendre ainsi prêcher :

Homo quidam erat dives, valde usurarius, qui, ut ditaret duos filios suos, et per fas et nefas, *et à droit et à tort,* divitias congregabat, plus timens *la honte du monde que le dampnement de l'âme.* Tandem mortuus est et sepultus in inferno. Tunc videns unus de filiis suis quod bona patris sui *estoient de mauvès adquest,* et quod male acquisita male disperguntur, dimisit omnia, *il lessa tout por tout,* et fugit ad eremum et factus est eremita. Alius remansit in mundo et factus est heres et possessor bonorum, et, ad exemplum patris, male vixit, *et usa mauvèsement des biens que ses perès li avoit lessié et mourut assez tot après, et*

ala après son père en enfer. Quod cum audisset eremita, multum fuit tristis et rogavit Dominum (ut) statum patris et fratris sui sibi demonstraret. Post hæc apparuit ei angelus in somnis et duxit eum ad loca tormentorum, et, prospiciens circumquaque, non poterat videre patrem; tandem vidit eum a longe exeuntem cum filio suo de teterrimo puteo flammæ ardentis, mordentes præ dolore linguas suas et se invicem blasphemantes. Pater dicebat filio : « Fili, tu sis maledictus, quia pro te et ut te ditarem laboravi in divitiis congregandis quas acquisivi usura et rapina, et ecce propter te crucior in hac flamma! » Et filius respondebat patri : « Sed tu sis maledictus, pater, quia, ad exemplum tuum vivendo, bona quæ mihi reliquisti expendi in usus malos et fuerunt mihi occasio ruinæ, propter quod damnatus sum! »
— *Vez ci les douleurs et les périz que nos pères et nos mères et nos paranz ont souffert et sueffrent enquore por nos, et por ce droiz donne bien que nos devion avoir misericorde d'eus et eus aidier a issir de la prison où il sunt, quar ainsinc montreron nos que nos sommes vrai anfant et naturel...*

Plus loin nous trouvons une autre anecdote, celle de l'écolier qui revient, après sa mort, visiter et remplir d'épouvante son maître Serlon. Mais elle est ici contée sans esprit. Quand on a lu ce qui précède on ne s'en étonne pas. En voici une autre, qui est moins connue :

Legimus quod erat quidam puer qui quotidie ibat ad scolas, et, dum esset in via multum profunde et diu orabat pro defunctis, et propter hoc aliquoties tarde veniebat ad scolas et verberabatur a magistro suo; sed patienter sustinebat propter magnam devotionem quam habebat ad mortuos. Post hæc accidit quod moreretur. Dum autem sacerdos diceret orationes, quæ solent dici, dum humaretur corpus ejus, et venit ad finem orationum suarum et diceret, sicut moris est dicere in fine, quod anima ejus requiesceret in pace, statim animæ omnium corporum quæ erant humata in illo cœmeterio responderunt alta voce : Amen.

Suit un fragment de sermon sur ce thème : *Qui custos est domini sui glorificabitur,* et, fol. 175, un sermon complet, commençant par : *Surge, amica mea...* — *Verba ista dupliciter possunt exponi. Primo de beata Virgine ; secundo de qualibet anima fideli.* L'une et l'autre exposition n'offrent rien d'intéressant.

Fol. 176. *Lux orta est justo... Emitte lucem...* — *Sine luce nullus bene potest itinerare.*

Un proverbe : « Qui moi aime et mon chien. » Une narration, qui ne mérite peut-être pas une pleine confiance, mais qui doit être recueillie comme paraissant être un document historique :

Exemplum de abbate Joanne de Abbatis villa. Cum, laborans in extremis, raptus esset in extasi ita quod putabatur mortuus, post longam moram rediens et plangens, a circumstantibus adjuratus est et interrogatus quid viderat. Qui dixit : « Hoc unum dico vobis et hoc sufficit. Qui vult salvus fieri frequenter salutet beatam Virginem et sollicite ei serviat. » Et, hoc dicto, emisit spiritum.

Nous ignorons quel est cet abbé Jean d'Abbeville, dont nous avons vainement recherché le nom dans tout le *Gallia christiana.* Deux Jean d'Abbeville nous sont connus ; l'un, cardinal évêque de Sainte-Sabine, l'autre, chanoine prémontré. L'orateur a-t-il fait un abbé de l'un des deux ?

Au fol. 177 un fragment de sermon sur *Facta est lux.* Au fol. 178, sur le même thème : *Facta est lux...* — *Homo, quantumcumque esset sapiens, cito posset decipi in nundidis vel foro.* Encore un sermon du genre le plus familier. C'est ce que fait dès l'abord prévoir le ton de l'exorde :

Homo, quantumcumque esset sapiens, cito posset decipi in nundinis vel foro, nisi haberet lucem per quam posset considerare rem quam vellet emere. Unde ex hoc accidit quod multi sæpe decipiuntur a pannorum venditoribus ; ipsi enim lucem impediunt et claritatem, ne pannorum defectus possit percipi. Mundus autem iste est quasi mercatum vel nundinæ, et nos omnes sumus quasi mercatores. Unde dictum est nobis, Luc. 19 : « Negotiamini dum venio; » *entendez à marchander jusqu'atant que je viengne.* Et certe cito veniet, scilicet in fine nundinarum istarum, id est in morte; Apoc. ultimo : « Ecce venio cito. »

Notons en passant que ce prédicateur tient pour l'immaculée conception de la Vierge. Prèchant le jour de la Nativité, il dit :

Nunquam usque ad diem hanc (le jour de la naissance de la Vierge) fuerat nata mulier quæ non fuerit nata *deffite et deforme* per peccatum originale ; sed ista nata fuit tota sancta, quia spectabilis et pulchra, quia ab originali peccato ab utero sanctificata, et ideo prius sancta quam nata.

Voici, dans le même sermon, un renseignement, certes inattendu, sur les foires de Picardie :

Sicut mercatores Autissiodorenses portant vina sua in Picardiam, sic fecit iste institor gloriosus Jesus Christus ; implevit navem suam, id est Virginem gloriosam, mercibus quæ abundant in cœlo, scilicet gratia et virtutibus.

Ainsi l'on transportait par bateaux les vins d'Auxerre en Picardie. Citons encore une allusion aux choses de la marine. Outre les marchandises précieuses, le bateau doit contenir le biscuit de bord pour nourrir les navigateurs. Or quel est ce biscuit ? C'est Jésus lui-même :

Nota quod, cum hoc quod navis portat merces pretiosas, nihilominus portat victualia, et maxime panem bis coctum ;

sic Maria Christum, qui dicit Joann. 6 : « Ego sum panis vivus. » Iste panis fuit bis coctus, quia in utero matris igne caritatis et in hastili crucis igne tribulationis. Hic autem panis datur nobis in viaticum dum transimus hoc mare, scilicet mundum magnum et spatiosum.

Ces bouffonneries, loin de choquer, plaisaient, même quand l'esprit y manquait. Un grave sermon n'était écouté que par le plus petit nombre des clercs assistants. Si l'on en doute, qu'on nous dise pourquoi cette façon burlesque de prêcher fut en si grande mode. Tout orateur ne cherche-t-il pas le succès ?

Fol. 179. *Hæc facta est mihi... Mihi adhærere Deo... — In omni opere quod competit agenti fortiori...* Sermon sans facéties, mais néanmoins peu sérieux.

Fol. 180. *Nimis honorati sunt amici... — Dicitur vulgariter :* « Mort n'a nul ami. » *Quod bene verum est.* Une autre copie, sans nom d'auteur, est dans le n° 14951 (fol. 15).

Voici quelques nouvelles allusions à des fêtes populaires :

Nunquam fuit ita pauper rusticus in mundo qui post peractam pœnitentiam non portet coronam in cœlo ; non coronam Pentecostes, quam portant puellæ quæ dicuntur reginæ illa die et in crastino coguntur ancillare, non coronas quas portant reges in Epiphania et in crastinum fimum portant aut spargunt, sed coronam auream signo sanctitatis expressam...

Fol. 183. *Esto fidelis usque ad mortem... — Jam consuevit communiter dici, quando commendatur aliquis : ipse est fidelis.* Autres copies anonymes :

nᵒˢ 14951 (fol. 48), 14952 (fol. 195). Il est assez parlé de ce sermon dans la notice sur le nᵒ 14952.

Du fol. 185 au fol. 196, de courts fragments de sermons dont aucun mérite une mention particulière. Nous avons ensuite, sous ce titre *Figuræ de libro Regum*, un tableau des allégories contenues dans les livres des Rois. Les mots auxquels on peut rapporter ces allégories étant rangés dans l'ordre alphabétique, voici d'abord : *Amici mundi. Quomodo Hebræi, videntes Saul devictum, fugiunt...* Ainsi le prédicateur aura-t-il à parler des faux amis de ce monde ? Il citera les Hébreux prenant la fuite après la défaite de Saül. Au-dessous : *Aspectus malus.* Pour montrer quelles peuvent être les suites d'un mauvais regard, le prédicateur dira comment David, ayant vu Bethsabée, la voulut connaître et se rendit ensuite coupable d'un homicide. On comprend l'utilité de ce tableau.

Du feuillet 196 au feuillet 202, des sentences à l'usage des prédicateurs. Il faut en citer quelques-unes :

> Sicut castrum destructum quandoque fortius reparatur, sic caro jejunio debilitata post nimiam refectionem fortius resurgit ; et sicut Anglicus luctator ad terram prostratus alium super se existentem prosternit, ita caro ab anima dejecta eam post resurgens serrat ac dejicit.

Cela nous prouve, une fois de plus, que les lutteurs anglais étaient déjà renommés. Voici maintenant des proverbes français :

> Fol. 197. Dicitur : *Qui mout despent et riens ne paie n'est pas merveilles s'il s'esmoie.*
> Volentes habere vitam et laborare nolentes similes sunt

trutannis ad solem sedentibus et tota die caseos abbatiarum desiderantibus, qui in sero nihil præter famem reportant. Dicitur enim quod Deus dat bovem, sed non per cornua. *Paradis et bon vin* eodem modo habentur, quia *qui le gaaingue si l'a*.

Il ne faut pas s'étonner de voir ici les avocats très maltraités. On ne parle d'eux dans les sermons que pour les accabler d'invectives :

Advocati deberent esse stellæ fixæ ; sed sunt erraticæ, quæ moventur duplici motu, scilicet pro et contra. Item, advocatus plus vituperandus est quam meretrix, quæ partem sui viliorem et turpiorem vendit ; ipse vero meliorem et nobiliorem. Item lingua advocati est lingua stateræ quæ semper vertit se ad partem ponderis ; sic lingua advocati ad partem pecuniæ et argenti.

Après les avocats, les avares. Mais rien de ce qui les concerne n'est à citer. Ce sont tous lieux communs. Nous préférons transcrire cette juste remarque (fol. 199) :

Sicut flos solo tactu vel attrectatione sordidatur, sic castitas ;

et ce proverbe allégué contre l'ivrognerie : « Menez le buef à l'iaue, je n'an buira si n'a suef. »

Après ces sentences et ces anecdotes, deux sermons :

Fol. 202. *Concipies in utero... Surge et invoca Deum... — Sicut per hominem unum et mulierem unam mundus fuit perditus...*

Ici beaucoup de mots français, mais introduits à tout hasard dans telle ou telle phrase latine, sans aucune intention de jovialité. Nous n'en citons que ce dicton parisien, dont nous ignorons l'origine : « L'an li fist le droit de la porte Baudeer : qui est batus si l'amenda. » Dans le sermon qui suit, au feuillet 210, on lit encore : *Facta fuit sibi* (Christo) *injuria et tamen ipsemet persolvit emendam;* « L'an li fist le droit de la porte Baudeier. L'an li fit vileinie, et si l'amanda. » Voilà, pour les historiens de Paris, une énigme à deviner.

Fol. 206. *Secundum gloriam ejus... — Multiplicatæ sunt infirmitates... — Quando aliquis homo est infirmus corporaliter...*

Ce sermon, du même style que le précédent, nous paraît être du même auteur, un discoureur illettré dont le français et le latin sont également vulgaires. Quelques-uns, non plus lettrés, ont eu, du moins, de l'esprit. Il n'en a pas et ne fait pas même soupçonner qu'il ait la prétention d'en avoir.

Nous avons ensuite, du feuillet 210 au feuillet 218, une nouvelle série de maximes et d'allégories propres à figurer dans un sermon. Il y en a de toute sorte, de graves, de plaisantes, de triviales. Il en faut citer quelques-unes :

Talis dat Domino de fœce et non de vino puro : *il li garde du pire du pannier ;* et diabolo *du plus bel et du meilleur.*

Homo habet unam linguam cum habeat duas aures, ut sit tardus ad loquendum, velox ad audiendum.

Sicut papilio tantum volitat circa candelam quod se incendit, ita qui frequentant accessus mulierum cito igne luxuriæ incenduntur.

In Alpibus pauperes, ut victum suum lucrentur, portant super collum suum divites defessos ; ita per eleemosynas pauperes deportant divites in cœlum.

Sicut aucupes capiunt aves cum bubone qui habet caput

grossum, ita diabolus homines per mulieres habentes caput grossum per ornatum.

Ornatus iste circulus est in eminentiori loco positus, ostendens ibi tabernam esse.

Solebant lapidari adulteræ; sed si modo lapidarentur, forte lapides deficerent.

Sicut arbores citius eradicantur a vento in monte quam in vallibus, ita superbi.

Vita præsens est sicut nundinæ in quibus debemus mercari et congregare opera virtutum, dum durant, quia cito dicetur nobis : *Halle ! Halle ! Foire est faillie.*

Un sermon succède à ces sentences : *Ascendet pandens iter... Super montem excelsum... — Sicut videmus, in opere prædicationis tria concurrunt.* C'est encore un sermon où beaucoup de mots français expliquent des mots latins ou les remplacent.

Il suffit d'en extraire ce passage :

Omnes qui intersunt processioni debent sequi et tenere opera pœnitentiæ quæ per crucem significantur. Contra multos et multas qui non vadunt ad processiones ex devotione, nec in operibus pœnitentiæ, sed pro festo et gaudio deducendo, « por trufer et por border, por keroler et por chanter et por mout d'autres legieretez suire et demener » ; quia, quam cito deveniunt ad ecclesiam ubi processio et cruces debent venire et debetur incipi missa et servitium divinum, tunc recedunt et vadunt choreizare et tripudiare et facere servitium diaboli. Melius esset talibus quod remanerent in domibus suis.

Au fol. 221, sous ce titre *Distinctio de videre*, des pensées diverses sur tout ce que nous devons considérer et méditer. Toutes les méditations recommandées offrent quelque leçon de morale. Suivent d'autres réflexions sur ce que Dieu nous montre pour nous instruire et nous rendre meilleurs. Ce sont ici des traits d'esprit, des comparaisons, des historiettes, des fleurs de rhétorique, pour l'ornement des sermons. Une historiette (fol. 228) :

Mundus est meretrix quæ ostendit pulchriora sua hominibus ut eis placeat. Exemplum de Isabel caput ornante in horto alienis capillis, visa a scolaribus per studia ; cui in opprobrium versum est : « Isabel, ceste queue n'est pas de ce veel. » Nota quod non parant se in camera nec in lecto cum viris suis, sed tunc accipiunt cucufam grossam. Ergo propter maritos non faciunt.

D'autres sermons se lisent ensuite, toujours des sermons choisis par Jean d'Aunay, mais qui pourtant ne se ressemblent pas tous. Les goûts de ce chanoine étaient donc, en fait, assez variés.

Fol. 232. *Parvulus natus est nobis... — Ista verba scripta sunt in Isaia, XIX; in quibus verbis circa filii Dei nativitatem notantur quatuor.*

Ce sermon est d'un style plus noble que les précédents; ce qui nous fait regretter de n'en pas connaître l'auteur. Deux autres exemplaires anonymes sont dans les nᵒˢ 14947 (fol. 277) et 14955 (fol. 18).

Fol. 235. *Apparuit gratia Dei... — Sicut enim pridie celebravimus temporalem filii Dei nativitatem...*

Nous avons conservé de nombreuses copies de ce sermon. Il est anonyme dans les nᵒˢ 3556 (fol. 18), 3574 (fol. 26), 14947 (fol. 279), 14955 (fol. 20), 15952 (fol. 18), 15959 (fol. 216), 16474 (fol 29), 16500 (fol. 108) de la Bibliothèque nationale et 857 (fol. 104) de l'Arsenal. Mais il est sous le nom de l'auteur, Guillaume de Mailly, dans le numéro souvent cité : 16475 (fol. 33).

Fol. 237. *Postquam impleti sunt dies purgationis...*

— *Ad celebrationem hujus festi tres personas legimus convenisse.* Anonyme dans les nᵒˢ 3556 (fol. 12), 14947 (fol. 288), 15952 (fol. 291), 16474 (fol. 228), 16500 (fol. 113) de la Bibliothèque nationale et 857 (fol. 106) de l'Arsenal, ce sermon appartient au *Suspendium* de Guillaume de Mailly : nᵒ 16475 (fol. 283).

Fol. 239. *Missus est angelus Gabriel... — In istis verbis quatuor sunt consideranda. Primo quis est nuntius.* Anonyme dans les nᵒˢ 3574 (fol. 30), 14947 (fol. 291), 14952 (fol. 228), 14955 (fol. 23), 15952 (fol. 7), 16474 (fol. 245), 16500 (fol. 90). Dans le *Suspendium* de Guillaume de Mailly : nᵒ 16475 (fol. 307.)

Fol. 242. *Surrexit Dominus vere... — In verbis istis circa Domini resurrectionem duo notantur.* Anonyme dans les nᵒˢ 3574 (fol. 34), 14947 (fol. 309), 15952 (fol. 19), 15955 (fol. 253), 16474 (fol. 85), 16500 (fol. 124), de la Bibliothèque nationale et le nᵒ 857 (fol. 111) de l'Arsenal. Dans l'*Abjiciamus* de Guillaume de Mailly : nᵒ 16475 (fol. 103)

Fol. 244. *Ascendens Christus in altum... — Pridie, fratres carissimi, celebravit mater Ecclesia gloriosum Christi de morte triumphum.* Anonyme dans les nᵒˢ 3574 (fol. 37), 14947 (fol. 313), 15952 (fol. 20), 16474 (fol. 113), 16500 (fol. 126) de la Bibliothèque nationale et 857 de l'Arsenal. Dans l'*Abjiciamus* de Guillaume de Mailly : nᵒ 16475 (fol. 140).

Fol. 246. *Spiritus Domini replevit orbem... — Dilectissimi, die Paschæ Dominus ac redemptor noster Jesus Christus...* Anonyme dans les nᵒˢ 3574 (fol. 39), 14947 (fol. 318), 15952 (fol. 296), 16474 (fol. 121), 16500 (fol. 129) de la Bibliothèque nationale et 857 (fol. 115) de l'Arsenal. Dans l'*Abjiciamus* de Guillaume de Mailly : n° 16475 (fol. 151.)

Nous avons déjà cité plusieurs de ces sermons sous le n° 14947 (1).

Fol. 249. *Adstitit regina a dextris... — Carissimi, in istis verbis circa gloriosæ Virginis Mariæ assumptionem notantur quinque.* Anonyme : Arsenal, 857 (fol. 117).

Fol. 252. *Orietur stella ex Jacob... — Sicut in principio mundi ad corporum illuminationem fecit Deus luminaria.* Anonyme : n°s 3556 (fol. 15), 3574 (fol. 2), 16500 (fol. 81) de la Bibliothèque nationale et 857 (fol. 122) de l'Arsenal.

Fol. 255. *Laudemus viros gloriosos... — In verbis istis satis nobis innuitur causa et ratio institutionis præsentis solemnitatis.* Anonyme : n° 3574 (fol. 55). Ces trois sermons semblent bien être de Guillaume de Mailly. Mais nous n'avons aucune preuve à l'appui de cette conjecture.

Fol. 258. *Sanctificavi domum quam ædificasti... Verba sunt Domini ad Salomonem.* Autres exemplaires anonymes : n°s 3556 (fol. 26), 14955 (fol. 1).

Après un fragment de sermon sur ce thème *Si diligitis me, mandata mea servate*, deux dissertations théologiques sur les mots *ignis* et *cæcitas*. Ensuite, de nouveau, les sermons :

Fol. 263. *Ecce rex tuus venit... — In verbis istis innuit nobis evangelista quinque circa adventum Domini.* Anonyme dans les n°s 15956 (fol. 12), 16474 (fol. 8), et 16499 (fol. 2), ce sermon est attribué

____
(1) Ci-dessus, p. 11.

à Gérard de Reims dans le n° 15964 (fol. 28). Mais il est de Guillaume de Mailly. Nous l'avons dans le n° 16475, au fol. 5 de l'*Abjiciamus*.

Fol. 264. *Ecce venit sponsus...* — *In verbis istis tria sunt consideranda. Primum est quis est iste sponsus*. Nous n'avons pas à citer une autre copie de ce grave sermon.

Fol. 265. *Exhibeatis corpora vestra hostiam...* — « Une bonté l'autre requiert. » *Versa vice dando sunt filia mater amicæ.*

C'est un sermon du style familier. Voici comment l'orateur commente, dès le début, les paroles de l'apôtre qu'il a choisies pour thème :

Nota quod apostolus facit sicut homines petentes gasteltum pistrenti et corrigium corium scindenti, et hujusmodi ; sic, videns plura exenia isto tempore fieri, petit partem Dei.

Suivent deux fragments, l'un et l'autre très courts ; puis, au fol. 266, un très long sermon :

Ecce nunc tempus acceptabile... Qui timet Deum... — *Quando aliquis est in servitio alicujus magni hominis...*

Ce très long sermon est d'une facture encore plus libre et d'un style plus bas : presque toutes les phrases offrent un étrange pêle-mêle de mots français et de mots latins, comme celle-ci :

Ego sum unus homo plenus infirmitatibus et *de corte durée*. Unde deberemus facere sicut faciunt istæ vetulæ feminæ quæ vadunt in peregrinationem apud Sanctum Jacobum vel alibi, quæ sunt impotentes ad cito eundum, quia vadunt semper continue, *sans arrester,* et prætereunt sæpe illos qui vadunt ad equum, vel equites, qui arrestant et requiescunt sæpius eo quod possunt citius ire et *eus avancier ;* ita debemus facere, quia propter hoc quod habemus tot impedimenta in hoc mundo quæ nos retrahunt ab operando bona, nos deberemus nos exercitare et continuare in bonis operibus quandiu sumus in peregrinatione hujus mundi.

Le conseil est certainement bon à suivre ; mais il est donné dans une très mauvaise langue.

Fol. 270. *Probet autem seipsum homo...—· Quando aliqua media persona invitata est et vocata ad convivium alicujus...*

Après ce sermon, qui nous paraît aujourd'hui dépourvu d'intérêt, quelques notes théologiques, et deux tables.

Au fol. 279, une allocution plutôt qu'un vrai sermon, commençant par : *Ante hominem vita...* — *Sicut ait Salomon, Eccl. III, est tempus ridendi et tempus flendi.* Il y a, dans cette pièce, confusion de tous les genres. Elle ne paraît pas, d'ailleurs, achevée.

Fol. 282. *Descendi in hortum meum...* — *Quando aliquis valens homo plantavit unam pulchram arborem.* Sermon banal et d'un stylé vulgaire.

Fol. 286. *Ante hominem vita...* — *Quia dupliciter peccamus, id est malum committendo et bonum omittendo.*

Fol. 287. *Super mortuum plora...* — *Sicut dicitur in gallico :* « Apres grant joie vient grans diaus ; » *et hoc bene repræsentatur.* Il n'y a rien à tirer de ces deux sermons.

Fol. 289. *Occurrerunt ei de civitate... Honor et gloria in sermone...* — *Secundum Tullium honor est exhibitio reverentiæ.* Ni de celui-ci.

Fol. 290. *Nuptiæ factæ sunt in Cana... — Quoniam, sicut prænuntiavit apostolus, prima ad Thim., IV...* Anonyme dans les n°s 3738 (fol. 48), 15956 (fol. 26), 16474 (fol. 37) et 16499 (fol. 11), ce sermon est dans le n° 16475 (fol. 43) sous le nom de Guillaume de Mailly, qui en est l'auteur certain.

Fol. 292. *Requiesce sub arbore... — Nota quod ubi Christus nos ob initio perdidit...* Ce dernier sermon est incomplet.

Comme on l'a dû constater, tout n'est pas intéressant dans ce volume. Il nous a paru néanmoins qu'il pouvait être bon d'indiquer tout ce qu'il renferme. On passera vite, comme nous l'avons fait, sur ce qui n'offre rien à retenir.

14962

Ce volume contient cent soixante-sept sermons anonymes, tous écrits par le même copiste, et que nous croyons tous du même auteur, Jacques de Lausanne. Il n'y a pas lieu d'hésiter pour les cent trente-neuf premiers, qui, presque tous, ont été publiés sous son nom en 1530, ou qui, s'ils sont encore inédits, lui sont attribués par des manuscrits dignes de confiance, notamment par notre n° 18181. Quant aux derniers, si nous ne les avons pas ailleurs sous son nom, nous ne les avons pas non plus sous le nom d'un autre, et ils offrent de grandes ressemblances avec les premiers. On lit sur la feuille de garde : *Hanc summam scribi fecit fr. Nicolaus de Estonia, quondam prior hujus ecclesiæ, dum esset scolaris.*

Le chanoine, contemporain du copiste, à qui nous devons cette information, semble bien dire que ces sermons formaient déjà ce qu'on appelait une somme dans le volume que le copiste avait été chargé de transcrire. Cependant il n'existe aucun des derniers dans les nᵒˢ 13374 (1) et 14799 (2) où nous avons rencontré plus ou moins des premiers, et cela nous inspire quelques doutes. On doit, du moins, tenir pour certain que les derniers sont aussi d'un Prêcheur ; c'est là ce que prouve clairement le cent cinquante-septième, au fol. 297, qui tout entier est en l'honneur de l'ordre fondé par saint Dominique.

14963

Tous les sermons anonymes que nous avons ici, divisés en deux séries, sont aussi de Jacques de Lausanne. A la vérité quelques-uns manquent dans la première partie du numéro 14962; mais tous ceux qu'elle contient ne se rencontrent pas ici. Ce n'est pas, croyons-nous, Jacques de Lausanne qui lui-même a formé ces deux recueils, quoique les manuscrits soient de son temps ; il y a, dans l'un et dans l'autre, des omissions qui ne semblent pas le fait d'un auteur.

Outre ces sermons, ce volume contient plusieurs pièces que nous avons à mentionner particulière-ment.

Sur les feuilles de garde, les premières et les der-

(1) Tome II, p. 152.
(2) Tome III, p. 80.

nières, des fragments du deuxième chant de l'Énéide. Mais l'écriture en étant du xve siècle, ces fragments ont peu d'intérêt.

Après le sermon 88 de la première série, sous le nom de saint Thomas, une prière en vers rythmiques, commençant par :

> Adoro devote, latens veritas,
> Te, qui sub his formis vere latitas...

M. Mone l'a publiée sous le même nom (*Hymni latini*, t. I, p. 275) et M. l'abbé Chevalier en indique beaucoup d'autres éditions (1). Est-elle vraiment de saint Thomas ? On voudra bien nous permettre d'en douter. Nous nous représentons saint Thomas occupant ses loisirs à faire autre chose que ces méchantes rimes.

A la suite une dissertation *De periculis seu defectibus occurrentibus in celebratione missæ*. C'est un extrait de quelque traité dont l'auteur ne nous est pas connu. Le commencement et la fin manquent.

D'autres petites pièces succèdent au sermon 90 de la seconde série. La première est une nomenclature des vices, en vers métriques léonins. Les vices se confessent eux-mêmes. La désobéissance, fille de l'orgueil, dit :

> Nescio parere, mihi jussa recuso tenere ;

la jactance :

> Excello verbis, mihi magna, loquendo superbis ;

(1) *Repert. hymnol.*, p. 32.

l'hypocrisie :

> Quod videor grata mihi dat virtus simulata...

Les autres vers ne sont pas meilleurs. Suivent des extraits des *Sentences* et de quelques sermons. Puis, sous les n⁰ˢ 96-99, quatre sermons entiers, dont le deuxième et le troisième sont aussi dans le n° 14692, fol. 3 et 220. Ceux-ci sont donc de Jacques de Lausanne. Le suivant, sous le n° 101, n'est pas de lui. Il est d'un chanoine de Saint-Victor, qui prêchant su ce thème *Omnes isti congregati sunt*, dit expressémen qu'il s'adresse à des Victorins et à leur abbé, qui est le sien : *Prælato nostro, domino abbati S. Victoris.* Quant aux deux derniers, sous les n⁰ˢ 102 et 103, qui sont aussi dans le n° 14962, fol. 277 et 194, le second est sûrement de Jacques de Lausanne, et le premier est peut-être de lui.

Après le sermon 103, un hymne à la Vierge :

> Excelsi patris geniti genitrix generosa,
> Hoc genium speciale dedit tibi filius almus...

dont nous avons une autre copie dans le n° 3639 (fol. 221); mais il y manque aussi le nom de l'auteur. Ensuite quelques vers, altérés, faux, inintelligibles. Enfin des vers mnémoniques sur les noms et l'économie de tous les livres de la Bible. Cela se compose de deux pièces dont la première commence par :

Sunt Genes., Ex., Le., Nu., De., Josu., Ju., Ruth, Reg.,
[Paral., Es., Ne.;

ce qui veut dire : *Sunt Genesis, Exodus, Leviticus,*

Numeri, Deuteronomium, Josue, Judices, Ruth, Reges, Paralipomenon, Esdras, Nehemias. Cette pièce se lit aussi dans notre n° 17254 (fol. 188) et dans les n°ˢ 640, 1138 de la Mazarine, A 235 de Rouen et 719 de la Palatine. La seconde intitulée : *Isti versus valent ad sciendum quot capitula quilibet liber habeat,* commence par :

L Genesis, minus Exo. decem, Le. viginti dat et epta,
Dant Nume. triginta sex, inde Deu. duo demit...

On a lieu de supposer que ces deux pièces, habituellement réunies, sont du frère Mineur Guillaume le Breton (1). Il les a faites assurément pour être utile. Mais l'a-t-il été? Nous en doutons. La mémoire ne retient pas de tels logogriphes.

14976

La description de ce volume est facile, toutes les pièces que le composent étant bien connues.

Nous avons d'abord, sans le nom de l'auteur, le *Lignum vitæ* que l'on sait être de saint Bonaventure. Oudin lui-même n'a pas contesté cette attribution.

A la suite, sous le nom de saint Bonaventure, l'*Ordinarium seu Alphabetum vitæ religiosæ.* Voilà une fausse attribution. Non, saint Bonaventure n'est pas l'auteur de cet écrit où toutes les prescriptions de la vie religieuse sont minutieusement exposées et commentées par Sénèque, Cicéron, Virgile, Ovide et

(1) *Hist. litt. de la France,* t. XXIX, p. 600.

Lucain. C'est l'œuvre d'un lettré, suspect, pour le moins, de pédantisme, non celle d'un méditatif dont la conscience ne veut être en commerce qu'avec Dieu. De nombreux manuscrits de cet *Ordinarium* nomment l'auteur Jean de Galles, et il a été plusieurs fois imprimé sous son nom.

Au fol. 96. *Parvum bonum fratris Bonaventuræ*. C'est le traité de saint Bonaventure qui commence par cette citation des Proverbes : *Ecce descripsi eam tibi tripliciter*. On l'appelle encore *Incendium amoris, Itinerarium in seipsum, De regimine conscientiæ, De triplici vita*. Sur cette attribution tout le monde est d'accord, excepté toutefois Casimir Oudin. Mais ce vif critique avait, comme on le sait, la manie de contredire. De très nombreux manuscrits, de toute date, nomment l'auteur saint Bonaventure et ce témoignage n'est infirmé par aucun.

Au fol. 153. *Tractatus de articulis fidei*, commençant par : *Ad instructionem minorum, quibus non vacat opusculorum variorum prolixitatem perscrutari*. Nous avons déjà mentionné cette compilation sous le n° 15883 (1). On n'en connaît pas l'auteur.

14984

Voici des pièces bien diverses. La première, intitulée *Libellus de doctrina puerorum et correctione morum*, est anonyme, comme elle l'est ici, dans notre n° 14145 (fol. 19) ainsi que dans les n°ˢ 898 de la Mazarine et

(1) Tome III, p. 227.

58 d'Avranches ; mais elle est sous le nom de saint Bernard dans les n°s 147 de Dijon et 14811 de Munich, et sous ce nom elle a plusieurs fois été publiée, même par Mabillon (1). Cependant Mabillon déclare que cette attribution lui est suspecte. Il est plus certain que l'auteur n'est pas Hugues de Saint-Victor, désigné par notre n° 17354 (fol. 141). L'œuvre, d'ailleurs recommandable, n'est pas d'un chanoine ; elle est d'un moine bénédictin (2).

A la suite, fol. 15, des explications anonymes sur quelques passages de l'Ancien Testament. Nous avons déjà mentionné cet écrit sous le n° 13586 (3), où le nom de l'auteur ne se lit pas non plus. Il est pareillement anonyme dans le n° 18096 (fol. 31). La copie que nous avons ici est incomplète.

Au feuillet 29, le *Prognosticon* de Julien de Tolède, imprimé dans le tome XCXVI de la *Patrologie,* col. 453.

Au feuillet 67, l'hymne à la Vierge qui commence par *Imperatrix gloriosa*. Il a été publié par M. Mone : *Hymni latini*, t. II, p. 78. A notre copie sont jointes les notes musicales. Cette pièce se rencontre aussi dans le n° 3639 (fol. 85).

Après un fragment de quelques lignes contre l'oisiveté, nous avons un comput anonyme. C'est le comput de Gerland, dont les manuscrits sont nombreux. Il finit par trois lettres qu'on a plus d'une fois publiées séparément. La première est celle de Denys le Petit à Boniface, primicier des notaires. Petau l'a donnée

(1) *Opera S. Bern.*, t. V.
(2) *Les OEuvres de Hug. de S.-Victor*, p. 122.
(3) Tome II, p. 313.

dans son traité *De doctrina temporum ;* t. II, p. 876. Elle est reproduite au tome LXVII de la *Patrologie,* col. 25. La fin manque dans notre copie. Au feuillet 116, une autre épître, celle de saint Cyrille à Aurelius et à Valentinus, qu'on peut lire dans le même tome du traité *De doctrina temporum,* p. 884. Enfin, au revers du même feuillet, la lettre de Paschasinus, évêque de Marsala, au pape Léon, publiée dans la *Patrologie,* t. LIV, col. 606. Après avoir transcrit ces trois lettres, Gerland les critique, particulièrement celle de Denys.

Au feuillet 118 : *Gregorius papa super Cantica canticorum.* Mais, quoique ce titre soit ancien, il est faux. Depuis longtemps on a reconnu que ce commentaire appartient à Robert de Tombelaine, abbé de Saint-Vigor. Nous l'avons dit précédemment à l'occasion d'une autre copie (1). Et il nous a suffi de le dire brièvement, en citant Casimir Oudin et les successeurs de dom Rivet. Les preuves qu'ils ont fournies sont sans réplique. Notons que notre exemplaire, qui est incomplet, commence par le prologue substitué quelquefois à celui de Robert, dont tels sont les premiers mots : *Quia si cæco, si longe a Deo posito cordi.* Par ce même prologue débute encore une autre copie dans le n° 14798 (fol. 57); mais celle-ci est anonyme.

Nous avons ensuite une ou plusieurs dissertations théologiques que le couteau du relieur a trop maltraitées pour qu'il soit possible d'en découvrir l'au-

(1) Tome III, p. 140.

teur ou les auteurs. Le sommet de toutes les pages a disparu depuis longtemps.

Au feuillet 149 d'autres dissertations sur la nature de l'âme et sur les sacrements, commençant par : *De anima quoque solet quæri an filii Adæ traducant animam ex anima ipsius.* Ce mot *quoque* nous apprend que nous avons encore ici quelque œuvre décapitée.

Au revers du feuillet 158 : *Sermo Ivonis Carnotensis episcopi.* C'est le douzième des sermons publiés par Juret. Il est au tome CLXII de la *Patrologie*, col. 577.

15005

Ce volume est un assemblage de pièces qui n'ont rien de commun. Quelques-unes sont même de simples fragments, auxquels manquent le commencement ou la fin.

La première a pour début : *Quoniam dominus papa judex est ordinarius singulorum, ecclesia Romana mater est omnium et magistra.* C'est un formulaire, intitulé par Claude de Grandrue : *Ordo judiciarius in foro ecclesiastico.* Nous n'en connaissons pas d'autres copies. Celle-ci n'est pas complète.

Du feuillet 10 au feuillet 21, des pensées diverses et plus subtiles qu'originales. Ce ne sont même le plus souvent que des explications très obscures de passages très clairs de l'Écriture sainte.

Au feuillet 21, sans titre, un traité complet qui finit par ces mots : *Summa mag. A.* C'est la somme de maître Alain de Lille *De arte prædicandi*. Il en existe de très nombreuses copies et plusieurs éditions. Il suffit d'indiquer, parmi les éditions, celle que contient le tome CCX de la *Patrologie*, col. III. Nous avons déjà cité d'autres copies sous les nos 994 (1), 14886 et 14925 (2).

A la suite, sans le nom de l'auteur, est le *Pénitentiel* du même Alain, imprimé dans le volume cité de la *Patrologie*, col. 281. Nous avons dit, en décrivant les nos 5504 (3) et 13468 (4), qu'un copiste a faussement attribué cet écrit à Pierre le Chantre.

Au feuillet 46 un fragment conservé d'un ouvrage considérable. Ce fragment commence avec le chapitre III, lui-même incomplet, d'un seizième livre. Claude de Grandrue l'intitule : *Quædam breves moralitates super quosdam Evangelii actus*. Il s'agit bien, en effet, de moralités sur divers passages des évangiles ; mais comment le savant bibliothécaire n'en a-t-il pas reconnu l'auteur, quand cet auteur est le plus illustre maître de sa maison, Hugues de Saint-Victor? Il n'est pas facile, à la vérité, de retrouver le fragment que nous avons ici dans la dernière édition de ses Œuvres ; mais nous avons constaté qu'il appartient aux *Allégories* sur le Nouveau Testament. Ce qui rend la recherche malaisée, c'est que les différents chapitres de ces *Allégories* n'ont pas été rangés dans l'édition suivant l'ordre qu'ils ont dans les manuscrits.

Ce qui suit est dépourvu de tout intérêt. Ce sont

(1) Tome 1, p. 99.   (3) Tome I, p. 242.
(2) Tome III, p. 274, 310.   (4) Tome II, p. 194.

les premiers mots de tous les chapitres tant de l'Ancien que du Nouveau Testament.

Au feuillet 68 la passion de saint Guignier et de ses compagnons, martyrs irlandais du ve siècle. On a plusieurs fois publié cette légende sous le nom de saint Anselme ; mais la fausseté de cette attribution est maintenant reconnue. Aucun manuscrit ne l'autorisait ; elle était fondée sur une simple conjecture (1). Pourquoi l'avoir faite ? On diminue toujours l'intérêt d'une légende quand on la rajeunit. Le plus élégant narrateur ne mérite pas, s'il est moderne, autant de créance qu'un ancien, même rustique. On peut lire cette légende au tome CLIX de la *Patrologie*, col. 325.

Après quelques extraits des épîtres de saint Paul, nous avons, au feuillet 75, les Constitutions d'Eudes de Sully, évêque de Paris, sous ce titre : *Prohibitiones et præcepta observanda ab omnibus sacerdotibus, data a venerabili O. Paris. episcopo.* Ces constitutions ont été plusieurs fois imprimées, et l'*Histoire littéraire*, t. XVI, p. 580, en indique les éditions.

Le revers du feuillet 78 est occupé par des sentences, des exhortations morales et des vers mnémoniques sur des matières variées. Nous transcrirons quelques vers.

Ceux-ci d'abord, sur les empêchements de mariage :

> Error, conditio, votum, cognatio, crimen,
> Cultus disparitas, vis, ordo, ligamen, honestas,
> Si sis affinis, si forte coire nequibis;
> Hæc facienda vetant connubia, facta retractant.

(1) *Hist. litt. de la Fr.* t. IX, p. 444,

Ces quatre vers, qui nous offrent la série complète des empêchements de mariage, se lisent aussi dans les n°⁵ 14859 (fol. 283) de la Bibliothèque nationale, 593 (fol. 25) de la Mazarine et 406 (fol. 322) de l'Arsenal. Raymond de Pénafort les a cités et très amplement commentés : *Summa*, lib. IV, tit. 3 et suiv.

A la suite, ces deux autres vers, cités aussi par Raymond de Pénafort :

> Ecclesiæ vetitum necnon tempus feriatum
> Impediunt fieri, permittunt facta teneri.

Il faut entendre par *ecclesiæ vetitum* l'interdit d'une église. Tant que durait cet interdit, les évêques eux-mêmes ne pouvaient administrer que deux sacrements, le baptême et l'extrême-onction. Si, toutefois, des gens s'étaient mariés illicitement en ce temps prohibé, leur mariage n'était pas cassé. Citons encore :

> Ignis, adulterium, destructio, mensa remota,
> Mors dubium faciunt iterato templa sacrari.

Les mots *Mensa remota* ne sont pas clairs. Raymond, qui cite encore ces deux vers, *Summa*, lib. III, tit. 24, les entend ainsi : la table de l'autel disjointe, déplacée. Quant au doute exprimé dans le second vers, Raymond ne le partage pas. L'avis de Raymond est que l'adultère, l'homicide et des dommages facilement réparables n'exigent pas une consécration nouvelle ; une reconciliation suffit. Les vers suivants sont moraux :

> Quatuor ista, timor, odium, dilectio, census,
> Sæpe solent hominum rectos pervertere sensus.

Ces deux vers se lisent encore dans les n°ˢ 15155 (fol. 163) de la Bibliothèque nationale et 593 (fol. 25) de la Mazarine.

Voici, dans un seul vers, l'énoncé des sept sacre-ments :

Abluo, firmo, cibo, dolet, unguitur, ordino, jungo.

Ce vers est aussi dans les n°ˢ 1050 (fol. 265) de Saint-Gall et 271 de Berne. Il a été publié et commenté par l'annotateur de Raymond : *Summa*, lib. III, tit. 24, § 2. Les cinq premiers sacrements sont, dit le commentaire, pour tout le monde ; le sixième, l'ordre, est pour les parfaits ; le septième, le mariage, est pour les infirmes : *septimum, id est matrimonium, infirmorum*. C'est donc par faiblesse qu'on se marie. Cette assertion, fausse ou vraie, n'est pas courtoise. Considérez que ces faibles gens sont nécessaires, et, puisqu'ils sont nécessaires, ne les injuriez pas.

Enfin tels sont les cas réservés au pape en matière criminelle :

Qui facit incestum, deflorans, vel sodomita,
Sacrilegus, patrum percussor, vel homicida,
Et voti fractor, perjurus sortilegusque
Pontificem quærat, necnon qui miserit ignem.

Il y a des variantes dans les diverses copies de ces vers. On les peut constater dans les deux éditions qui en ont été données : *Biblioth. Casin.* t. II, p. 169, et *Catalog. des mss. de Rouen*, t. I, p. 151. Les mê-mes vers sont encore dans le n° 38 de l'Arsenal et dans le n° 252 de Cambrai.

Du feuillet 79 au feuillet 87 s'étend un autre

traité sur l'art de prêcher, qui finit par ces mots :
Explicit tractatus compendiosus de Arte prædicandi.
Nous n'en connaissons pas l'auteur. Nous n'en pouvons pas même indiquer une autre copie. Il commence par ces mots : *Ad petitionem cujusdam dilecti
satisfaciendam et juniores prædicatores instruendum
tractatus iste, de Arte prædicandi intitulatus, con-
scribitur.* Plus court et plus technique que celui
d'Alain, ce traité doit avoir été fait dans la seconde
partie du XIIIe siècle. On constate, du moins, que la
plupart des sermons de ce temps-là sont composés
suivant la méthode dont les procédés sont ici recom-
mandés.

Du feuillet 87 au feuillet 194 une série de sermons
dont nous avons sommairement décrit une autre copie
que contient le n° 14947 (1). Échard a connu ce
n° 14947, qui, de son temps, était à Saint-Victor sous
le n° 762 et, s'il n'a pas mentionné tous les sermons
qui s'y trouvent, il en a, du moins, signalé beaucoup
et fait justement observer qu'ils furent tous prononcés à Paris durant les années 1281, 1282 et 1283 (2).
La détermination de cette date a de l'importance, car
les auteurs des sermons sont souvent nommés, et à
leurs noms est jointe la mention de leur profession
et de leurs titres. Ce sont là des renseignements très
précieux pour l'histoire littéraire.

Ils sont d'autant plus précieux que, durant ces
années 1281, 1282, 1283, Paris fut le théâtre d'un
violent débat entre les évêques, jaloux de remettre

(1) Ci-dessus, p. 8.
(2) Quétif et Échard, *Script. ord., Præd.,* t. I, p. 184.

en honneur leur autorité compromise, et les religieux des ordres nouveaux, ardents à faire valoir leurs privilèges, qu'ils appelaient leurs droits, et dont le premier article était la liberté d'aller, de prêcher, de confesser en tous lieux, même contre le gré des évêques, dont, disaient-ils, ils ne dépendaient pas.

Dans une si grande agitation des esprits on guerroyait partout, même en chaire. On doit donc s'attendre à rencontrer, dans les sermons que nous allons mentionner, plus d'un mot acerbe contre les deux partis. Il n'y en a pourtant pas à l'excès, et même, dans un assez grand nombre, il n'est fait aucune allusion aux querelles du temps. Les orateurs ont-ils été contenus par le respect des convenances? On peut le croire. Mais on peut croire aussi que ces orateurs discrets ont manqué soit de passion, soit d'audace. Il n'y a pas non plus ici beaucoup de libres facéties. Comme on ne craignait pas alors d'en hasarder de très libres, il est probable que le collecteur de nos sermons a, ne les goûtant pas, écarté de son recueil ceux dont il a jugé le ton par trop familier.

En indiquant chacun des sermons que renferme notre volume, nous rapprocherons les uns des autres ceux qui sont attribués au même prédicateur, et l'ordre dans lequel nous présenterons les noms des prédicateurs sera, pour faciliter les recherches, l'ordre alphabétique. Nous indiquerons en dernier lieu les sermons anonymes. Qu'on soit, en outre, averti que nous établirons le texte de nos citations en faisant usage des deux manuscrits, l'un étant souvent peu conforme à l'autre, et le meilleur nous paraissant être tantôt celui-ci, tantôt celui-là.

ADAM DE LA VACHERIE, Picard, a pour seul titre, dans la rubrique de ses sermons, celui de *magister*. Cela donne lieu de croire qu'il appartenait au clergé séculier. Séculier ou régulier, il ne prêchait pas dans le genre solennel.

I (Fol. 99). Pour le troisième dimanche de l'Avent. *A mag. Adam, Picardo. — Dominus prope est... — Istud verbum his diebus frequenter repetitur in ecclesia.* Autre copie : n° 14947 (fol. 195).

Le passage suivant fera d'abord juger le style oratoire de maître Adam :

Debemus considerare qualiter possumus scire Dominum esse prope nos. Hoc autem possumus scire quatuor signis, sicut et adventum aliorum regum et principum. Primo quia famuli pedites præcedunt, et hoc est cum cogitas et doles de amissione bonorum corporalium, quæ sunt quasi pedites respectu bonorum spiritualium ; cum enim aliquis dolet de hujusmodi bonis amissis per peccatum, tunc est signum quod Deus ei prope est. Veniunt etiam primo armigeri equites, qui sunt dolor et contritio cordis pro amissione bonorum spiritualium, et ista contritio est primum signum. Secundum signum adventus principis est quia coqui præveniunt et faciunt cibaria cum salsis de aceto. Isti coqui sunt contritiones et amaritudines cordis, scilicet pœnitentia vera quæ parat salsam de vino acri, scilicet amaritudinem recogitationis voluptatum et cogitationum carnalium et aliorum vitiorum ; et hæc est bona salsa et quæ placet Deo ; et hoc est secundum signum. Tertium signum est quia summarii præveniunt. Est autem considerare ibi duo genera summariorum. Quidam sunt summarii diaboli et quidam Dei. Summarii diaboli sunt peccatores, qui portant peccata quæ sunt ponderosissima et gravissima ad portandum ; etc., etc.

Nous nous arrêtons là. S'étant proposé de bien distinguer ces deux sortes de bêtes de somme, l'orateur fait une description si minutieuse, si prolixe, de l'une et de l'autre que nous hésitons à la reproduire tout entière.

II. (Fol. 110). Pour le premier dimanche après l'Épiphanie. *A mag. Adam, Picardo. — Invenerunt in templo... — Circa hoc notandum quod triplex genus hominum invenimus Dominum invenisse in tempore nativitatis.* Autre copie : n° 14947 (fol. 207).

Le style de ce sermon est, comme on va le voir, celui du précédent :

Quidam pudorem habent de pœnitentia quam agunt. Vel loqui vel agere pudet eos coram hominibus, sicut et aliquando puderet quod invenirentur cum muliere fornicaria. Si tamen cum uxore sibi desponsata invenirentur, non haberent pudorem. Ideo non debemus habere pudorem, sed debet nobis esse pœnitentia quasi desponsata legitime et perseveranter. Non enim Deum tenere pro latrone, sicut faciunt quidam, qui, cum sint boni et recte bona facientes cum sunt per se, cum tamen cum aliis sunt, ut divitibus burgensibus, vel prælatis, vel nobilibus, audientes eos male loqui, ut de luxuriis vel superfluitatibus, ut faciunt frequenter, nolunt eos redarguere de male factis vel dictis, quia non essent ab eis bene dilecti, vel alias bene recepti. Ideo eos non corrigunt, vel, quod pejus est, aliquando cum eis verba scurrilia loquuntur ut eis melius placeant. Isti non audent loqui de Deo sicut nec de latrone bannito, et ideo Deum quasi pro latrone reputant.

Et notons que, dans ce latin macaronique, sont intercalées des phrases entières de Sénèque. C'est bien elles qui doivent *habere pudorem,* c'est-à-dire avoir honte, d'un tel accouplement.

III. (Fol. 112). Pour le deuxième dimanche après

l'Épiphanie. *A mag. Adam, Picardo.* — *Nuptiæ factæ sunt in Cana...* — *De nuptiis hic est notandum quod triplices sunt nuptiæ.* Autre copie : n° 14947 (fol. 209).

On reconnaît aussitôt, dès le début, le prédicateur entendu le dimanche précédent. La barbarie de sa langue est particulière, et il est familier sans être gai.

IV (Fol. 147). Pour la fête de saint André. *A mag. Adam, Picardo, dicto* de La Vacherie. — *Relictis retibus et navi...* — *In evangelio Matthæi hodierno. In serie patet de istis piscatoribus quomodo conversi fuerunt.* Autre copie : n° 14947 (fol. 24).

Citons le passage suivant contre les gens qui font obstacle aux prédicateurs zélés :

Nos debemus assimilari canibus nobilibus, vel leporariis, qui, statim cum dimittitur eos ire, currunt post feram ut eam capiant; unde non dimittunt donec habeant quod intendunt; ita debemus nos facere; non debemus cessare donec aliquid pro Deo operatum sit a nobis, scilicet alios a malo retrahendo ; et sicut sunt aliqui canes rustici vel villani, qui dicuntur mastini, qui non currunt ut aliquid accipiant, sed impediunt magis alios et latrant, ita vere quidam sunt mali qui nullum bonum possunt facere, imo detrahunt aliis bene volentibus operari.

Adénulfe d'Anagni, neveu du pape Grégoire IX, docteur en théologie, chanoine de Paris et d'Yorck, en outre prévôt de Saint-Omer, était alors un personnage important, non seulement par sa naissance et ses titres, mais encore par sa richesse (1). On ne voit pourtant pas, dans ses sermons, la moindre trace d'orgueil. Ils sont bien d'un homme qui refu-

(1) *Journal des Savants ;* 1889, p. 305.

sera plusieurs évêchés pour aller mourir dans un cloître.

(Fol. 148). Pour le second dimanche de l'Avent. *A mag. Adenulfo, præposito S. Odomari, canonico beatæ Mariæ Parisiensis, regente in theologia. — Respicite et levate capita... — In evangelio Lucæ hodierno. Respice in me et miserere mei.* Autre copie : n° 14947 (fol. 25).

Quoique simple chanoine, Adénulfe ne craint pas de faire la leçon aux évêques. Il ne suffit pas, dit-il, qu'ils soient bons théologiens, bons philosophes. Ils sont imparfaits s'il leur manque la charité.

Fol. 177. Pour le jour de la Purification. *A mag. Adenulfo, præposito S. Odomari, canonico Parisiensi, regente in theologia. — Non est talis mulier... Super argentum et aurum... — Gratia ista, quæ superat argentum et aurum, est gratia Dei.* Autre copie : n° 14947 (fol. 70).

C'est une longue et subtile dissertation sur les mérites de la Vierge, née, dit l'orateur, sans tache. Aucune allusion aux affaires du temps. Un clerc de sa qualité dédaignait peut-être de se déclarer pour l'un ou pour l'autre des partis belligérants.

ALBERT, religieux de Cluny, prieur de Montdidier (1), assiste du moins, s'il n'y a pas une part active, à la conférence de l'année 1282. Les deux sermons que nous avons de lui ne paraissent pas indiquer qu'il ait estimé l'une des deux causes meilleure que l'autre.

(1) *Hist. litt. de la Fr.*, t. XXV, p. 439.

Pour le jour de l'Épiphanie. *A domno Alberto, monacho de Clugny, regente in theologia. — Vidimus stellam ejus... Venimus adorare eum. — Utrumque horum verborum scribitur in evangelio Matthæi. In ultimo nobis insinuatur modus orandi.* Autre copie : n° 14947 (fol. 52).

Ce prédicateur cluniste est resté fidèle à l'ancienne méthode. Il amplifie doctoralement une matière théologique et ne s'en écarte jamais.

Fol. 183. Pour le dimanche de la Septuagésime. *A monacho de Clugny, regente in theologia, Alberto dicto. — Voca operarios... — In evangelio hodierno. Hæc sunt verba patris ad filium suum Christum.* Autre copie : n° 14947 (fol. 77).

Il s'agit de décrire toutes les formes de l'intervention divine dans les actes humains. Mais nous n'avons ici que la thèse du déterminisme. On n'en tire pas un système. Sur tout système la logique a des droits dont elle exige le respect, et les mystiques du moyen âge n'ont pas à s'inquiéter des inconséquences qu'ils peuvent commettre. Pourvu qu'ils n'offensent pas ouvertement la créance commune, tout le reste leur est permis.

Amand de Saint-Quentin, frère Prêcheur, a laissé plusieurs sermons qui paraissent avoir obtenu du succès (1). Nous n'en avons qu'un dans notre volume :

Fol. 176. Pour le dimanche avant la Purification *A quodam Prædicatore.* Le n° 14947 (fol. 69) ajoute :

____

(1) *Hist. litt. de la Fr.*, t. XXV, p. 456.

*dicto Amando de S. Quintino. — Domine, salva nos...
Verbum istud est verbum discipulorum Christi. Unde
narratur ibi quod Christus...*

Déclamation contre les richesses, et particulièrement contre les richesses mal acquises. Toutes, d'ailleurs, quelle qu'en soit l'origine, sont corruptrices. Et
non seulement les richesses, mais encore les dignités
ecclésiastiques ou civiles :

Multos videmus bonos, puros, castos, devotos, qui e contrario fiunt mali, immundi, delicati, lascivi et superbi cum
veniunt ad statum majorem. Honores enim mutant mores,
et hoc est detestabile et miserabile. Tales assimilantur
aquilæ, qui quandiu est hic, in imo, non videt cadaver nec
currit post illud ut habeat, sed cum alte volat, in loco superiori, videt cadaver et descendit ad illud; ita quandiu isti
sunt in statu inferiori, non curant de mundo vel de carne
sua, sed in statu alto constituti currunt sollicite ut majores
præbendas habeant, et plures, et pecunias congregent et
majores familias, et volunt vivere delicate.

ARNOULD LE BESCOCHIER, docteur en théologie,
avait le titre de chanoine d'Amiens, mais habitait
Paris au moins depuis l'année 1272 (1). Notre volume
ne contient qu'un de ses sermons.

Fol. 168. Pour le second dimanche après l'Épiphanie. Le nom de l'auteur manque dans notre
manuscrit; mais, dans le n° 14947 (fol. 57), on lit :
*A quodam magistro sæculari, regente in theologia,
dicto* Le Bescocier, *canonico Ambianensi. — Nuptiæ
factæ sunt in Cana... — In sacro die Epiphaniæ tria
miracula contigerunt secundum quod Dominus.* On
ne trouve guère dans ce sermon que des explications

(1) *Hist. littér. de la Fr.*, t. XXV, p. 449.

d'allégories supposées : explications plus hardies qu'ingénieuses.

Bernard de Trilia. On lui donne par conjecture le sermon que nous allons citer. L'auteur est ainsi désigné dans notre manuscrit : le frère Prêcheur Bernard, *dispositor studentium*. Or Échard suppose que ce préparateur des étudiants du couvent de Saint-Jacques était, en 1282, le docte disciple de saint Thomas, Bernard *de Trilia*, et nous ne saurions rien objecter à cette supposition, admise déjà par l'*Histoire littéraire*.

Fol. 146. Pour le premier dimanche de l'Avent. *A fratre quodam Prædicatore, dispositore studentium*. En note, d'une main contemporaine : *Fratre Bernardo*. — *Surge et illuminare, Jerusalem...* — *Hæc verba possunt competenter convenire diei hodiernæ*. Autre copie : n° 14947 (fol. 21). L'orateur impute à l'orgueil tout ce qu'on blâme justement dans la conduite des clercs.

Berthault de Saint-Denys, futur chancelier de Paris, était, en 1282, chanoine de cette église (1). Nous n'avons, dans notre volume qu'un seul de ses sermons :

(Fol. 113.) Pour le dimanche de la Sexagésime. *A mag. Bertado de S. Dionysio.* — *Elegit rex Salomon operarios...* — *Adveniente tempore congruo ad operandum, homines quærunt operarios*. Autre copie : n° 14947 (fol. 210).

Tous les hommes sont les ouvriers de Dieu, qu'ils

____

(1) *Hist. litt. de la France*, t. XXV, p. 317.

soient clercs ou laïques; mais, pour la plupart, clercs ou laïques, ils font mal leur besogne, et c'est surtout aux clercs que l'orateur fait ce reproche. Il le fait même sur un ton très vif. Ce ne sera pas, on le prévoit, un chancelier commode. Il est surtout sévère à l'égard des religieux, qu'il accuse de trop aspirer à la richesse. Est-ce pour cela qu'il était alors en procès avec les religieux de Saint-Victor, leur refusant, ce qu'il leur devait, les fruits, durant une année, de sa prébende canoniale (1)? Mais non; cette conjecture est trop bienveillante. Comme prédicateur, Berthault fait profession de mépriser la richesse; mais il est maintenant prouvé qu'il l'aima trop comme chanoine et comme chancelier, puisqu'il se fit un jour déposséder de la chancellerie pour s'être enrichi par des pratiques scandaleusement simoniaques (2). Quant à son procès avec les chanoines de Saint-Victor, il devait le perdre et le perdit.

BLAISE. Un frère Prêcheur, qui avait été prieur de Saint-Jacques, est indiqué, dans les deux manuscrits qui contiennent plusieurs de ses sermons, par ce qualificatif *bleso*, ou par ce nom altéré *Bleso*. Échard conjecture qu'il faut lire *Blasio*, Blaise. Nous ne nous y opposons pas (3). Il se peut néanmoins que ce prédicateur ait été bègue et que son nom soit inconnu.

I (Fol. 88). Pour le second dimanche après l'octave de saint Remi. — *A Bleso Prædicatore*. — *Ut quid cogitatis mala...* — *Secundum apostolum non sumus*

(1) *Journal des Savants;* 1889, p. 303.
(2) *Ibid.,* 1891, p. 302.
(3) *Hist. litt. de la Fr.,* t. XXVI, p. 439.

sufficientes aliquid cogitare. Autre copie : n° 14947 (fol. 182.)

L'orateur distingue en moraliste les bonnes et les mauvaises pensées, et nous remarquons qu'il tire de son propre fonds presque tout ce qu'il dit. Ce n'est pas un citateur.

II (Fol. 100). Pour le troisième dimanche de l'Avent. *A Prædicatore Bleso. — Venit Dominus et illuminabit... — In epistola hodierna. Sapientia, in Ecclesiastico, bene præmunit quemlibet nostrum.* Autre copie : n° 14947 (fol. 195). Sermon court, grave, sans aucun mot libre ou plaisant.

III (Fol. 118). Pour le second dimanche du Carême. *A Bleso Prædicatore. — Accedentes discipuli ejus rogabant... — Historia est de muliere Cananea cujus filia male a dæmone vexabatur.* Autre copie : n° 14947 (fol. 215).

Ce sermon est beaucoup plus long que le précédent ; mais il n'est pas plus intéressant. Faisons, en outre, remarquer que nous n'en avons pas la fin dans notre manuscrit, où il existe, entre le feuillet 118 et le feuillet 119, une lacune considérable.

Dreux de Provins, ministre provincial de l'ordre des Mineurs et docteur en théologie, est représenté dans notre volume par deux graves sermons. Cet orateur ne vise pas à l'esprit ; c'est un moraliste, qui recommande les vertus sans pourtant faire le procès à ceux qui ne les pratiquent pas. Nous allons indiquer ses deux sermons, sans en rien citer. Ils ont été sans doute respectueusement écoutés ; mais ils n'ont pas dû provoquer le moindre sourire.

I (Fol. 133). Pour la fête des saints Simon et Jude. *A fr. Drocone, Minore, regente in theologia.* — *Homines magni virtute et prudentia...* — *Tria sunt quæ Dei electos commendabiles reddunt.* Autre copie : nº 14947 (fol. 7).

Ne doit-on pas rechercher la plénitude de la vie intellectuelle et morale? Eh bien! on ne la trouvera que dans l'amour : non pas, bien entendu l'amour des choses terrestres; mais l'amour des choses divines. Voilà tout ce pieux sermon.

II (Fol. 154). Pour le jour de Noël. *A fratre Drocone de Pruvino, fratre Minore, regente in theologia, ministro ordinis.* — *Transeamus usque in Bethleem...* — *Secundum sensum litteralem sunt verba pastorum, sicut patet in serie evangelii.* Autre copie : nº 14947 (fol. 34).

Etienne de Besançon, frère Prêcheur, qui fut élu général de son ordre le 24 mai 1292, était, en 1282, professeur d'Écriture sainte au couvent de Saint-Jacques, et, dit-on, un des prédicateurs les plus renommés de Paris (1). Quand donc on n'avait pas encore retrouvé le volume décrit par Échard sous le nº 762 de Saint-Victor, on pouvait, on devait regretter la perte de tous ses sermons (2). Il y en a, du moins, cinq dans notre nº 15005, cinq sur les six qui sont indiqués par Échard dans le nº 672 de Saint-Victor. Ce volume est aujourd'hui, nous le répétons, notre nº 14947.

(Fol. 131). Pour le troisième dimanche après la fête

(1) *Hist. littér. de la Fr.*, t. XX, p. 266.
(2) *Ibid.*, p. 275.

de saint Denys. *A quodam fratre Prædicatore, dicto Stephano* de Besenson. — *Qui cœpit in vobis bonum opus*... — *Apostolus, in epistola hodierna. Divina sapientia, quæ operatur omnia in omnibus*... Autre copie : n° 14947 (fol. 5).

Ce sermon paraît avoir été prononcé devant les religieux du couvent de Saint-Jacques. Il a pour objet de leur recommander le travail et les bonnes mœurs. Le ton en est généralement grave. Il y a néanmoins quelques traits familiers :

[Apostolus] dicit : Mundemus nos; scilicet quantum ad omnia, interiora et exteriora. Non sic faciunt quidam, qui exterius volunt esse mundi, de interioribus non curantes; sicut, si aliquis per villam currerit tantum quod sui sotulares undique sint dirupti, et pedes et sotulares inquinati, fatuus diceretur si mundaret solutares, dimittens pedes immundos. Vere ita est : qui corporis munditiam volunt habere et animam dimittunt fatui sunt.

Étienne met quelque insistance à démontrer qu'il vaut mieux avoir soin de son âme que de ses habits ; et l'on s'étonne peut-être de le voir, parlant à des mendiants, faire tant d'allusions à leur toilette. Mais il ne faut pas s'en étonner. Un grand nombre, *multi*, de ces prétendus mendiants étaient alors de beaux seigneurs, qui parcouraient les villes escortés de domestiques et d'écuyers. Dans les actes d'un chapitre provincial assemblé vers ce temps, en 1288, dans la ville d'Avignon, nous lisons : *Cum multi fratres jam incipiant garciones et scutiferos ducere..., districte injungimus quod nullus frater garcionem vel scutiferum ducat vel teneat, nisi esset adeo necessitas manifesta quod judicaretur faciendum de consilio discretorum, nec conventus teneantur talibus garcionibus et scutiferis in aliquo providere* (1). Saint Dominique n'aurait certes pas eu besoin de promulguer un tel décret. Mais toutes les institutions humaines s'altèrent, se corrompent avec le temps.

II (Fol. 149). Pour la fête de saint Nicolas. *A quodam fratre Prædicatore, scilicet fratre Stephano de* Besançon. — *Magnificate cum omnes. Magnificate Dominum meum; in Ps. — Dominum magnificare et laudare debemus.* Autre copie : n° 14947 (fol. 26).

L'orateur se plaint d'abord de ce que la fête de saint Nicolas soit, pour beaucoup de gens, une occasion de festoyer : *Devotam orationem debemus sanctis impendere, non curiositates vestium* (c'est-à-dire des mascarades) *et delicias ferculorum et vinorum et ludos et derisiones, choreas et enormitates, sicut fit hodie communiter apud multos.* Il censure ensuite les élections épiscopales. Elles devraient, dit-il, être faites dans l'intérêt de l'Église ; mais elles le sont uniquement dans l'intérêt des personnes. *Unde multi mali prælati sunt :* il y a beaucoup de mauvais prélats. Ceux des Prêcheurs qui ne l'ont pas dit l'ont pensé.

III (Fol. 157). Pour la fête de saint Jean l'évangéliste. *A quodam fratre Prædicatore, legente Bibliam.* Mais à ces mots *legente Bibliam* on a très anciennement substitué ceux-ci, dans le n° 14947 : *Stephano de Besançon.* L'attribution ne paraît pas douteuse. *Verbum caro factum est... — Quando lux aliqua vadit*

_____

(1) Man. lat. de la Bibl. nat., n° 5487, fol. 290.

ad aliquem locum in quo debet diffundi... Autre copie : n° 14947 (fol. 40).

Nous ne pouvons guère qu'enregistrer de tels sermons. Ils ne sont pas d'un mystique ; ils sont d'un théologien très versé dans l'Écriture, qui, citant souvent Aristote, ne cache pas qu'il a lu les philosophes ; mais ce savant théologien, n'ayant pas l'humeur agressive, nous apprend bien peu de chose sur ses contemporains.

IV. (Fol. 182.) Pour le cinquième dimanche après l'Épiphanie. L'évêque de Paris, Ranulfe de Humblières, avait prêché le matin sur ce thème : *Pax Christi exultet in cordibus vestris.* A l'heure de la collation, Étienne de Besançon vint le remplacer dans la chaire et faire sur le même thème un nouveau sermon. Autre copie : n° 14947 (fol. 76). Nous n'en avons rien à citer.

V. Fol. 186. Pour le dimanche de la Sexagésime. *A fr. Stephano* de Besençon. — *Libenter igitur gloriabor...* — *Dominus in evangelio hodierno narrat diversas conditiones audientium.* Autre copie : n° 14947 (fol. 80).

Un passage de ce sermon contient une allusion aux termes des ordonnances royales qui prescrivaient aux juifs d'appliquer à leurs vêtements, sur leurs poitrines, une bande d'étoffe en forme de roue, pour qu'ils ne fussent pas confondus avec les chrétiens :

> Sicut judæi fatui essent si gloriarentur in magna et pulchra rotella, vel bene colorata quæ eis data est in signum perfidiæ, ita fatui essent homines qui de suis variis et grisis et pretiosis vestibus gloriarentur.

Toutes les formes de l'orgueil sont ici décrites et la preuve est donnée que l'homme ne doit s'enorgueillir de rien. Il était facile d'amplifier cette matière; aussi le sermon a-t-il la dimension d'un traité. Pour ce qui concerne la roue ou rouelle des juifs, on peut consulter le mémoire intéressant de M. Ul. Robert qui a pour titre : *Les signes d'infamie au moyen âge.*

Eudes des Bruyères, frère Mineur, n'est pas d'ailleurs connu. Notre volume contient deux de ses sermons :

(Fol. 123.) Pour le quatrième dimanche après Pâques. *A fratre Minore Odone de Brueriis. — Cum venerit paraclitus... — In evangelio hodierno circa radices omnium malorum dat nobis hæc Dominus duo bona documenta.* Autre copie : n° 14947 (fol. 238). Très court sermon où rien n'est original.

II (Fol. 143). Pour la fête de saint Clément. *A fr. Odone de Brueriis, fratre Minore. — Bonus homo de bono thesauro... — In his verbis prædicator instruitur et beatus Clemens congrue commendatur.* Autre copie : n° 14647 (fol. 18). L'éloge du saint occupe tout ce sermon.

Gérard Bruine. Né dans la ville ou sur le territoire de Reims, ce Gérard, surnommé Bruine, était, en 1281, chantre de Paris et professeur de théologie. Il a sa notice dans l'*Histoire littéraire* (1), et l'on y trouve simplement mentionnés, d'après Échard, ceux de ses sermons que contient notre volume.

I (Fol. 91). Pour le second dimanche après la Tous-

____

(1) Tome XXI, p. 311.

saint. *A mag. Gerardo, dicto* Bruine, *de Remis.* Le
n° 14947 ajoute : *Regente actu in theologia. — Redde
quod debes... — Prætermisso sensu litterali, quod
patet in evangelii serie, et etiam aliis sensibus.* Autre
copie : n° 14947 (fol. 186).

L'orateur cite, outre les anciens Pères, les docteurs
modernes, saint Bernard, Hugues de Saint-Victor, et
les fait comparaître, en les citant, comme censeurs
des mœurs de son temps. Et ce n'est pas aux laïques,
c'est aux clercs que s'adressent particulièrement ses
réprimandes.

II (Fol. 126). Pour le premier dimanche avant le
Carême. *A mag. Girardo Remensi, regente in theologia,
canonico B. Mariæ Paris. — Cæcus confestim vidit...
— De his verbis sensus historicus patet evangelii
seriem inspicienti.* Autre copie : n° 14947 (fol. 213).

Voici la mention d'un genre de supplice dont on
rapporte l'invention aux Lombards :

Sexto excæcantur aliqui per ignis ardorem ; sicut faciunt
in Lombardia. Cum aliquis forefecit civitati, apponunt ante
oculos ejus pelvim quasi ardentem et ardor ignis eum
excæcat.

III (Fol. 127). Pour la veille de l'Ascension. *A mag.
Girardo Remensi, magistro in theologia, can. Paris. —
Ascendet, pandens iter... — Hæc verba per plures
annos quam mille dicta sunt antequam eveniret.*
Autre copie : n° 14947 (fol. 245)

Gérard se plaint de voir refuser aux évêques l'obéissance qui leur est due. Cette plainte s'adresse aux
religieux mendiants.

GILLES BON CLERC, de l'ordre des Mineurs, ne paraît pas avoir eu, comme prédicateur, un grand renom. Pourquoi certains autres ont-ils été plus goûtés? C'est là ce dont nous ne pouvons guère aujourd'hui nous rendre compte.

(Fol. 136.) Pour le jour des Morts. Ce sermon est anonyme dans notre volume; mais dans le n° 14947 (fol. 10) on lit : *A quodam fr. Minore, dicto fratre Ægidio Bono Clerico. — Deo dignas oblationes... — In his verbis per Spiritum sanctum excitamur ad duo. Primo ad offerendum.* Courte leçon de morale : sans pédantisme, mais sans onction. Rien, d'ailleurs, à noter.

GODEFROID DE LIÈGE. Échard suppose qu'il s'agit ici du savant théologien Godefroid de Fontaines (1). Cette supposition est fondée. C'est bien, en effet, le même docteur qui figure sous ces deux noms, *Godefridus de Leodio* et *Godefridus de Fontibus,* en divers diplômes publiés dans le *Cartulaire de l'Université* de Paris (2). Il y a plus; il est ainsi désigné dans un de ces diplômes : *Godefredus de Fontibus, canonicus Leodiensis.* Si pourtant Godefroid de Liège, ou de Fontaines, avait été nommé chancelier de Paris, comme l'assure l'*Histoire littéraire* (3), en 1280, on devrait s'étonner de ne pas voir ce titre joint à son nom dans la rubrique du sermon que nous allons citer. Mais il n'est pas vrai qu'il ait été chancelier de Paris, soit en 1280, soit plus tôt, soit plus tard. L'*Histoire littéraire* a commis, en l'honorant de cette

(1) *Script. ord. Præd.*, t. I, p. 186.
(2) *Chart. Univ. Paris.*, t. II, p. 13, 53.
(3) *Hist. litt. de la Fr.*, t. XXI, p. 550.

charge, une erreur que nous corrigeons ici. Au surplus, l'unique sermon attribué dans notre volume à Godefroid de Liège est d'un homme supérieur au commun, à la fois docte et subtil, qui, n'ayant pas moins étudié les philosophes que les Pères, était curieux de le faire voir :

Fol. 111. Pour le deuxième dimanche après l'Épiphanie. *A mag. Godefrido Leodiensi. — Spiritu ferventes, Domino servientes... — Apostolus, in epistola hodierna ad Romanos. Cum dominus referatur ad servum...* Autre copie : n° 14947 (fol. 207).

La matière de ce sermon est la distinction du bon esprit et du mauvais, et, dans l'amplification de cette matière, il y a plus d'un trait ingénieux. Le sermon est incontestablement un des meilleurs de tout le recueil.

Grégoire de Bourgogne, docteur en théologie et prieur du Val des Écoliers, assistait aux conférences de 1282 et de 1287, où l'on ne voit pas qu'il y ait conseillé la concorde (1).

Fol. 190. Pour la fête de la chaire de saint Pierre. *A fr. Gregorio, priore de Valle Scolarium, regente in theologia. — In cathedra seniorum laudent... — Sanctus Petrus, de cujus cathedra hodie Ecclesia solemnisat...* Autre copie : 14647 (fol. 85). Ce sermon est tout entier sur les devoirs des évêques, et ceux qui les remplissent mal ne sont pas épargnés.

Guillaume de Moussy, chanoine de Paris et docteur régent de théologie, assistait aussi à la confé-

----

(1) *Chart. univ. Paris.*, t. II, p. 13.

rence de 1282. Il ne paraît avoir eu beaucoup de renom comme prédicateur (1). Nous n'avons, dans ce recueil, qu'un de ses sermons :

(Fol. 131.) Pour le deuxième dimanche après la fête de saint Denys. *A mag. Guillelmo de Monci, canonico Paris., regente in theologia. — Messis quidem multa operarii... — In his verbis secundum sensum litteralem ostenditur maxima necessitas mittendi operarios.* Autre copie : n° 14947 (fol. 4). On ne remarque dans ce sermon qu'une phrase peu bienveillante pour des prédicateurs dont l'habit n'est pas indiqué. Il est probable qu'il s'agit des religieux mendiants.

Guillaume Scot. Tout ce que nous savons de ce Guillaume Scot, c'est qu'il était Dominicain et professeur de théologie. Notre volume contient deux de ses sermons.

I (Fol. 93). Pour le premier dimanche après la fête de saint Martin. *A fr. Guillelmo Scoto, Prædicatore, regente in theologia. — Salvatorem expectamus... — Servi solent expectare attente adventum domini sui.* Autre copie : n° 14947 (fol. 188).

II (Fol. 102). Pour le jour de Noël. *A fr. Guillelmo Scoto, Prædicatore, regente in theologia. — Parvulus natus est nobis... — Sicut dicit Bernardus in sermone de Nativitate Domini, quæ hodie celebratur.* Autre copie : n° 14947 (fol. 197). Nous n'avons rien à tirer de ces deux sermons, où les citations occupent trop de place.

Henri de Gand. Il s'agit du célèbre Henri de Gand,

____

(1) *Hist. litt. de la Fr.* t. XXV, p. 448.

le Docteur Solennel, dont les sermons conservés sont si rares que nous n'en avons encore rencontré qu'un seul, celui-ci :

Fol. 144. Pour la fête de sainte Catherine. *A mag. Henrico de Gandavo, regente in theologia. — Confessio et pulchritudo in ore... Confitebor tibi in directione cordis... — Hic describitur competens conditio prædicatoris.* Autre copie : n° 14947 (fol. 20).

Ce sermon est d'un philosophe qui n'hésite pas à citer Aristote, Boèce, Avicenne, Averroès et à louer sainte Catherine d'avoir pris le soin d'étudier les sciences profanes. Mais ce philosophe est un très fervent chrétien, qui n'entend pas abandonner à la philosophie toute la conduite de l'intelligence humaine :

Vina sunt sapientiæ humanæ et mundanæ propter multas conditiones vini quæ in eis similiter reperiuntur. Vinum enim modice sumptum intellectui videtur acumen proferre ; immodice sumptum intellectum enervat, ignominiam generat, rationem perturbat, oblivionem causat, errorem inducit... Ita scientiæ hujusmodi sumptæ modice, sicut decet et oportet, reddunt intellectum acutiorem, et immoderate vel in superfluitatem sumptæ rationem perturbant et errorem tandem inducunt... Hæc vina, scilicet scientiæ humanæ, reponi et reservari debent in cellariis quæ sunt scientia fidei. Unde a prima die in qua homo incipit has scientias addiscere debet eas ordinare in scientiam fidei et totum quidquid facit consequenter ordinare debet in Deum et in scientiam divinam... Et ibi subditur quia secundum Philosophum, in decimo de Animalibus et alibi, melius est modicum scire de divinis quam in magna abundantia de terrenis.

Voilà donc Aristote cité comme ayant professé que la philosophie doit être l'humble servante de la théologie. A-t-il bien dit cela ? Nullement. Mais, en scolastique, on le cite, on l'entend comme il plaît de le citer et l'entendre.

La fin du sermon a pour objet de recommander aux prédicateurs de ne jamais taire ce qu'ils ont pour devoir de dénoncer et de flétrir. Nous en transcrivons ce passage très dur contre les princes du siècle et leurs courtisans :

Principes sæculi in multis forefaciunt et multoties in judiciis peccant, et ideo boni homines, veritatem amantes, eos corripere deberent et arguere, mortem subire pro veritate non timentes, si oporteret ; sed pauci sunt tales, imo cantant : « Placebo » ; timent enim ne, si redarguerent eos in aliquo, ut regem vel episcopum, cujus sunt amici, eos odirent, et ideo multi peccant principum.

HUGUES AICELIN DE BILLIOM. Deux sermons se rencontrent dans notre volume, sous le nom d'un Dominicain professeur de théologie, nommé Hugues. Échard et l'*Histoire littéraire* voient dans ce Dominicain le futur cardinal Hugues Aicelin de Billiom, qui résidait alors à Paris, au couvent de la rue Saint-Jacques, et prit part à la première des conférences où furent mises en question les prétentions opposées des évêques et des religieux mendiants (2). Nous croyons aussi que notre Dominicain et le futur cardinal ne doivent pas être distingués. Voici les deux sermons :

I (Fol. 130). Pour le premier dimanche après la fête de saint Denys. *A fr. Hugone, Prædicatore, regente*

(1) *Hist. litt. de la Fr.*, t. **XXI**, p. 78.
(2) *Ibid.* t. **XXV**, p. 385.

in theologia. — Nolite inebriari... — Apostolus, considerans quanta sit sobrietatis munditia et ebrietatis incommoda... Autre copie : n° 14947 (fol. 1). C'est une vive déclamation, non seulement contre les ivrognes, mais, en outre, contre les femmes; vive et toutefois sans originalité.

II (Fol. 171). Pour le troisième dimanche après l'Épiphanie. *A quodam fratre Prædicatore, regente in theologia, dicto* Hugue. — *Noli vinci a malo...* — *Si Christus leprosum solo tactu mundavit, si paralyticum...* Autre copie : n° 14947 (fol. 61). Quoique ce sermon soit très long, il n'y a pas un mot qui se rapporte aux mœurs, aux choses du temps.

JEAN. Ce Jean était religieux mineur et docteur régent en théologie. Mais, n'avait-il pas un surnom? S'il en avait un, il ne nous est pas indiqué dans la rubrique de ce sermon :

(Fol. 92.) Pour la fête de saint Martin. *A fr. Joanne, regente in theologia.* Dans le n° 14947: *A fr. Minore, regente in theologia, fratre Joanne. — Quasi arcus refulgens... — Hæc verba optime possunt exponi de beato Martino.* Autre copie : n° 14947 (fol. 187).

Parmi les Mineurs nommés Jean qui nous sont connus comme ayant prêché dans les églises de Paris vers l'année 1281, il y a Jean de Galles, Jean de Metz, Jean des Monts, Jean de Samois, etc., etc. Nous ne faisons aucun tort à celui d'entre eux auquel nous ne rapportons pas ce sermon, qui n'est qu'un tissu de subtilités puériles.

JEAN D'ORLÉANS. Jean d'Orléans ou des Alleux était chancelier de Paris en l'année 1279, quand mourut l'évêque de cette ville, son compatriote Étienne Tempier. Les chanoines assemblés ayant élu, pour remplacer Étienne, un vieillard très honoré, mais infirme, Eudes de Saint-Denys, le pape cassa l'élection et nomma Jean d'Orléans, évêque de Paris. Mais il le nommait contre son gré. Jean, qui n'avait pas l'humeur commode, avait pris en aversion, dans sa chancellerie, le clergé séculier, et, pour se soustraire aux pénibles devoirs de l'administration épiscopale, il se réfugia, le 12 ou le 20 avril 1280, chez les Dominicains de la rue Saint-Jacques. Voilà ce que rapporte fidèlement l'auteur de sa notice dans l'*Histoire littéraire* (1); mais, n'ayant pas retrouvé le volume décrit par Échard, ni connu celui que nous décrivons en ce moment, l'auteur de cette notice a dû se contenter d'indiquer brièvement les sermons que nous avons ici sous le nom de l'ancien chancelier.

I (Fol. 98). Pour le premier dimanche après la fête de saint Nicolas. *A fratre Joanne, quondam cancellario.* — *Respicite et levate capita...* — *In evangelio hodierno beatus Lucas nobis ostendit duo de adventu Domini ad judicium.* Autre copie : n° 14947 (fol. 193).

Il y a, dans ce sermon, de la vivacité, de la belle humeur et même de l'esprit ; mais le ton en est souvent peu convenable et la langue presque constamment barbare. A cet orateur sans façon il ne convenait pas de porter majestueusement la crosse et la mitre. Citons un de ses mots plaisants. Il est sage de recommander aux gens de regarder dans leur

____

(1) *Hist. litt. de la Fr.*, t. XXV, p. 274.

conscience, non dans celle des autres, quand ils hésitent en quelque affaire sur la conduite qu'il faut tenir. C'est un conseil souvent donné, dans les sermons et ailleurs. Mais, pour le mieux graver dans l'esprit de ses auditeurs, Jean leur dit gaiement : « Faites, mes frères, comme le prêtre Martin, qui ne sait lire que dans son livre (fol. 99, col. 1). » Le genre de cet orateur est, on le voit déjà, le genre, familier.

II (Fol. 125). Pour la fête de l'Invention de la croix. *A fratre Joanne Aurelianensi, Prædicatore, quondam cancellario et canonico B. Mariæ Paris. — Qui me invenerit inveniet vitam. — Solet communiter dici quod homines non debent quærere quod nullius pretii est.* Autre copie : n° 14947 (fol. 241).

Mais la croix de Jésus méritait bien qu'on se donnât tant de mal pour la trouver. La croix de Jésus, qu'on l'entende bien, car il y a plusieurs sortes de croix. Ne confondons pas la croix de Jésus avec celle dont les bras sont l'ambition, la luxure, l'avarice, l'envie. Telle est la donnée du sermon. Elle ne paraît pas offrir de prétexte à des digressions facétieuses. Il y en a pourtant plus d'une. Citons celle-ci :

Heu ! quidam hodie crucem pœnitentiæ nolunt sustinere; unde nulla pœnitentia eis placet. Sicut narratur quod quidam nobilis homo debebat malefactorem in nemore suspendere pleno magnis arboribus et dixit ei : « Ecce propono tibi facere curialitatem ; ex omnibus his pulchris arboribus elige quamcumque vis ut ibi suspendaris. » Qui respondit : « Certe nullam eligo, quia nulla mihi placet ut in ea suspendar. » Ita faciunt isti : quæcumque pœnitentia proponatur eis, dicunt se nullam earum eligere.

Eudes de Cériton, ayant raconté la même anecdote, dit que le juge poussa la courtoisie jusqu'à faire grâce au malfaiteur dont il avait trouvé le mot plaisant (1). Mais Étienne de Bourbon dit le contraire. Ramené devant le juge, le malfaiteur fut, assure-t-il, cruellement condamné, pour n'avoir pas fait le choix permis, à subir tous les genres de supplices. C'est ainsi qu'il prétend avoir entendu raconter le fait par le frère Mineur Guillaume de Cordelles (2). Il est bien entendu que nous ne garantissons ni l'un ni l'autre de ces témoignages.

III (Fol. 151). Pour le quatrième dimanche de l'Avent. *A fr. Joanne Aurelianensi, fratre Prædicatore, regente in theologia, quondam canonico et cancellario Parisiensi. — Ego vox clamantis... — Quando clamatur edictum regis vel principis terreni...* Autre copie : n° 14947 (fol. 30).

Ce très long sermon est, comme ceux qui précèdent, dans le genre libre. Il l'est même à l'excès, car il y a des grossièretés vraiment inexcusables. Voici d'abord Jésus comparé à une bête de somme :

Joannes (Baptista) Dei interpres dicitur cum Dominum digito ostendit, dicens : « Ecce agnus Dei; ecce qui colligit peccata mundi ! » Ipsum ibi ostendit prænuntialiter esse summarium, quia peccata nostra et languores nostros ipse portavit. Et vere summarius fuit, quia, sicut equus eligitur benignus et fortis qui sit summarius, ita ipse fuit benignus; unde dicitur agnus Dei. Fuit etiam fortissimus, quia Dominus fortis et potens; iterum non est potestas sub cœlo quæ

(1) Odonis *Sermon.*, n° 16506 des man. lat. de la Bibl. nat., f. 179, col 3.

(2) *Tractatus de divers. mat. prædicabilibus.* Ms. lat. de la Bibl. nat., n° 15970, f. 250.

huic valeat comparari. Et vere mirabile fuit de hoc summa-
rio. Aliis enim summariis interponitur pannellus inter dorsum et pondus ne præ pondere lædantur ; sed iste non habuit
pannellum super dorsum suum tenerrimum, imo crucis
austeram passionem sustinuit, in sua carne pretiosa vulnera
et fixuras sustinendo et cuneos.

Plus loin, ayant décrit la ceinture rustique de
saint Jean-Baptiste, l'orateur poursuit en ces termes:

Non est hodie sic de prælatis nostris et divitibus clericis ;
imo habent corrigias argenteas quibus præcingunt suam
carnem fœtidam tam pretiose, et cassulæ sanctorum suo-
rum repositæ sunt, non in domo aurea, sed de lignis putridis
et vermiculosis ; unde de ventre faciunt cassulam suam...
Et certe verecundum eis esse debet, quia videmus saccum
plenum frumento pretioso ligari corda stupea et dolium ubi
reponitur vinum redolens et pretiosum cingi ligneis circu-
lis ; ventrem vero suum ita fœtidum quod vix ipsemet
homo potest ejus fœtorem sustinere cum fœcem emittit,
ligant miseri auro texto vel argento.

Il est assurément difficile d'être plus grossier.
D'autres sermons de Jean des Alleux nous ont été
conservés en d'autres manuscrits, et nous en avons
cité deux sous le n° 14899 (1). Ils sont du même
style que ceux-ci ; le clergé séculier n'y est pas
mieux traité. Qu'on se figure un évêque tenant de
tels propos, et dans ce latin ! Évidemment le pape
connaissait mal Jean des Alleux lorsqu'il l'avait, de
son propre mouvement, donné pour successeur au
grave Étienne.

Jean de Saint-Benoit, orléanais, docteur en théologie et religieux Dominicain, s'est signalé, dans les
orageuses conférences des années 1282 et 1287, parmi

(1) Tome III, p. 281, 290.

les adversaires les plus résolus des prétentions épiscopales (1). Il y a bien, dans ses sermons très étudiés,
quelques allusions aux affaires du temps ; mais il y
en a quelques-unes seulement et elles sont faites en
des termes modérés.

I (Fol. 121). Pour le troisième dimanche après
Pâques. *A fr. Joanne de Sancto Benedicto, regente in
theologia. — Obsecro vos tanquam advenas... — Hic
notantur tres conditiones verbi Dei. Primo debet esse
exorativus.* Autre copie : n° 14947 (fol. 234). Sermon
sans intérêt.

II (Fol. 135). Pour la Toussaint. *A fratre Joanne de
Sancto Benedicto, fratre Prædicatore, regente in theologia. — In caritate radicati et fundati... — Apostolus ad istam omnium sanctorum societatem nos
admonet.* Autre copie : n° 14947 (fol. 9).

Il faut au moins faire connaître par une courte
citation le style de ce prédicateur :

Notandum quod alia est caritas et canitas; licet *n* et *r*
parum videantur differre, tamen id quod per verba ista
importatur multum differt. Canis enim ossa non amat nisi
quandiu est ibi caro rodenda. Ita vere est de multis, et
debet eorum amor magis dici canitas quam caritas, quia
amant alios quandiu sunt divites, cum sperant bene reha-
bere quod pro ipsis faciunt, vel lucrari ibi aliud ipsos rodendo;
sed cum sunt pauperes amplius non amantur.

L'orateur explique plus loin de la même façon en
quoi diffère le sens des mots *caritas* et *carnalitas*.
Évidemment il visait trop à faire montre d'esprit.

(1) *Hist. litt. de la Fr.*, t. XXI, p. 636 ; XXV, p. 385, 386, 391.
— *Chart. univ. Paris.*, t. II, p. 14.

JEAN DU TOUR, *Joannes de Turno*, normand, docteur en théologie qui professait à Paris, au rapport d'Étienne de Salanhac (1), en l'année 1278, sans doute au couvent de Saint-Jacques, était, en l'année 1282, prieur de cette maison (2). C'est donc à lui que doivent être attribués trois de nos sermons dont l'auteur n'est pas nommé, mais est aussi qualifié : « Régent en théologie, prieur de Saint-Jacques. »

I (Fol. 90). Pour le dimanche après la Toussaint. *A priore Prædicatorum. — State ergo succincti... — Apostolus in epistola hodierna ad Eph.; et sequitur istud ex præmissis...* Autre copie : n° 14947 (fol. 185).

Il y a, dit l'orateur, huit conclusions dans les épitres de saint Paul; et ces conclusions il les pose d'abord, puis les justifie. Comme elles ont presque toutes pour objet le condamner les voluptés sensuelles, l'orateur met à profit l'occasion qu'elles lui donnent de morigéner les clercs gourmands.

II (Fol. 140). Pour le dimanche après la fête de saint Martin. *A fr. Prædicatore, priore Sancti Jacobi, regente in theologia. — Domine, filia mea... — In evangelio hodierno : Accessit ad Jesum princeps et cet. Ibi notandum est quod prædicator verbi Dei...* Autre copie : n° 14947 (fol. 15).

Ce sermon est presque tout entier à l'adresse des prélats qui négligent les devoirs de leur charge. La règle de ces devoirs étant dans l'Écriture, on en cite des passages, pour les commenter ensuite à la honte

______

(1) Denifle, *Quellen zur Gelehrtengeschichte des Predigerordens* p. 43.

(2) *Hist. litt. de la Fr.*, t. XXV, p. 385.

des délinquants. C'est le commentaire d'un ennemi déclaré.

III (Fol. 173). Pour le jour de la Conversion de saint Paul. *A priore Prædicatorum, regente in theologia. — Domine, quid me vis... Orate pro nobis, fratres... — Currat scilicet ab ore proferentis ad auditum auditoris.* Autre copie : n° 14947 (fol. 64)

Les évêques sont encore ici fréquemment censurés. Mais pourquoi l'épiscopat remplit-il si mal sa mission ? Parce qu'on donne pour successeurs aux apôtres des gens indignes d'un si noble héritage :

Quidam prælati apostolis succedunt in regimen animarum non per Dei electionem vel inspirationem, sed per conspirationem et minas, vel per appellationem, vel per simoniam, vel per carnalitatem, sicut frequenter videmus contingere his diebus, et sic contra Dei voluntatem eliguntur. Adhuc electi contra Dei voluntatem operantur, non imitantes apostolicam vitam.

Tout le reste est sur ce ton. Mais que cela n'étonne pas ; le prieur du couvent de Saint-Jacques ne pouvait avoir une plus constante pensée que celle de venger son ordre, si peu ménagé par les gens du parti contraire.

Nicolas le Normand. On a supposé que ce Nicolas le Normand pouvait être Nicolas de Fréauville (1), né, comme son surnom l'indique, en Normandie. Mais cette conjecture doit être abandonnée, le titre de *magister* étant donné seul au Nicolas dont il s'agit ici dans un temps où Nicolas de Fréauville était Dominicain. Échard se demande si ce n'est pas Nicolas de

(1) *Hist. litt. de la Fr.*, t. XXVI, p. 439.

Gorran. Mais Nicolas de Gorran, né dans la Maine, n'était pas Normand.

(Fol. 95.) Pour le premier dimanche de l'Avent. *A mag. Nicholao, Normanno. — Ego veniam et sanabo eum... — Ante adventum filii Dei genus humanum erat miserum.* Autre copie : n° 14947 (fol. 191).

Ce sermon est d'une constante gravité, et, si le fond en est banal, la forme l'est moins.

RANULFE OU ARNULFE D'HUMBLIÈRES, évêque de Paris, est représenté dans notre volume par un sermon que n'a pas connu l'auteur de sa notice dans l'*Histoire littéraire* (1) :

(Fol. 181.) Pour le cinquième dimanche après l'Épiphanie. *A mag. Arnulfo, episcopo Parisiensi, magistro in theologia. — Pax Christi exultet... Pax Dei quæ exsuperat .. — Prædicatori verbi Dei et etiam auditori tria sunt necessaria.* Autre copie : n° 14947 (fol. 75).

Ce sermon est bien celui d'un évêque qui s'est surtout signalé comme auteur d'un vain essai de conciliation entre ses collègues et les religieux mendiants. Du commencement à la fin les douceurs de la paix sont théologiquement et moralement célébrées.

Un autre sermon de Ranulfe est dans les n°s 14899 (fol. 115) et 16481 (fol. 54) (2).

RENAUD SCOT. Nous n'avons aucune information sur ce prédicateur, dont notre volume ne contient qu'un sermon :

______

(1) Tome XX, p. 13.   (2) Tome III, p. 286.

(Fol. 114.) Pour le dimanche de la Sexagésime. *A Renaldo Scoto. — Exiit qui seminat seminare… — Ad nostram instructionem moraliter exponendo,* in *his verbis notantur tria.* Autre copie : n° 14947 (fol. 211). Sobre paraphrase de lieux-communs.

RICHARD. Dans ce Richard, dit ici frère Mineur, Échard pense qu'il faut voir un théologien justement renommé, Richard de Middleton. C'est une conjecture que nous tenons pour vraisemblable.

I (Fol. 94). Pour la fête de sainte Catherine. *A fr. Ricardo, fratre Minore. — Mulier innupta et virgo… — In istis verbis commendatur beata virgo martyr Catharina.* Autre copie : n° 14947 (fol. 190).

Sur les deux manuscrits, dont l'un est évidemment copié sur l'autre, on lit cette note flatteuse pour l'auteur du sermon : *Totum quod dicitur hic est summe notabile.* Ce sermon est en effet remarquable, comme bien pensé et suffisamment bien écrit. Nous y trouvons en outre la preuve qu'il est d'un théologien qui ne craignait pas de commercer avec les philosophes; il s'y rencontre, en effet, une citation d'Avicenne. C'est pourquoi nous croyons volontiers que ce théologien est Richard de Middleton.

(Fol. 179.) Pour le jour de la Purification. Le nom de l'auteur ne se lit pas dans notre manuscrit; mais dans le n° 14947 (fol. 73) nous avons : *A fr. Richardo, fratre Minore. — Statim veniet ad templum… — In epistola hodierna; sumptum de Malachia. Et possunt hæc verba exponi tripliciter.* Autre copie : n° 14947 (fol. 73).

Le style de ce sermon est, comme celui du précédent, toujours châtié, presque toujours noble. On ne peut douter que l'auteur soit un lettré. Ici encore le philosophe se laisse voir quelquefois, mais discrètement, comme il convient dans une autre chaire que celle de l'école.

Servais, chanoine, plus tard abbé du Mont-Saint-Éloi, au diocèse d'Arras, était à Paris en 1282, occupant une chaire de théologie. Les écrits qu'il a laissés et les témoignages de ses contemporains nous montrent que, dans les conférences de cette année, il prit parti pour les évêques contre les ordres nouveaux (1). Mais il n'a pu plaider leur cause, dans ces conférences, qu'en écartant les personnes, pour traiter, en scrupuleux canoniste, une simple question de droit, et nous le voyons, dans ses sermons, parler plus librement des évêques et censurer sans ménagements leur conduite, leurs mœurs.

I (Fol. 134). Pour la Toussaint. *A mag Servatio de Monte S. Eligii, regente in theologia. — Gloriosa dicta sunt de te, civitas... — Notandum est de hac civitate cœlesti quod per quatuor portas ad eam devenitur.* Autre copie : n° 14947 (fol. 8).

L'objet de ce sermon est de recommander le bon usage des biens temporels :

Bona temporalia debemus sic ordinare ut non acquiramus male, sed tantum secundum Dominum. Quod non faciunt multi, ut avari, usurarii et advocati. Isti enim sunt similes perdici, quæ nutrit aliquando pullos alienos ; cum autem vident pulli jam adulti perdicem non esse matrem suam, eam statim deserunt. Ita isti nutriunt bona temporalia et

____

(1) *Hist. litt. de la Fr.*, t. XXVIII, p. 321.

credunt ea esse sua, et sic decipiuntur; sed cum satis
habuerunt ea, non audentes ea expendere, nec pauperibus
erogare, tunc ipsa bona eos deserunt.

Voilà donc les avocats encore une fois confondus
avec les usuriers. Cependant l'orateur ne parle ici des
laïques que par accident. C'est aux clercs qu'il entend
surtout recommander une vie simple et modeste.
Beaucoup d'entre eux se comportent en effet, nous
dit-il, de telle sorte qu'il est devenu nécessaire de
leur rappeler les obligations de leur état.

Il (Fol. 193). Pour la fête de saint Matthias. *A mag.
Servatio de Monte S. Eligii, regente in theologia,
canonico regulari. — Tu, Domine, qui nosti corda...
— Dicitur vulgariter quod a Deo venit omne bonum.*
Autre copie : n° 14947 (fol. 89).

Il n'y presque pas un mot dans ce sermon qui ne
soit contre les évêques. L'orateur leur reproche
d'abord leur faiblesse à l'égard de la puissance sécu-
lière : *Elias nunquam principes timuit. Tales etiam
sancti prophetæ. Sed sunt mortui; non sunt in curiis
et cameris principum.* Ce sont des courtisans, non
des évêques. Pourquoi? Parce qu'ils sont élus
comme beaux viveurs, en vue de profits temporels,
par des clercs dissolus : *Clerici bellantes, compti,
lascivi, dissoluti, qui de aliquo bono non curant.*
Qu'on fasse d'honnêtes élections, et tous les maux
dont gémit l'Église seront promptement guéris.

Simon Du Val est aussi nommé Simon de Troyes,
pour avoir pris l'habit des frères Prêcheurs dans le
couvent de cette ville. Chargé plus tard d'exercer les
fonctions d'inquisiteur, il les exerça, croit-on, hono-

rablement, puisqu'il paraît avoir été bien vu de la cour et même admis dans la familiarité du roi Louis IX (1).

I (Fol. 101). Pour le quatrième dimanche de l'Avent. *A fr. Simone de Valle et de Trecis. — Venit Jesus januis clausis... — Ista verba scribuntur in evangelio Joannis et leguntur de beato Thoma.* Autre copie : n° 14947 (fol. 196).

II (Fol. 120). Pour le jour de la Quasimodo. *A Prædicatore, dicto fratre Simone de Valle. — Gavisi sunt ergo discipuli... — Sicut dicit glosa et Beda, in homilia, et satis patet ex serie evangelii...* Autre copie : n° 14947 (fol. 233).

Simon recommande aux clercs la pratique de toutes les vertus. On l'approuve ; mais on se permet de faire remarquer qu'il aurait du rédiger cette sage exhortation en des termes d'une meilleure latinité. *Non simus,* dit-il, *ita grossi sicut isti divites qui propter hoc non possunt cælum intrare.*

Voilà tous les sermons dont les auteurs nous sont connus. Il nous reste à mentionner ceux qui nous ont été transmis sans aucun nom et que nous ne saurions attribuer sûrement à personne. La profession des auteurs nous étant du moins indiquée, nous les rangerons sous ces titres : séculiers, frères Prêcheurs, frères Mineurs, moines.

Séculiers. Tous les séculiers dont nous avons ici quelques sermons étaient, à l'exception d'un seul, régents en théologie. On sait que les régents en cette faculté devaient faire au moins un sermon par an.

____

(1) *Hist. litt. de la Fr.*, t. XIX, p. 387.

I (Fol. 107). Pour le jour de la Circoncision. *Ab archidiacono Scotiæ, regente in theologia. — Et factum est, postquam consummati sunt dies octo... — In his verbis duo principaliter notantur. Primo Domini circumcisio.* Autre copie : n° 14947 (fol. 203). Il n'y a rien dans ce sermon qui soit à signaler.

II (Fol. 87). Pour le premier dimanche après l'octave de saint Remi. *A quodam sæculari, regente in theologia. — Diliges Dominum Deum tuum... — Est primo notandum quod dilectio Dei est valde utilis.* Autre copie : n° 14947 (fol. 181).

Dieu seul, dit l'orateur, mérite d'être aimé. Tout autre amour nous engage dans la voie qui conduit à l'enfer. C'est, pour le fond, un sermon du genre noble et la forme n'en est pas trop répréhensible.

III (Fol. 89). Pour la Toussaint. *A quodam magistro in theologia. — Salutant vos omnes sancti... — In his verbis tanguntur tria ad honorem omnium sanctorum.* Autre copie : n° 14947 (fol. 184).

Ce *quidam magister* doit être un séculier. Nous le voyons pourtant dénoncer les mauvaises mœurs du clergé séculier avec autant d'âpreté qu'un religieux de tel ou de tel ordre :

Quidam, quia jacuerat cum uxore sua existens sacerdos in lege, et quia secundum legem non fuerat unctus et purgatus, ipse deferens arcam fœderis, morte subitanea mortuus est; unde, si in veteris Testamenti nocte hoc accidit, et hujusmodi de uxore propria, quid dicendum est de sacerdotibus modernis, qui corpus dominicum consecrant habentes concubinas vel uxores alienas? Certe timendum est ne eis pejus accidat.

IV (Fol. 105). Pour la fête des saints Innocents.

A quodam sæculari, regente in theologia. — Angelus Domini apparuit in somnis... — Festum hodiernum et habet fletum et compassionem et gaudium. Autre copie : n° 14947 (fol. 200). Il y a quelques phrases dans ce sermon contre les dignitaires de l'État et de l'Église; mais elles sont brèves et n'offrent rien qu'il importe de recueillir.

V (Fol. 122). Pour le quatrième dimanche après Pâques. *A quodam sæculari, regente in theologia. — Cum venerit paraclitus... — Filius Dei a discipulis suis quantum ad corporalem præsentiam recessurus...* Autre copie : n° 14947 (fol. 237).

Ce prédicateur séculier paraît bien, lorsqu'il recommande l'obéissance, reprocher aux religieux tout le bruit qu'ils font au sujet de leurs privilèges. Cependant il s'en faut qu'il approuve en tout la conduite des évêques :

Justitia in aliis est nimis dura vel rigida, ut cum in justitia est nimia severitas; et hoc modo reperitur in prælatis, qui deberent esse misericordes et statim modo excommunicant. Quamlibet enim excommunicationem præcedere solebat trina admonitio, et modo statim ab his fertur excommunicatio ex nunc et ex tunc. Et hoc maxime faciunt pauperibus quibus deberent magis misereri. Unde modo pauperes et simplices excommunicantur, et tyranni et mali principes dimittuntur et sustinentur a prælatis. Iterum pauperes curati statim suspenduntur et a suis ecclesiis privantur et magis potentes pejores sustinentur. Hoc est dura justitia, imo magis injustitia debet dici. Dici enim potest quod Christus crucifigitur et Barrabas latro dimittitur.

VI (Fol. 147). Pour la fête de saint André. *A quodam sæculari, regente in theologia. — Proposito sibi gau-*

dio... — Quamvis hæc verba de Domino Jesu Christo dicta sint, competenter tamen possunt beato Andreæ apostolo convenire. Autre copie : n° 14947 (fol. 23).

Contre la recherche des faux biens, des fausses joies, des satisfactions que réclament les vices. Le contentement des gourmets qui mangent des poulets fins est, dit l'orateur, comparable à celui des galeux qui se déchirent la peau :

Istud gaudium assimilatur gaudio scabrosorum qui se scalpunt in carne sua. Gaudent tunc; sed postea dolent. Ita vere isti; gaudium enim eorum in luctum et supplicium terminatur.

Ce qui suit montre qu'il s'agit ici du supplice de l'enfer. Ainsi l'enfer est promis à quiconque se sera fait une joie de manger ce plat funeste : *ferculum carnium minutarum, ut pullorum et gallinarum.* Assurément on ne s'attendait pas à voir un clerc séculier si sévère pour les gourmets. Mais il y en avait, et beaucoup, qui, mal rentés, enviaient les riches.

VII (Fol. 175). Pour le dimanche avant la Purification. *A quodam sæculari, regente in theologia. — Ascendente Jesu in naviculam... Fons sapientiæ verbum Dei... — Verbum Dei fons dicitur propter ejus effectus.* Autre copie : n° 14947 (fol. 67)

Nous remarquons dans ce sermon une citation qui veut être brièvement commentée. On y lit à propos de l'orgueil : *Unde versificator de Ægyptiaca dicit :*

Cum bene pugnaris, cum cuncta subacta putaris,
Quæ magis infestat vincenda superbia restat.

Ces vers souvent copiés appartiennent, en effet, au

premier chant du poème sur Marie l'Égyptienne, dont l'auteur est Hildebert de Lavardin (1).

La même pensée est exprimée dans ces vers dactyliques, qui n'ont pas été moins fréquemment cités,

> Si tibi copia, si sapientia formaque detur,
> Inquinat omnia sola superbia, si comitetur (2),

et que Vincent de Beauvais (3) attribue sous cette forme au plaisant Hugues Primat :

> Si tibi gratia, si sapientia formaque detur
> Sola superbia destruit omnia, si comitetur.

VIII (Fol. 117). Pour le premier dimanche de Carême. *A quodam canonico B. Mariæ Paris. — Ductus est Jesus a Spiritu... — Ibi tangitur quomodo Jesus a Spiritu ductus est et a diabolo tentatus.* Autre copie : n° 14947 (fol. 214). Court sermon, dont il n'y a rien à citer.

Frères Prêcheurs. La première place appartient, dans cette série, au sous-prieur du couvent de Saint-Jacques. Échard lui-même n'a pas découvert son nom. Aussi l'avons-nous vainement recherché.

I (Fol. 120). Pour le second dimanche après Pâques. *A subpriore Prædicatorum. — Christus passus est pro nobis... — In epistola hodierna beati Petri, exhortantis nos ad sustinendum et patiendum.* Autre copie : n° 14947 (fol. 234).

Il faut, dit l'orateur, savoir souffrir pour la foi,

(1) *Opera Hildeb.*, édit. Beaugendre, col. 1263.
(2) P. Meyer. *Les contes moralisés de Nic. Bozon*, p. 18.
(3) *Specul. doctrin.*, IV, 122.

même le dédain des incrédules. Mais combien il y a
de gens qui craignent de paraître trop dévots :

Vere multi sunt hodie qui pati non volunt ut Christus, id
est christianus, quia propter derisionem hominum bonum
facere non volunt coram aliis, cogitantes apud se : Ha ! Jam
diceretur quod tu es beguinus, papelardus et hypocrita, et
deriderent te ; et benefacere dimittunt.

II (Fol. 138). Pour le dimanche après la Toussaint.
*A fratre Prædicatore, subpriore. — Crescentes in scien-
tia Dei... — Inter omnia a sanctis viris, modernis et
antecessoribus, desiderata...* Autre copie : n° 14947
(fol. 12).

Après une leçon de morale, une assez plaisante
historiette :

Volunt quidam bene judicare seipsos; non tamen volunt
ab aliis judicari... Unde narratur de quadam beguina
quæ cuidam bono homini qui eam visitabat, interroganti
« Quid facis, soror ? » respondit : « Domine, sum misera
peccatrix ; » et ejus pedissequa hoc audivit ; et cum ab ea
peteret quædam mulier : « Quid facit domina tua ? » respondit : « Ipsa est quædam misera peccatrix ; » quod audiens
beguina irata est erga ancillam suam, quæ dixit ei : « Domina,
ego dicebam quod a vobis audieram dici ita sic multoties. »

III (Fol. 166). Pour le premier dimanche après l'Épiphanie. *A fr. Prædicatore, subpriore S. Jacobi. — Refor-
mamini in novitate... — Sicut dicit Gregorius, magis
valet ad prædicandum...* Autre copie : n° 14947 (fol. 55).

De toutes les vertus, l'abstinence est une de celles
que notre sous-prieur recommande le plus. Elle pro-
cure la santé, même la beauté :

Narratur et legitur pro exemplo novitiis S. Jacobi, de
ordine Prædicatorum, quod ibi erat unus juvenis novitius

sanus et pulcher, a quo quæsivit episcopus unde hoc esset
quod sanior erat et pulchrior quam in sæculo. Respondit ei
quia cibo uniformi semper vescebatur et ei dabantur duo
paria ciborum, quorum alter in eo inducebat sanitatem et
alter speciositatem; sed, quandiu erat in sæculo sumebat
cibos inordinate, tam scilicet inutiliter quam multipliciter,
quod ita in crementum et profectum converti non possunt.
Et quæsivit ab eo quid hodie comedisset. Ipse respondit :
« Satis. » Episcopus quæsivit : « Et quid heri? » Et respondit : « Satis. » Et dixit episcopus : « Non quæro de
quantitate, sed de qualitate. Quid hodie comedisti? » Dixit
ei : « Hodie comedi pisa et olera, et heri olera et pisa, et
cras olera cum pisis, et post pisa cum oleribus et hæc mihi
sufficiunt. » Ita est de religiosis. Sed sæculares superflue
accipiunt cibos et inutiliter.

A la fin du sermon, une autre historiette, que suit
un commentaire moral d'un style peu noble, mais
vif :

Narratur de quodam novitio Prædicatore in conventu
Argentinensi, in Teutonia, qui per paucum tempus fuit
in religione et mortuus est receptis sacramentis. Quo
sepulto, fratres domus circa corpus congregati dixerant vigi-
lias et commendationes, ut mos est, et cum vellent rece-
dere, ille aperuit oculos et locutus est, dicens : « Fratres
carissimi, mihi accidit sicut alicui eunti ad forum invenienti
magnas merces quasi pro nihilo. Dico vobis : ecce regnum
cœlorum mihi paratum habeo et causam meritorum nescio. » Et hoc dicto quievit in pace. Non enim haberemus
ita bonum forum de aliqua re temporali. Festucam non
haberemus nisi prius inclinaremur ad terram, et Deus pro
modico labore pœnitentiæ veræ dat regnum cœleste. Et ideo
emamus illud bonum forum dum durant nundinæ, ne accidat nobis sicut mercatoribus (qui), cum viderunt in nundinis
optimum forum de aliquo et non acceperunt, mirabiliter
contristantur.

IV (Fol. 185). Pour le dimanche de la Septuagésime.
A subpriore Prædicatorum. — Quid hic statis tota

die... — *Hæc sunt verba Domini in evangelio hodierno reprehendentis, increpantis stantes otiosos.* Autre copie : n° 14947 (fol. 79).

Nous allons encore donner à juger, par quelques citations, le style du sous-prieur :

Valde vituperabile alicui esset quod de servitio episcopi transferreretur ad servitium laici, vel, quod pejus esset, ad servitium unius ribaldi vilissimi ; ita est cum aliqui Domino servierunt et in bono statu vixerunt cum incipiunt peccare et serviunt diabolo, qui est rusticissimus et vilissimus ribaldus ; et hoc specialiter est turpe cum aliqui primo religionem ingressi, vel locum pœnitentiæ aggressi, hunc deserunt...

Sicut oportet camisiam, quantumcumque fuerit pulchra et delicata, si semel fuerit fœda multum verberari et lavari in aqua et post percuti et demum solis calore desiccari antequam mundetur et tandem dealbetur, ita animam peccatoris oportet tribulari et tentari et sic pati ut purgetur et mundetur.

V (Fol. 118). Pour le premier dimanche du Carême. *A Prædicatorum subpriore.* — *Hortamur vos ne in vacuum...* — *Apostolus in epistola hodierna sana exhortatione nos admonet.* Autre copie : n° 14947 (fol. 215). Si l'on retranche de ce court sermon les citations de saint Augustin, de saint Grégoire et de saint Bernard, il n'en reste qu'une anecdote racontée sans esprit.

Voici maintenant d'autres prédicateurs de sa robe.

VI (Fol. 93). Pour le premier dimanche après la fête de sainte Catherine. *A quodam Prædicatore.* — *Confide, filia...* — *Ad vitam æternam prosequendam exigitur spes de ea obtinenda.* Autre copie : n° 14947 (fol. 189). Ce grave sermon a pour objet de recommander la confiance. Il est d'un optimiste très convaincu.

VII (Fol. 106). Pour la fête des saints Innocents. *A quodam fratre Prædicatore. — Ecce supra montem Sion... — In Apocalypsi, et legitur hodie pro epistola. Diebus Adventus præteritis.* — Autre copie : n° 14947 (fol. 201).

Quoique ce sermon soit d'un Prêcheur, on y lit : *Quilibet christianus debet suo superiori humiliter obedire et maxime prælatis.* La plupart de ses confrères ont maintes fois témoigné qu'ils ne pensaient pas ainsi. Ils est vrai qu'ils ne reconnaissaient pas volontiers les évêques comme leurs supérieurs.

VIII (Fol. 123). Pour le quatrième dimanche après Pâques. *A quodam Prædicatore. — Vado ad eum qui misit me... — Rationabilis et satis curialis consuetudo est, cum aliquis magnus...* Autres copies : n° 14947 (fol. 238), 14955 (fol. 3). Sermon d'un bon style, plein de pieux conseils et sans écarts.

IX (Fol. 123). Pour la fête de saint Pierre martyr. *A quodam fratre Prædicatore. — Esto vir fortis... — Hæc verba congrue de beato Petro martyre exponi possunt.* Autre copie : n° 14947 (fol. 239).

Nous retrouvons ici ces deux vers d'Adam de Saint-Victor :

> Mundus, caro, dæmonia
> Diversa movent prælia,

que nous avons déjà rencontrés dans d'autres sermons. Ils étaient évidemment dans toutes les mémoires.

X (Fol. 126). Pour le jour de l'Invention de la croix.

A quodam Prædicatore. — Videbam et ecce arbor... — Sapiens dicit : Sapientia abscondita... Ideo thesaurus crucis, qui prius, per magnum tempus, invisus fuerat... Autre copie : nº 14947 (fol. 242). Ce ne sont que passages de l'Écriture très librement interprétés. L'orateur s'est surtout proposé de faire valoir les mérites de la régularité monastique.

XI (Fol. 142). Pour la fête de sainte Cécile. *A quodam fratre Prædicatore. — Mulier gratiosa inveniet gloriam... — Hac verba congruentissime de beata Cecilia possunt exponi.* Autre copie : nº 14947 (fol. 17).

L'orateur cite ces vers d'un poète, qu'il ne nomme pas :

> Quidquid habes meriti præventrix gratia donat ;
> Nil Deus in nobis præter sua dona coronat.

Ces vers, qui résument toute une doctrine, celle de saint Augustin, ont été souvent copiés. Nous les avons dans le nº 217 des Nouvelles acquisitions (lat.), f. 136 ; on les peut lire aussi dans le nº 593 de la Mazarine, fol. 24. Enfin ils sont imprimés à la page 16 des *Carmina burana.*

Les femmes sont surtout maltraitées dans ce sermon en l'honneur de sainte Cécile. Il y a une nomenclature de tous les péchés que l'on commet en les aimant, et même, sans les aimer, en se faisant remarquer par elles.

XII (Fol. 162). Pour le dimanche après Noël. *A quodam fratre Prædicatore. — Sic cum volo manere... — Sic est regnum Dei quemadmodum si homo jactat sementem in terra.* Autre copie : nº 14947 (fol. 49).

Il n'y a pas, dans ce long sermon, de digressions sur les choses du temps. On y rencontre, à la vérité, dans la seconde partie, quelques mots peu bienveillants pour le clergé séculier; mais ce sont des mots dits en passant et qu'il n'est pas besoin de recueillir.

Frères Mineurs. Les Mineurs étaient, pour la plupart, moins lettrés que les Prêcheurs. Aussi leur langage est-il généralement plus vulgaire, ou, comme on dit, plus macaronique. On ne leur en fait pas un gros crime quand ils montrent du moins quelque esprit; mais leurs sermons ne sont trop souvent que d'insipides paraphrases de textes bibliques.

I (Fol. 87). Pour la fête de saint Luc. *A quodam Minore.* — *Sapientis oculi in capite...* — *Electus operarius, quando vult facere opus electum...* Autre copie : n° 14947 (fol. 181).

Ce regulier signale particulièrement deux périls aux clercs séculiers : la fréquentation des femmes et la pluralité des bénéfices. Son sermon est donc un sermon moral; mais il n'est guère composé que de citations.

II (Fol. 90). Pour la Toussaint. *A quodam Minore.* — *Gloria hæc est omnibus sanctis...* — *Hic tanguntur quatuor de omnibus sanctis.* Autre copie : n° 14947 (fol. 185).

Ce court sermon n'offre guère rien à signaler. Il ne faut, dit l'orateur, se glorifier de rien. Dieu récompensera les mérites; mais l'honnête homme, le saint homme ne doit pas laisser voir qu'il compte bien être récompensé. Méfiez-vous de qui fait étalage de sa vertu. C'est un hypocrite :

Quidam habent gloriam de sanctitate, qui sancti videntur secundum apparentiam et non sunt tamen secundum veritatem, sicut hypocritæ, qui non sunt sancti Dei, sed sancti diaboli.

III (Fol. 95). Pour la fête de sainte Catherine. *A quodam Minore. — Dilectus meus et ego illi... — Hæc verba exponi possunt de beata Catharina.* Autre copie n° 14947 (fol. 191). Très court sermon, si même c'est un sermon. L'orateur n'aura fait que paraître en chaire et, pour remplir son devoir, dire quelques mots.

IV (Fol. 97). Pour la fête de saint Nicolas. *A quodam Minore, regente in theologia. — Sapientia humiliati... — Duo sunt quæ reddunt hominem gloria et honore dignum.* Autre copie : n° 14947 (fol. 192).

Il y a diverses sortes de sagesse, tant suivant les hommes que suivant Dieu. L'orateur les énumère et les compare. Nous remarquons dans ce sermon quelques recherches d'élégance. Des vers d'Ovide y sont cités.

V (Fol. 103). Pour le jour de Noël. *A quodam fratre Minore. — En ista est dies quam exspectabamus... — Vulgare proverbium est quod non nimis exspectatur cum aliquid quod bonum est exspectatur.* Autre copie : n° 14947 (fol. 189). Ce sermon finit par le récit de deux légendes; mais il n'y a pas lieu de les transcrire, car elles sont racontées d'après le pape Innocent III.

VI (Fol. 103). Pour la fête de saint Étienne. *A quodam Minore. — In lege Domini judicavit... — Licet hæc verba ad litteram de Samuele sint dicta...* Autre copie : n° 14947 (fol. 199). Amplification, sans aucun trait original, sur les devoirs qu'impose la loi de Dieu.

VII (Fol. 104). Pour la fête de saint Jean. *A quodam Minore. — Vidit discipulum illum quem diligebat... — In Joanne et de ipsomet ad litteram dictum est.* Autre copie : n° 14947 (fol. 199). Saint Jean est le modèle auquel les religieux doivent particulièrement se conformer. C'est pourquoi l'orateur raconte toute sa vie.

VIII (Fol. 107). Pour la fête de saint Thomas, archevêque de Cantorbery. — *A quodam Minore. — Simeon, Oniæ filius, sacerdos magnus... — Laus est exhibitio reverentiæ.* Autre copie : n° 14947 (fol. 202).

L'exemple de ce martyr doit être, dit l'orateur, une leçon pour les prélats qui font de molles remontrances ou n'en font même aucune aux grands du siècle, lesquels abusent trop facilement de leur puissance. Oui, les rois eux-mêmes doivent être blâmés, hautement blâmés, s'ils agissent mal, par les représentants de la justice divine; cette justice n'admet aucune acception de personnes. Telle a été la doctrine constante de l'Église. Nos lois modernes la condamnent ; l'État laïque ne reconnaît plus à l'Église ce droit de contrôle sur sa conduite. Mais quand ce contrôle s'est exercé sur la royauté, sur la féodalité barbares, combien de crimes il a prévenus par d'opportunes menaces ! Voilà ce que nous atteste chaque page de l'équitable histoire. Ne pouvant l'ignorer, ne soyons pas assez ingrats pour l'oublier.

X (Fol. 109). Pour le jour de l'Épiphanie. *A quodam fratre Minore, regente in theologia. — Vidimus stellam ejus... — Multa mirabilia et stupenda ostendit et fecit Christus.* Autre copie : n° 14947 (fol. 205).

De ce long sermon nous tirons cette historiette assez mal racontée :

Narratur quod quidam dæmon, in specie hominis existens, semel juxta quemdam magum suum, in secreto loco, vidit sacerdotem corpus Christi ad quemdam infirmum deferentem. Dæmon autem ille erat in specie cujusdam pulchri juvenis, habentis sertum de floribus in suo capite ; et, cum vidisset sacerdotem corpus Christi deferentem, removens sertum, genua flexit quandiu eum videre potuit. Sacerdote autem redeunte sine corpore Christi, dæmon, videns eum, dimisit sertum suum tantum. Ille autem magus, hoc percipiens, quæsivit ab eo quare hoc fecisset. Ipse autem respondit quod, quia primo ferebat Christum, necessitate coactus flexit genua, et hoc eos oportet facere de necessitate, et cum redisset presbyter sine illo non flexit genua ; sed cum presbyter erat et eum portaverat oportebat eos sibi aliquantulum ferre reverentiam ; ideo in ejus adventu dimisit sertum. Magus autem dixit ei quod, postquam Deus in tantum major erat diabolo, de cetero non serviret ei et tunc reversus est ad fidem.

Il ne faut se glorifier, dit ce prédicateur, ni de sa science, ni de son éloquence ; ce sont là des dons de Dieu. Il n'avait certainement reçu ni l'un ni l'autre de ces dons, et c'est bien de lui-même qu'il pérore, faisant de grands efforts pour être ingénieux, mais y perdant toute sa peine.

X (Fol. 115). Pour le jour de la Purification. *A quodam fratre Minore. — Oblatio justi impinguat altare... — Hodie recolit Ecclesia Jesum in templo a Maria fuisse præsentatum.* Autre copie : n° 14947 (fol. 212).

Ce sermon d'un religieux mendiant est tout entier

une déclamation contre les moines et les clercs séculiers. Il suffit d'en citer ce passage :

Quidam totum quidquid possunt rapiunt ; unde quidam pecuniam de ecclesia in thesauris suis reponunt, non accipientes partem, sed totum. Alii viliorem tenent ecclesiam suam quam suas concubinas, quia eas nullo modo vellent aliis conducere pro pecunia, ecclesias tamen pro pretio conducunt aliis et plus offerenti locant et plus danti ; et hoc est multum abominabile, quia partem sibi deberent accipere ad vivendum et aliam pauperibus erogare..... Claustra canonicorum et monachorum jam quasi videntur esse regna.....

Que prétendaient les ordres nouveaux ? Ils ne se cachaient guère : ils prétendaient pratiquer seuls les vertus chrétiennes et avoir seuls, dans l'Église, droit au respect des fidèles. Ce qui, bien entendu, leur était contesté.

XI (Fol. 117). Pour le jour des Cendres. *A quodam fratre Minore. — Filiæ Sion consperserunt... — Hæc verba satis exponunt officium diei hodiernæ.* Autre copie : n° 14947 (fol. 214).

Il ne s'agit guère, dans ce sermon, que d'urine et de lessive. En voici quelques phrases :

Mulieres, cum pannorum sordes volunt abluere, aquam calidam per cineres faciunt colare et hinc generatur et fit lixivium. Ita spiritualiter in confessione debemus aquam calidam lacrymarum cum dilectione Dei effundere super cineres, id est super immunditiam peccatorum, et sic abluentur sordes conscientiæ nostræ ; et immunditia peccati vere dicitur cinis, quia solum remanet in anima ex igne peccati, sicut cinis.

Nous n'hésitons pas à croire que l'orateur s'est applaudi d'avoir trouvé toutes ces gentillesses, et peut-être n'a-t-il pas été seul à les goûter.

XII Fol. 119). Pour le troisième jour de la semaine de Pâques. Le commencement de ce sermon manque dans notre manuscrit. Nous en transcrivons les premiers mots d'après le n° 14947 (fol. 230). *A quodam Minore — Si consurrexistis in Christo... — Istud verbum apostoli ad præsens in Ecclesia de resurrectione et singularite...* — Tout ce sermon a pour objet de conseiller le mépris des choses terrestres.

XII (Fol. 119). Pour le quatrième jour de la semaine de Pâques. *A quodam Minore. — Deus patrum nostrorum glorificavit filium... — Beatus Petrus, princeps apostolorum et caput Ecclesiæ, cujus sunt hæc verba...* Autre copie : n° 14947 (fol. 232). Ici non plus, nous n'avons rien à transcrire. Ce ne sont que banalités.

XIV (Fol. 122). Pour la fête de saint Marc. *A quodam fratre Minore. — Super montem excelsum ascende... — Hæc verba, sumpta de Isaia, convenienter competunt beato Marco.* Autre copie : n° 14947 (fol. 236). Il n'y a guère, dans ce sermon, que l'éloge du saint. Il offre très peu de digressions.

XV (Fol. 124). Pour la fête des saints Philippe et Jacques. *A quodam fratre Minore. — Domine, ostende nobis patrem... — In quo commendantur isti duo gloriosi apostoli quorum festum agit hodie Ecclesia, et totum de utroque intelligatur.* Autre copie : n° 14947 (fol. 240).

Boèce est cité dans ce sermon comme ayant exactement défini, dans son traité *De la Consolation*, la vraie béatitude, à laquelle aspirent tous les cœurs pieux.

XVI (Fol. 124). Pour la fête des saints Philippe et Jacques. *A quodam fratre Minore. — Constitues eos principes... — Contingit aliquando aliquos de statu paupertatis sublimiter exaltatos...* Autre copie : n° 14947 (fol. 240).

Nous avons à citer plusieurs passages de ce sermon. Et d'abord une historiette :

Narratur de quodam incantatore habente discipulum quem didicerat et diu nutrierat, qui ei multa bona, si posset, facere promittebat. Magister autem, hoc cupiens experiri, per incantationes suas fecit ut sibi ipsi videretur quod esset imperator. Ipse autem, hoc credens, pompatice incedebat. Et tunc venit magister suus ad eum, dicens : « Domine, adjuvetis me ! » Qui respondit : « Domine, nescio qui vos estis ». Ille autem hoc videns, incantatione cessante, valde eum increpuit et non dilexit tantum. Ita facit Dominus videri reges et imperatores et per inspirationem veniens ad eos ab eis non recognoscitur propter superbiam in terrenis.

Voici maintenant de vives paroles contre les évêques qui, se dispensant de prêcher, prétendent interdire à d'autres l'accès de la chaire qu'eux-mêmes n'occupent pas :

Multi sunt fatui male de subditorum commodo cogitantes, qui nec sibi subditis prædicant nec permittunt alios prædicare ; imo sibi recte prædicantibus, movente invidia, contradicunt.

Voilà certes un bien gros mot dit à la face des évêques. *Fatui sunt ;* ce sont des fous, des sots.

XVII (Fol. 126). Pour la fête de saint Jean. *A quodam fratre Minore. — Super faciem scribe... — Istud verbum convenienter potest assumi de beato Joanne.*

Autre copie : n° 14947 (fol. 244). Puériles moralités sur tous les traits du visage de saint Jean, ses vêtements, son genre de vie, etc., etc.

XVIII (Fol. 127). Pour la fête de saint Jean. *A quodam Minore — Dextera Domini fecit virtutem... — Consuetudo est curialium hominum qui, cum receperunt aliquod beneficium...* Autre copie : n° 14947 (fol. 247). Ce ne sont que citations de l'Écriture et des Pères.

XIX (Fol. 128). Pour le jour de l'Ascension. *A fratre Minore, regente in theologia. — Qui descendit ipse est qui ascendit... — In his verbis describitur ascensio Salvatoris ut virtuosa.* Autre copie : n° 14947 (fol. 246). Nous n'avons dans ce sermon qu'une série de jeux d'esprit théologiques sur les mots *ascendere* et *descendere*.

Au verso du feuillet 128, trois fragments de sermons, ou trois brèves allocutions qui se trouvent pareillement au feuillet 247 du n° 14947. Ces petites pièces, attribuées à des Mineurs qui ne sont pas nommés, n'offrent aucun intérêt. A la suite, quelques phrases, tirées des Pères, sur la Vierge, les femmes et les clercs.

XX (Fol. 136. H.). Pour le jour des Morts. *A quodam fratre Minore. — In paucis vexati... — Dei clementia et bonitas resplendent in viis Domini, quæ sunt duæ.* Autre copie, pareillement anonyme : n° 14947 (fol. 11).

Ce frère Mineur est un philosophe optimiste, qui croit la douleur non moins nécessaire que le mouvement. Le but de la douleur est l'éternelle félicité, comme le but du mouvement est le repos éternel. Il entend d'ailleurs prouver, et prouve bien que certains de nos maux ne sont imputables qu'à nous-mêmes. Nous nous préparons des mécomptes et d'amers chagrins en cherchant le bonheur où il n'est pas.

XXI (Fol. 138). Pour la fête de saint Martin. *A quodam fratre Minore. — Ambula coram me... — Hæc sunt verba Domini ad Abraham et satis competunt beato Martino.* Autre copie : n° 14947 (fol. 13).

Nous avons ici un Mineur réactionnaire, adversaire déclaré des théologiens qui s'efforcent de concilier l'Écriture sainte avec la logique d'Aristote :

Videte ne quis vos decipiat per philosophiam et inanem fallaciam (1). Sic enim decipiuntur aliqui qui magis credunt philosophiæ paganorum damnatorum quam sacræ Scripturæ, et aliqui theologi moderni qui philosophi-cant theologiam et non theologizant philosophiam, ancillam dominæ præponentes, cum e contrario deberent facere ; quidam enim theologi confirmant theologiam per philoso-phiam Aristotelis et Averrois et oportet nominare in dispu-tationibus sacræ Scripturæ damnatos eorum libros in quibus hæc dixerunt.

Il y avait sans doute, en ce temps-là, bien peu de gens qui croyaient plus à la philosophie qu'à l'Écriture sainte ; mais, si notre témoin est véridique, il y en avait. Quant aux maîtres qu'il dénonce comme « philosophiquant » la théologie pour la faire mieux goûter, ils étaient, au contraire, en grand nombre, et, quand il proteste contre leur méthode, il le fait vainement ; cette méthode doit être longtemps encore en pleine faveur, et ce n'est pas à la théologie que profitera le divorce lorsqu'il aura lieu.

(1) Pauli *Epist. ad Coloss.*, II, 8.

XXII (Fol. 139). Pour la fête de saint Martin. *Ecce sacerdos magnus... — Sicut dicit Gregorius in Moralibus, mos narrantium esse solet...* Autre copie : n° 14947 (fol. 14). L'auteur n'est pas indiqué dans ce manuscrit; mais nous lisons dans notre n° 15005 qu'il était Mineur et gardien du couvent de Paris. Son sermon peut être ainsi résumé : combien peu des modernes prélats ressemblent à saint Martin ? Le gardien des Mineurs parle de ces prélats modernes sur le ton du plus grand mépris.

XXIII (Fol. 144). Pour la fête de saint Clément. *A quodam fratre Minore. — Cum transieris per aquas... — Hæc possunt esse verba Dei ad beatum Clementem.* Autre copie : n° 14947 (fol. 19). Ce court sermon ne contient guère que des phrases empruntées à saint Augustin et à saint Bernard.

XXIV (Fol. 159). Pour la fête des Innocents. *A quodam fratre Minore. — Ecce ego et pueri mei... — Hoc verbum competenter exponi potest de istis pueris gloriosis hodie pro Christo martyrium et mortem passis.* Autre copie : n° 14947 (fol. 43).

Leçons de bonne conduite à l'adresse de l'enfance et de la jeunesse. Elles n'ont pas toutes la même gravité. Ainsi l'orateur reproche aux écoliers, et particulièrement aux jeunes clercs, de trop aimer les gâteaux. Ils ne s'en cachaient pas, car c'est un clerc qui n'a rien trouvé de plus louable à Paris que ses gâteaux à bon marché :

> Parisius locus egregius, mala gens, bona villa,
> Nam duo pastilla pro nummo dantur in illa (1).

1) Man. lat. 16089, fol. 15.

Mais ce n'était pas là, comme il semble, un délit à dénoncer en chaire.

XXV (Fol. 160). Pour la fête de saint Thomas, archevêque de Cantorbery. *A quodam fratre Minore. — Bonus pastor animam suam... Inspiratio omnipotentis dat gratiam... — Hic duo tanguntur prædicatori verbi Dei necessaria.* Autre copie : n° 14947 (fol. 45).

Après avoir dit combien grande était l'austérité de Thomas Becket, son désintéressement et même sa dureté pour lui-même, l'orateur conseille de l'imiter :

Contra illos qui vadunt libentissime in curiis magnatum, principum et prælatorum et eas frequentant et mala visa non corripiunt, sed semper dicunt bene factum esse, ut inde extrahant aliquod commodum temporale et per fas sive per nefas in ecclesiasticis se transferre dignitatibus desiderant ; et tales clerici, cum facti sunt sicut curiales, sunt incuriales, et laicis pejores et acriores fiunt, et hominibus injuste nocent et capiunt quæ sua sunt, ut patet de aliquibus ad oculum ; et tales aliquando per sua mala facta plus quam per bonitatem vel scientiam seu mores ingrediuntur ecclesiasticas dignitates (utinam non simoniace, sed ecclesiastice !) et aliquando, cum facti sunt episcopi vel prælati, pauperibus nocent eos spoliando bonis temporalibus, vel malos et deprædatores sustinendo, et tales cum sunt in curiis ecclesiarum bona diminuunt quantum possunt et etiam pauperes opprimunt multum, et sic, qui deberent esse Ecclesiæ sanctæ et pauperum defensores, fiunt eorum oppressores, et in prælationis dignitate constituti plus student in congregatione pecuniarum quam in salute animarum.

Ce n'est pas tout. Après une courte digression, nouvelles injures contre les mêmes prélats. Et, n'omettons pas de le remarquer, la péroraison du sermon auquel nous venons de faire ces emprunts n'est qu'une série de véhémentes tirades contre l'abominable engeance des calomniateurs. L'orateur les a-t-il si maltraités, pour qu'on ne le soupçonnât pas d'en être un ?

XXVI (Fol. 166). Pour le jour de l'Épiphanie. *A quodam fratre Minore. — Ubi est qui natus est... Spiritus ubi vult spirat... — Sicut est de cantu avium ita videtur esse de sermone prædicantium.* Autre copie : n° 14947 (fol. 53).

Un prédicateur, dit ce religieux, est, à proprement parler, un rossignol. Voici dans quels termes est justifiée cette assertion originale :

Sicut est de cantu avium ita videtur esse de sermone prædicantium. Sicut enim parvula avis plerumque dulcissime resonat et melius quam magna avis, ita parvus clericus, parvus prædicator, aliquando dulciter prædicat. Unde parvus prædicator, si est devotus et gratiosus, est proprie philomena, quia, sicut philomena per cantus dulcedinem attrahit per nemora transeuntes et stare facit, ita prædicator talis attrahit homines de sæculo ad pœnitentiam pro modulo et dulcedine suæ prædicationis devotæ et facit stare in virtute. Item, sicut philomena mirabiliter sonum magnum emittit pro sui corporis quantitate, ita, quod mirabile videtur, quod ejus guttur non rumpitur, ita recte est de parvo prædicatore, parvo in scientia, si sit devotus et gratiosus

Ayant débuté sur ce ton, l'orateur parlera des oiseaux jusqu'à la fin de son sermon. Après le rossignol, le faucon, le chardonneret, etc., etc. Il trouvera néanmoins l'occasion, l'ayant cherchée, d'introduire dans cette leçon d'ornithologie un propos malveillant contre les clercs prébendés.

XXVII (Fol. 169). Pour la fête de saint Vincent. *A quodam fratre Minore. — Certamen forte dedit illi... Oravit Elias ut plueret et cœlum dedit... — Jacobus in his verbis ostendit effectum sacræ orationis.* Autre copie : n° 14947 (fol. 59).

Nous avons ici pour exorde cette autre comparaison : un sermon est une douce pluie, qui vient à propos rendre la terre féconde ; et, dans celui-ci, nous ne rencontrons aucun propos injurieux ; il y a même une longue dissertation sur les avantages de la paix. Mais il est probable qu'elle a pour but de convaincre les évêques qu'ils doivent fermer les yeux sur les entreprises des religieux et les laisser prêcher, confesser librement.

XXVII (Fol. 174). Pour la fête de la Conversion de saint Paul. *A quodam fratre Minore. — Vocavit eum ut sequeretur... — Bernardus dicit super Cantica : Verbum Dei benigne est audiendum.* Autre copie : n° 14947 (fol. 66).

Ce religieux emprunte à la physique d'abord, ensuite à la psychologie, les arguments dont il a besoin pour expliquer la conversion de saint Paul. Son langage est celui d'un jeune homme qui veut paraître avoir fait de bonnes études. Son intention n'est pas blâmable ; mais ses arguments ont peu de valeur.

XXIX (Fol. 191). Pour la fête de la Chaire de saint Pierre. *A quodam fratre Minore. — Tu eris super domum... — Hoc verbum secundum sensum litteralem seu historicum...* Autre copie : n° 14947 (fol. 88).

Nous empruntons à ce sermon une assez ingénieuse mise en scène des princes qui tiennent le premier rang à la cour du diable :

Sicut Pharao, rex Ægypti, cum principibus suis persequebatur filios Israel cum exercitu suo et in curribus, ita diabolus modo persequitur animas sanctas et habet magnos principes tres cum curribus suis. Primus ejus princeps est malitia, quæ est super facinora tanquam super currum suum, qui volvitur super quatuor rotas, quæ sunt sævitia, invidia, impatientia et perfidia, et quælibet istarum quatuor rotarum habet equos duos trahentes : primus equus sævitiæ est terrena potentia et secundus sæcularis pompa ; invidia similiter habet duos equos : primus est tumor, secundus livor, et sic similiter de aliis duabus. Secundus princeps diaboli est luxuria, cujus currus est carnalis concupiscentia, super quam ascendit ; et habet quatuor rotas ; prima est ingluvies ventris, secunda libido carnis, tertia mollities vestium, quarta dissolutio corporis in otium ; equi trahentes sunt vitæ prosperitas et rerum fertilitas et abundantia ; alii sunt etiam equi aliarum rotarum, ut patet. Tertius princeps est avaritia, et est super rapinam et usuram ut super currum suum ; et habet rotas quatuor similiter ; prima est pusillanimitas, secunda inhumanitas, tertia contemptus Dei, quarta oblivio mortis ; duo equi hujus tenacitas et rapacitas; auriga ejus est ardor habendi, et hunc secum ducit iste princeps. Alii adhuc sunt plures diaboli principes, sed isti tres sunt principales.

Moines. Nous avons enfin à mentionner deux sermons de moines et un dont les copistes n'ont indiqué ni l'auteur ni sa profession. Ces sermons sont de gens étrangers aux querelles du temps.

I (Fol. 115. Pour le jour de la Purification. *A quodam monacho. — De negligentia tua purga te... — In solemnitate hodierna . fit de tribus solemnitas.* Autre copie : n° 14947 (fol. 212). Ce moine, qui cite plusieurs fois saint Bernard dans un court sermon, était probablement cistercien.

II (Fol. 12). Pour le dimanche après la Toussaint. *A quodam monacho. — Nonne oportuit te misereri... — Sicut de seipsa testimonium perhibet ipsa veritas...*

Autre copie : n° 15005 (fol. 137). Nous lisons, dans la rubrique de cette copie, que le *quidam monachus* appartenait à l'ordre de Cîteaux.

Le style de ce sermon n'est pas d'une vulgarité choquante. Il est néanmoins familier :

Non Deus dat quod meremur, sicut et rex barbitonsori suo non dat solum unum denarium, sed multos, non quia mereatur, sed quia tale donum regi non condecet ; et ita facit Deus. Unde sibi est serviendum, non rustico, id est mundo vel diabolo, qui non præmiant, sed loco præmii cruciant. Non sic facit Deus ; imo plus dat quam mereamur.

III (Fol. 108). Pour le jour de la Circoncision. *In novitate vitæ ambulemus... — Reges novi faciunt festa sua magna.* Autre copie : n° 14947 (fol. 203).

Les pécheurs sont invités à s'aller confesser ; mais il n'y a là, pour les entraîner, rien d'éloquent.

A ces sermons succède une autre copie du traité *De arte prædicandi,* dont l'auteur est Alain de Lille. Il y a des différences entre les deux textes.

Suivent trois commentaires anonymes sur l'*Introduction* de Porphyre, les *Catégories* et l'*Interprétation* d'Aristote. Le commentaire sur l'*Introduction* a pour début : *Secundum quod dicit Algazel in Metaphysica sua, scientia corrigit vitia animæ.* Une autre copie, pareillement anonyme, du même commentaire est dans le n° 261 du collège Merton, à Oxford. Mais l'auteur est nommé *Girardus de Nagemo* à la fin d'un troisième exemplaire aujourd'hui conservé sous le n° 587 de la bibliothèque Mazarine. Quel est ce Gérard *de Nagemo ?* Il était Français, dit la souscription finale de la Mazarine, et professait dans l'université de Paris. N'est-ce pas *Gerardus de Nogento*, maître à Paris en 1289, recteur en 1292 (1), dont il existe des *Questions* sur les seconds Analytiques, conservées dans notre n° 16170? *Nagemo* paraît bien un nom de lieu grossièrement altéré. Les premiers mots du commentaire sur les *Catégories* sont au feuillet 212 : *Æquivoca dicuntur...* — *Sicut dicit Boetius in commento suo, iste liber est de decem vocibus.* Ce commentaire est aussi dans le n° 587 de la bibliothèque Mazarine, fol. 14, sous le nom de *Girardus de Nagemo.* Enfin le commentaire sur l'*Interprétation* commence par : *Primum oportet constituere...* — *Sicut dicit Philosophus in tertio De Anima, triplex est operatio intellectus.* La fin manque. Le même commentaire est encore dans le n° 587 de la bibliothèque Mazarine (fol. 39). Il n'est pas douteux qu'il soit aussi de *Gerardus de Nagemo* ou *de Nogento*.

Au feuillet 249, d'une autre main, un commentaire sur le traité *De l'Ame,* commençant par : *Philosophus in secundo Physicorum, volens ostendere et manifestare terminos et limites...* Une copie semblable, nous est signalée par M. Valentinelli, sous le nom de Gilles de Rome, dans un volume de Saint-Marc (2). Une autre est sous le même nom dans le n° 197 d'Auxerre. C'est bien, en effet, le commentaire de Gilles de Rome qui, dans la plupart des manuscrits, commence par *Ex Romanorum spectabili ac illustri prosapia oriundo.* Mais tel est le début de la dédicace, et cette dédicace manque

(1) *Chartul. univ. Paris,* p. 35, 60.
(2) Valentinelli, t. IV, p. 53.

dans notre manuscrit, ainsi que dans celui de Saint-Marc et celui d'Auxerre.

(Fol. 277). *Hymni glossati*. Ce sont les hymnes recueillis et glosés par un certain Hilaire qu'on a confondu très maladroitement avec saint Hilaire de Poitiers. Nous avons déjà cité ce recueil sous le n° 14886 (1).

Le volume se termine par une copie glosée du poème de Claudien *De raptu Proserpinæ*. Ces gloses, généralement courtes, ne contiennent guère que des renvois aux Métamorphoses d'Ovide. Littérairement elles n'ont aucune importance.

15082

Les cahiers réunis dans ce volume paraissent appartenir à quatre siècles différents, du xiie au xve, et la diversité des matières qu'on y verra traitées n'est pas moindre que celle des écritures.

Le premier, un des plus modernes, nous offre le *Secretum secretorum* mis par un faussaire, comme on le sait, au compte d'Aristote, et traduit de l'arabe en latin par un clerc de Tripoli dont le nom se lit dans une épître dédicatoire à l'évêque Guy de Valence. Ce nom est, en plusieurs manuscrits, *Philippus* (2). Ici, c'est *Joannes*. Nous signalons cette particularité.

A la suite, peut-être de la même main, des formules que le bibliothécaire de Saint-Victor, Claude de Grandrue, a cru devoir intituler : *Modus conficiendi*

(1) Tome III, p. 273.
(2) Am. Jourdain, *Recherches;* p. 147 de la nouv. édit.

litteras in foro ecclesiastico. La lecture en est très
difficile et nous doutons qu'on y trouve, après les
avoir déchiffrées, d'utiles renseignements. Mais, du
fol. 18 au fol. 42, se succèdent sans interruption
divers opuscules, tous anonymes, qui méritent plus
d'attention. S'ils sont anonymes, l'auteur en est
certain; c'est Richard de Saint-Victor, et le copiste à
qui nous les devons pourrait bien avoir été son contemporain. Cela suffirait pour nous engager à les
indiquer tous séparément, à cause de l'intérêt qu'ont
les textes de cette date. En voici donc le détail :

1° *Scuto circumdabit te veritas ejus... — Septem
sunt genera tentationum : prima est importuna, secunda est dubia*, etc., etc. Le titre de cet opuscule
est dans les imprimés : *Annotatio in Psalmum* 90.
Mais, dans les manuscrits, il est ordinairement intitulé : *De septem generibus tentationum et de remediis
earum ;* comme, par exemple, dans les n°ˢ 358 de la
Mazarine et 184 de Charleville. Dans le tome CXCVI
de la *Patrologie*, où sont réunies toutes les œuvres
jusqu'à ce jour publiées de Richard de Saint-Victor,
il se lit à la col. 387.

2° *Vulnerata caritate ego sum. — Urget caritas de
caritate loqui.* D'autres copies anonymes, et non
toutes complètes, sont dans les n°ˢ 14809, 14924,
14957, 18081 de la Bibliothèque nationale et 296 du
collège Balliol, à Oxford. Richard est l'auteur à bon
droit indiqué dans les n°ˢ 507 de l'Arsenal, 358 de la
Mazarine, 259 de Troyes, 393 de Douai. Un manuscrit de Saint-Marc, décrit par M. Valentinelli, au
tome II de son Catalogue, p. 98, nomme l'auteur,

au lieu de Richard, saint Bernard ; mais c'est évidemment une fausse attribution. Le titre est, dans la dernière édition : *De quatuor gradibus violentæ caritatis; Patrologie*, tome cité, fol. 1207. Cette édition, qui n'est pas plus correcte que les précédentes, pourrait être aisément corrigée. Plusieurs de nos manuscrits sont anciens et bons.

3° *Geminum pascha colimus; geminum sane celebrare debemus.* Nous avons déjà cité ce sermon de Richard sous le n° 14590, où il est au fol. 157 (1).

4° *In pace in id ipsum dormiam... — Pax illa per quam et in qua anima obdormit. —* Pareillement cité sous le n° 14590 (2).

5° *Spiritus Domini replevit orbem... — Ecce qualem, fratres, paraclitum de Domini promissione accepimus.* Sermon pour le dimanche de la Pentecôte, aussi déjà mentionné sous le n° 14590 (3). On le peut lire au tome cité de la *Patrologie*, col. 1017.

6° *Benedictus Dominus Deus meus... — In manibus operatio, in digitis intelligitur discretio.* C'est la paraphrase de Richard sur le Psaume 143, déjà citée sous le n° 14590 (4).

7° *Sanguine cognato, sanctitate Domino, dilecto suo N., suus qualiscumque R., idem in uno unanimiter velle.* Nous n'avons ici que les premières phrases d'une dissertation sur le baptême du Christ, imprimée dans le tome cité de la *Patrologie*, col. 1011. A la neuvième ligne commence un opuscule du même auteur auquel le préambule épistolaire ne se rapporte en rien.

---

(1) Tome III, p. 63.   (3) Tome III, p. 64.
(2) *Ibid*.   (4) *Ibid*.

8° *Illumina faciem tuam...* — *Amantibus, inquit, quid unquam dulcius, quid jucundius esse potest quam alterutro foveri affectu.* Cet opuscule est un commentaire sur quelques versets du Psaume 118, imprimé dans le tome cité de la *Patrologie*, col. 345. Il finit, dans notre manuscrit, à la ligne 26 du fol. 34, et ce qui suit en est séparé dans les imprimés.

9· *Exitus aquarum deduxerunt oculi...* — *Solent agricolæ, siccitatis tempore, diductis fontium rivulis...* Confondu dans notre manuscrit avec le précédent, ce fragment a pour matière d'autres versets du Psaume 118. Faisons, en outre, remarquer qu'il finit à la ligne 27 de notre fol. 36. Nous en avons parlé sous le n° 14590 (1).

10° *Scuto circumdabit te veritas...* — *Contra omnia jacula tentationis.* Autres copies anonymes : n⁰ˢ 3730 (fol. 155), 13577 (fol. 55), 13586 (p. 251), 15082 (fol. 36). Ce fragment, qui est court, est peut-être inédit. Nous l'avons cité sous les n⁰ˢ 13577 (2) et 13586 (3).

11° *Ego Nabuchodonosor quietus eram...* — *Quid per domum intelligimus nisi conscientiam.* Autre copies anonymes : lat. 14948 (fol. 138), 14957 (fol. 203); Mazarine, 612. Nous avons ici, non pas un traité complet, mais un fragment du traité dont le titre est dans les éditions *De exercitio spirituali :* les vingt-six premiers chapitres du deuxième livre ; encore le vingt-sixième chapitre est-il incomplet, finissant par ces mots : *Hinc est quod in eversione Jerusalem rex prius*

(1) Tome III, p. 65.
(2) Tome II, p. 261.

(3) Tome II, p. 315.

filios, postea oculos amisit. Notre fragment commence à la col. 1299 du tome cité de la *Patrologie.*

12° *Descendet sicut pluvia in vellus... — Singularis gloria Mariæ! O gloria Virginis, o gratia Salvatoris.* C'est l'amplification de Richard sur le Psaume 71. Elle est déjà citée sous le n° 14590 (1).

13° *In salicibus in medio ejus suspendimus... — Salices arbores sunt steriles, nullum penitus fructum afferentes.* Cité sous le n° 14590 (2).

Ici finit notre recueil des petites œuvres de Richard. On regrette qu'il ne soit pas complet.

Du fol. 42 au fol. 136, un *Ars dictaminis,* en huit livres, intitulé *Candelabrum : Præsens opus Candelabrum nominatur quia populo dudum in tenebris ambulanti lucidissimam dictandi peritiam cognoscitur exhibere.* Si donc le titre seul pouvait sembler immodeste, l'explication de ce titre l'est encore davantage. Quant au nom de l'auteur, s'il manque dans notre manuscrit, nous le trouvons dans un autre, à la Bodléienne : *Bibl. Canonic.,* n° 103. Voici l'intitulé de l'ouvrage dans le catalogue imprimé de cette bibliothèque : *Candelabrum aut Summa dictandi, a doctore qui Bonum sive Bene dicitur ordinata.* Le nom de ce docteur doit être lu, non Bonum, mais Bene. Comme il nous l'apprend lui-même, à la fin de son *Candelabrum,* né dans la ville de Florence, il avait quitté sa patrie pour venir occuper une chaire à Bologne, dont le nom latin, *Bononia,* répondait au sien. Qu'on lui pardonne ce jeu de mots !

(1) Tome III, p. 66.   (2) Tome III, p. 65.

     MANUSCRITS LATINS

Voici le passage :

> Opus inchoatum jam ad finem desideratum perduximus, divina gratia largiente, in quo artis dictatoriæ integritas continetur, quia nihil a nobis excogitatum aut a nostris prudentibus bene dictum volumus præterire, ne labe invidiæ notaretur, vel de diminutione relinqueretur secus materia conquerendi. Lætetur itaque nobilissima Bononia et exultet, quia radiculis Getæ (1) ulterius non falletur ; gaudeat in perpetuum, quia de tenebris errantium jam meruit liberari. Sit enim nomen nostrum memorabile, quia, licet clara Florentia nos genuerit, fructum tamen scientiæ vel saltem alicujus bonitatis a Bononia contrahentes, ipsam præcipue matrem nobilium studiorum debemus et volumus magnifice honorare, ut, sicut nomen nomini, sic nostra devotio, quantum potest anhelus spiritus, ipsius respondeat bonitati, nam quidquid habemus scientiæ vel honoris ab ipsa post Deum credimus nos habere ; quod etiam comprobat nostrum nomen ab ipsius Bononiæ nomine propagatum (2).

Le jeu de mots pardonné, nous voudrions faire excuser aussi l'immodestie du prologue et de l'épilogue. En effet, les lois de la convenance ne sont pas les mêmes dans tous les temps, dans tous les lieux. Les contemporains de ce maître Bene l'ont, d'ailleurs, tant vanté qu'il n'a pas cru sans doute, disant de lui ce qu'on vient de lire, se vanter lui-même.

Sarti nous en apprend sur lui davantage. Venu, dit-il, à Bologne en l'année 1218, il prêta serment, le 1er octobre de cette année, de toujours s'opposer au transfert de l'école dans une autre ville, pro-

---

(1) Cela nous paraît une allusion à ce Geta, le faux valet du faux Amphitrion, qui, dans la comédie de Vital de Blois, trompe par ses sophismes le messager naïf d'Alcmène, Birria.

(2) Au fol. 135 de notre manuscrit.

mettant, en outre, de n'aller jamais lui-même enseigner ailleurs la grammaire, si ce n'est, toutefois, à Florence, dans le cas où y serait rappelé par son évêque pour remplir un devoir clérical (1). Son succès, à Bologne, fut très grand. Quand il mourut, un de ses collègues, nommé Terrisius, convoqua dans ces termes à ses funérailles tous les professeurs et tous les écoliers : « Je le dis, non sans une cuisante douleur, la lumière de l'enseignement grammatical vient de s'éteindre ; la source vivifiante, l'Euphrate fertilisant s'est desséché ; il est mort ce maître Bene, qui aurait bien mérité que son nom fût, non pas un humble positif, mais un superlatif, car personne ne l'a surpassé ; je dis plus, s'élevant comme un aigle au-dessus de toute la gent volatile, cet homme éminent par ses œuvres, par ses discours, fut l'oiseau rare sur la terre, ou, pour mieux dire, l'oiseau singulier à qui l'on ne peut associer un autre pour former un pluriel. A l'heure de sa mort, comme si le soleil était allé se coucher, la nuit se répandit sur toute la surface de la terre ; car lui seul, tirant la lumière des traités confus, embrouillés, de Priscien, dissipa les ténèbres, corrigea le vieil apostat (2), fit taire les Donatistes, et, descendu des hauteurs du Sinaï comme un autre Moïse porteur des tables de la loi, mit aux mains des mortels une grammaire

(1) Sarti, *De clar. arch. Bonon. profess.*, p. 512, et *Appendix mon.*, p. 164.

(2) D'autres supposent que Priscien, qui vécut à la cour de Constantin, embrassa la religion de son maître et ne la quitta pas.

composée par Dieu, non par un homme (1)..... » Nous
ne traduisons qu'un fragment de cette oraison funèbre.

On l'a crue longtemps de Pierre de La Vigne. C'était
faire injure à ce grave personnage ; il écrivait sur
autre ton. Huit vers léonins terminent l'épître et ne
sont pas moins emphatiques que la prose. Mais, toute
cette emphase mise de côté, l'on croit volontiers
qu'un homme si loué méritait de l'être. Avec plus
de mesure, c'est entendu.

Nous savons à peu près en quel temps fut composé
le *Candelabrum*. Dans ses exemples de suscriptions
épistolaires, Bene nomme plusieurs fois : *Fr., Dei
gratia Romanorum imperator* (Frédéric II, empereur
de 1220 à 1250); *Ph., Dei gratia rex Gallorum*
(Philippe-Auguste, roi de France de 1179 à 1223);
Henricus, illustris rex Anglorum (Henri III, roi d'Angleterre de 1216 à 1272); *H., episcopus, servus servorum Dei* (Honorius III, pape de l'année 1216 à l'année 1227). D'où nous pouvons sûrement conclure
qu'appelé dans la ville de Bologne en l'année 1218,
il y mit la dernière main à son *Candelabrum* entre
les années 1220 et 1223. C'est un ouvrage considérable, qui peut avoir été, lorsqu'il fut écrit, très utile,
mais où nous trouvons aujourd'hui peu de choses
intéressantes. M. Thurot, qui n'en a pas connu l'auteur, n'en a cité qu'un passage (2). Nous n'en voyons
pas un autre qu'on puisse nous savoir gré de reproduire.

(1) Huillard-Bréholles, *Vie et correspond. de Pierre de La Vigne;*
p. 200.
(2) *Not. et ext. des man.*, t. XXII, deux^e part., p. 414.

Deux traités moins étendus, mais plus curieux, comme il semble, de ce maître Bene ont été mentionnés dans notre *Histoire littéraire* (1), l'un intitulé *De accentu*, l'autre *Regulæ de metris*.

Au fol. 138, commence un poème historique, sous ce titre *Joannis Bridlingtonensis, canonici regularis in Anglia, Versus vaticinales*. Le titre est, quoique moderne, exact; ces *Versus vaticinales* sont, en effet, du chanoine régulier, abbé de Bridlington, à qui les a rapportés l'annotateur bien informé. On a sur cet abbé Jean un document d'un style prólixe, le récit des miracles qu'il opéra pendant sa vie et après sa mort. Ce document est imprimé dans les *Acta sanctorum* des Bollandistes, au tome V d'octobre, p. 137. L'abbé Jean est donc un saint, non pas, à la vérité, canonisé, mais admis néanmoins par Pie V dans le calendrier des chanoines réguliers. La date de sa mort est le 10 octobre 1379. Voici le prologue du poème :

> Febribus infectus, requies fuerat mihi lectus.
> Vexatus mente, dormivi mente repente.
> Noscere futura facta fuerat mihi cura ;
> Scribere cum pennis docuit me scriba perennis ;
> Me masticare jussit librumque vorare.
> Intus erat plene scriptus, redolens et amæne.
> Jussit de bellis me notificare novellis.
> Qui sedet in stellis cui vult dat carmina mellis.
> Si verum scribam, verum credo fore scribam ;
> Scripsero si vanum caput est quia non mihi sanum.
> Non mihi detractes, sed falsa per omnia mactes.
> Nullus deliro credat pro carmine miro.

(1) *Hist. littér. de la France*, t. XXIX, p. 592, 593.

Le saint homme était, comme on le voit, un très méchant poète, à qui les règles classiques de la métrique n'étaient pas mieux connues que celles de la grammaire. Mais son poème d'environ huit cents vers étant, au point de vue de l'histoire, très intéressant, nous aurions pris le soin d'en transcrire au moins quelques fragments s'il n'avait pas été récemment publié tout entier par M. Thomas Wright : *Political poems and songs relating to english history*, t. I, p. 123. Au texte donné par M. Wright est joint un commentaire très étendu, du xve siècle, dont l'auteur est un certain Jean Erghom.

Le volume finit par un ample recueil de sentences empruntées aux deux Testaments et distribuées en cent quarante-quatre chapitres. A cette compilation anonyme Claude de Grandrue a donné le titre de *Speculum Augustini*. Mais il s'est trompé; le *Speculum* de saint Augustin, composé sur un plan différent, est un ouvrage tout autre que celui-ci, dont voici les premiers mots : *Audi, Israel; Dominus Deus tuus unus est* (Deuter. vi, 5); et les derniers : *Quoniam apud te fons vitæ est et in lumine tuo videbimus lumen* (Psaume XXXI).

15131

Ce volume n'est plus tel que l'a décrit Claude de Grandrue vers l'année 1512. Un relieur inattentif en a rangé les feuillets sans tenir compte de la pagination ancienne; en outre, ce qu'il faut regretter davantage,

plusieurs des écrits mentionnés par Claude de Grandrue ne sont plus là.

Le premier des écrits conservés est une glose
anonyme sur les seize premiers livres de Priscien,
commençant par : *Immunis sedet aliena ad pabula
sartus* (1), *qui per multum temporis existens auditor*...
M. Thurot a signalé cette glose, mais il n'en a rien
extrait (2). Quel en est l'auteur? Nous ne saurions le
dire, n'en connaissant aucune autre copie. Mais nous
pouvons affirmer que cet auteur, contemporain de
son copiste, vivait au XIII siècle. On n'avait encore
au XII ni la *Physique* ni le traité *De l'Ame* d'Aristote,
que nous voyons cités dès le début de la glose,
fol. 9, col. 3.

Au folio 54, un commentaire anonyme sur la *Consolation de la philosophie* de Boèce. D'autres copies du
même commentaire se rencontrent, pareillement
anonymes, dans les n°ˢ 6406, 13334, 14380 de la
Bibliothèque nationale, 699 de Tours, 1381 de Troyes
et dans un volume de la bibliothèque Laurentienne
décrit par Bandini : *Catal.*, t. III, col. 130. Mais le
nom de l'auteur, Guillaume de Conches, se lit dans
le n° 1101 de Troyes, ainsi que dans deux manuscrits
d'Orléans et de Leipzig, signalés par M. Obbarius.
Il n'y a pas à douter de cette attribution, que
M. Charles Jourdain a d'ailleurs pleinement justifiée
dans son savant mémoire sur les *Commentaires*

---

(1) Virgil. *Georg.*, lib. IV, v. 244 :
    Immunisque sedens aliena ad pabula fucus.

(2) *Notic. et extr. des man.*, t. XXII, 2ᵉ part., p. 518.

inédits de Guillaume de Conches et de Nicolas Triveth
(*Notices et ext. des man.*, t. XX, 2ᵉ partie) (1).

Du folio 75 au folio 96, un troisième commentaire
anonyme commençant par : *Rationalis philosophia
de ratione est sive dicibili, et secundum hoc multipli-
catur ratio sive dicibile.* On lit à la fin : *Expliciunt
notulæ super Librum sex Principiorum.* Ce mot *notulæ*
fait supposer de courtes gloses ; mais l'auteur l'emploie par modestie ; ses gloses sont, au contraire,
très étendues. On sait que le *Liber sex principiorum*
est de Gilbert de La Porrée, évêque de Poitiers ;
mais le nom du commentateur nous est inconnu.

Le relieur a fait succéder le folio 200 au folio 98.
Mais cela n'importe guère, car c'est un traité complet
qui commence au fol. 200 par ces mots : *Hortus
conclusus soror mea*... — *Istud ad universalem ecclesiam et ad unumquemque conventum claustralium et
ad unamquamque animam fidelem congrue refertur.*
D'autres copies du même traité sont anonymes,
comme celle-ci, dans les nᵒˢ 15988, 16500 de la
Bibliothèque nationale et 399 de Tours. Mais le nom
de l'auteur, Guillaume d'Auvergne, évêque de Paris,
se lit dans les nᵒˢ 14413 de la Bibliothèque nationale,
901 de la Mazarine, 210 de Toulouse, 407 de Cambrai
et 1236 de Troyes. L'attribution ne paraît pas douteuse. Si cet écrit manque dans la grande édition
des Œuvres de Guillaume, de l'année 1674, c'est une
omission d'autant moins excusable qu'il avait été

(1) Une édition nouvelle de ce mémoire se lit à la page 31 du
volume qui vient d'être publié sous le titre de : *Charles Jourdain ;
Excursions historiques et philosophiques à travers le moyen âge.*

publié, dès l'année 1507, avec le nom de l'auteur et sous ce titre : *De claustro animæ.*

Au folio 210, sans titre, le traité *De quatuor virtutibus* ou *De formula honestæ vitæ*, fréquemment imprimé sous le nom de Sénèque, que s'est attribué Martin, évêque de Braga (1). En tête de cette copie manque la dédicace de Martin au roi Miron.

Ce qui suit n'a pas la même valeur, ni morale, ni littéraire, et cela pourtant, jugé de moins haut, semblera peut-être plus intéressant. Il s'agit d'une liasse dédaigneusement intitulée par Claude de Grandrue : *Dictamina quædam et litteræ, cum aliis. Ces dictamina* sont des modèles de style épistolaire, et ces *alia* des vers rimés, pieux pour la plupart, avec l'indication des chansons très profanes sur les airs desquelles ces vers doivent être chantés. Le tout forme un recueil où lettres et chants se succèdent sans aucun ordre, comme au hasard de la plume.

Notons d'abord que la langue des vers est celle de la prose. Dans les vers et dans la prose on rencontre fréquemment certains mots, ʻde pédante fabrique, qui manquent dans tous les glossaires; ce qui nous donne lieu de croire que les vers et la prose sont du même auteur, un lettré prétentieux qui croirait indigne de lui de dire simplement les choses les plus simples. Nous tenons en outre pour certain que l'auteur était un clerc séculier, par état professeur de grammaire, car nous voyons dans quelques vers et dans la plupart des lettres un maître de grammaire

____

(1) Voir tome II, p. 202 et suiv.

s'adressant à ses écoliers, recevant des lettres de leurs parents, y répondant, réclamant son salaire, invoquant ses droits, sinon contestés, du moins violés par de perfides concurrents. On sait, d'autre part, que l'enseignement des formules et des artifices épistolaires était, au moyen âge, considéré comme une affaire de grande importance dans toutes les classes de grammaire. Nous supposons de plus que ce professeur tenait école dans la ville de Saint-Denys en France, cette ville et les saints qu'on y vénérait particulièrement étant souvent nommés soit dans les vers, soit dans la prose. Enfin, si nous associons comme il convient les adjectifs numéraux que nous offre la pièce suivante, la ville de Saint-Denys avait notre auteur pour maitre de grammaire en l'année 1288, vieux style, c'est-à-dire en l'année 1289 :

Anno Christi millesimo
Et quater quinquagesimo,
Per illuviem Secanæ,
Necnon et sexagesimo
Octavo ac vicesimo,
Multæ fuerunt orphanæ
    Mansiones.

Alia nempe flumina,
Quorum hic non sunt nomina
Gratia breviloquii,
Loca sibi contermina
Coegerunt gravamina
Sinementi (1) noxii
    Tolérare.

Et liquefactis nubibus,
Ex pluviis ingentibus
Sic crevit dictus fluvius
Quod in propinquis domibus,
Effugatis hospitibus,
Per quindenam et amplius
    Habitavit.

Crovus (2) quidem obstupuit
Tunc temporis, et doluit
Quando se vidit *reculé;*
Illi mora displicuit
Quam facere oportuit
Hunc in pratis curticulæ,
    Tam diurne.

(1) Il faut, pensons-nous, traduire ce mot par *sédiment.*
(2) Le Crou, près de Saint-Denys.

Anno prædicto proprie   Processit recta serie
Quo fuit regno Franciæ   Siccitatis pernicies,
Hæc aquarum illuvies   In augusto (1).
Post festum Epiphaniæ,

Cet petit poème fut donc composé quelque temps après le mois d'août de l'année 1289. Les lettres ne nous offrent pas une date plus précise. Un évêque de Chartres, dont le nom commence par la lettre G., dénonce au pape un roi de France nommé Philippe, comme ayant confisqué les revenus de ses chanoines (2). Mais il faut remonter au temps de Philippe-Auguste pour trouver sur le siège épiscopal de Chartres un G. contemporain d'un roi Philippe. D'où nous pouvons conclure que cette dénonciation, vraie ou supposée, ne se rapporte pas à des faits postérieurs à l'année 1289.

Le plupart des lettres contenant d'utiles renseignements sur le régime des écoles de grammaire à la fin du xiiie siècle, nous allons en transcrire quelques-unes, les accompagnant de brefs commentaires.

Ces écoles de grammaire, plus tard appelées petites écoles, n'étaient pas des écoles libres, quoique fondées, pour le plus grand nombre, par des particuliers. Elles étaient paroissiales, ayant pour administrateur général le grand chantre du chapitre diocésain. Dans la ville et la banlieue de Paris, le chantre de Notre-Dame n'accordait aux maîtres que des commissions annuelles; mais chacun de ces maîtres, tant que sa commission durait, avait seul de droit d'enseigner dans la paroisse dont il tenait l'école.

(1) Fol. 182 v°.   (2) Fol. 185.

Telle avait été d'abord la coutume dans le diocèse de Paris et telle fut ensuite la loi. Mais l'autorité du chapitre de Paris ne s'étendait pas, Claude Joly se voit obligé de le reconnaître (1), au delà du quai de Saint-Denys; toutes les églises situées sur l'autre rive de la Seine étaient comprises dans le domaine de l'abbaye et jouissaient de sa franchise : vaste domaine qui comprenait, au temps de Du Breul, douze ou treize riches prieurés, plus cinquante ou soixante cures (2). Qui donc remplaçait le grand chantre où sa juridiction finissait? Un religieux de Saint-Denys, avec le titre d'official.

Voici donc le professeur de grammaire adressant une plainte à l'official de Saint-Denys. Un lettré sans mandat va de porte en porte chez les bourgeois de la ville, donnant des leçons à leurs enfants, au grand dommage du maître qui dirige l'école officielle. Cet abus peut-il être longtemps toléré? Tels sont les termes de la plainte :

Viro religioso, provido et discreto, officiali curiæ beati Dionysii, rector scolarum ejusdem loci salutem ac paratum cum omni reverentia famulatum. Qui se molestari sentit in aliquo ad hunc primo debet recurrere per quem suæ molestiæ credit antidotum reperire. Ego profecto super vestræ dilectionis plenitudinem confidens, licet immeritus, vobis conquerendo dilucido me, cujusdam gravis injuriæ compunctum stimulo, consilii vestri adminiculo præsentialiter indigere; nam quidam litteratus, more trutanni per villam discurrens, adulationis fistula mundum decipiens, temerato jure scolastico, permultorum burgensium liberos addiscit in domibus eorumdem. Unde cum istud, in gymnasii vestri dam-

(1) *Traité hist. des écoles épisc.*, p. 534.
(2) *Le théâtre des antiq. de Paris*, p. 1145.

num redundans non modicum, nequaquam debeat tolerari, ego, super mihi partim illato dolens incommodo, vestram venerandam discretionem flagito, supplicando quatenus in juris subsidium quamdam inhibitionem velitis indicere generalem, ne quis deinceps in terra vestra, præter quam in scolis juratis aliunde poscantur (sic), in litterarum notitia dogmatizet (1).

On a donc mal à propos félicité le moyen âge d'avoir connu, d'avoir même légalement consacré la liberté de l'enseignement. Mais dès le moyen âge, comme on vient de le voir, il y eut des professeurs libres qui disputèrent l'enseignement de la jeunesse aux professeurs commissionnés. Ajoutons que la lutte, une fois engagée, ne cessa plus. Il fallait que les deux partis fussent encore bien animés l'un contre l'autre en l'année 1678, quand le patron des commissionnés, le chantre Claude Joly, disait des autres : « Il n'appartient à personne de s'attribuer à soi-même un honneur. Néanmoins il y a des gens, lesquels, voyant qu'ils ne peuvent obtenir du chantre de Paris permission d'enseigner, se font eux-mêmes cet honneur de s'établir maîtres indépendants. Mais quand ces précepteurs, titrés ou non titrés, seraient véritablement doctes et capables, il faut qu'ils sachent que la seule entreprise de vouloir enseigner de leur propre autorité les rend infâmes et les doit faire chasser honteusement hors du lieu où ils se sont établis (2). »

Nous allons voir maintenant l'écolier entrant à l'école. Il y entre présenté par son père :

Viro perillustri, sophiæ schemate redimito, magistro C., talis gymnasii regimini præsidenti, talis burgensis salutem

(1) Fol. 180.
(2) Claude Joly, *Traité hist. des écoles épisc.*, p. 495, 496.

ac, cum felicitatis augmento, laboris sui finem attingere peroptatum. Quod nova testa capit inveterata sapit. Ego quidem J., dilectum filium meum, ætatis teneræ, circa me parum aut nihil profectus sui adipisci posse considerans, illum litterarum morumque floribus exornandum vobis vel alii litterato conducere destinavi; nam, prout mihi datur intelligi, ad hoc se offert temporis aptitudo ut in puero disciplinæ rigori subdito talis doctrinæ pubescat de cetero sementivum, unde in posterum fructuosam sapientiæ possit colligere margaritam. Verum cum fiduciam, licet immeritus, de vobis geram quam de alio pleniorem, discretionis vestræ quantum possum notitiam interpello quatenus dictum adolescentem ex nunc in discipulum vestrum admittere velitis et etiam commensalem, scientes me vobis illius amore curialitatem ingentem ultra principale salarium effecturum (1).

Voilà certes un bourgeois qui lui-même a fait ses classes : il cite Horace ! Ce n'est pourtant pas là ce qui, dans sa lettre, nous intéresse le plus, et nous ne nous arrêtons qu'à la proposition finale. Il prie le maître, non seulement d'instruire son fils, mais encore de le nourrir, et s'engage à rémunérer doublement ce double service ; il payera d'abord le prix de l'école (*principale salarium*), et, quant aux frais de la nourriture, il les remboursera très largement. Un décret d'Innocent III avait enjoint aux évêques de pourvoir par le don d'une prébende à l'entretien des maîtres ; aux maîtres le même décret avait interdit de recevoir un salaire quelconque de leurs écoliers (2). Le maître de grammaire de Saint-Denys n'était-il pas prébendé ? Il l'était sans doute ; mais toujours les mœurs ont prévalu sur les lois. Même sur les meilleures lois les mœurs les plus mauvaises.

(1) Fol. 180.
(2) Raymund. de Pennaf. *Summa*, p. 22.

Et quand le *principale salarium* n'était pas exactement payé par les parents, les maîtres avaient, paraît-il, le droit de le réclamer en justice. C'est là, du moins, ce que semble prouver la lettre suivante :

Tali burgensi talis gymnosophista salutem pariter et amorem. Nugigerulus esse dignoscitur qui quod non intendit efficere pollicetur. Ad vestram autem dirigatur notitiam me valde super eo scilicet admirari quod, postquam liberi vestri a mea recesserunt custodia, mecum nullum colloquium habuistis ; unde constat vos usquequo mihi non fecisse quod consonet rationi, nam ante puerorum digressum tantum erga me facere pro eisdem promiseratis, multis vicibus asser-tive, quod infra carniprivium præ elapsum de vobis me tenerem et integre pro soluto. Sed cum hactenus vestra promissio mendacii labe putruerit inexpleta, illam præ-sertim ultra promissum tempus abesse queror, notans vobis me illius grave dispendium nolle diutius exspectare. Qua-propter dilectionem vestram quantum possum rogo præ-senti munimento quatenus ut, veridicus erga me, tantum facere maturetis, finali compoto mediante, ne satisfactionis defectu me de vobis in judicio querimoniæ planctus oporteat effutire (1).

Il paraît que le taux de ce *principale salarium* était l'objet d'une convention annuelle entre les parents et le maître, et que si les parents tardaient, vers la rentrée des classes, à venir renouveler leur engagement, les enfants n'avaient pas à se présenter ; le maître ne les aurait pas admis. C'est là ce que le maître notifie clairement aux enfants eux-mêmes dans ces vers à leur adresse :

Rector talis gymnasii,   Tam immensis quam parvu-
Sub forma breviloquii,   [lis,
Suis mandat discipulis,   Salutare.

(1) Fol. 187.

Sicut refertur publice,
Ac in libris rhetoricæ
Continetur, stipendiis
Nemo tenetur propriis
    Militare.

Unde, cum tempus videam
In quo circa vos debeam,
Non ob gratis adverbium,
Sed ob dignum salarium
    Laborare,

Multum, pueri, stupeo,
Ac in stupendo doleo
Super eo videlicet
Quod bonum vobis displicet
    Propagare.

Ego, pergliscens amodo
Vestro vacare commodo,
Vos hortari communiter
Inchoavi et breviter
    Implorare,

Per plures autem species
Apparet quod segnities
Pangendi et dilatio
Vos perficiat otio
    Convacare.

Ut vestri ad me veniant
Parentes, ac tam faciant
Ut in moribus prosperis
Vos tenear et litteris
    Informare.

Nous avons enfin à montrer que diverses dépenses étaient imposées aux parents, outre le salaire principal exigé par le maître. A ce principal s'ajoutait, comme accessoire, telle ou telle redevance. Premièrement, tout écolier devait, en Carême, offrir au maître soit un coq, soit le prix d'un coq. L'existence de cet usage nous est ainsi formellement attestée :

Talis didascalus universis suis discipulis salutem ac attente vacare scientiæ documentis. Qui enim reddit quod suum est justitiæ meretur gerere diadema. Cum præsertim in istis et aliis scolis grammatices moris sit jam diu approbati unumquemque puerum annuatim, ad carniprivium, magistro suo gallum unum teneri solvere, vel valorem, ex parte mei dictæ consuetudinis nolentis seriem defrustrari, vobis constiterit nullum vestrum a galli sui vel pretii solutione immunem vel liberum superesse. Quapropter, sub vadiorum privatione vos exhortor quatenus tali modo de galli sui comparatione sibi vestrum provideat unusquisque,

ut die Martis vel Jovis saltem præmunitus possit ad gallimachium comparere (1).

Ce mot *gallimachium* ne se rencontre pas dans le
Glossaire de Ducange ; mais le sens n'en est pas douteux : combat de coqs. Ainsi, durant le Carême, le
maître donnait à ses élèves le spectacle d'un de ces
combats, et, quand on le voit sommer chacun d'eux,
sub vadiorum privatione, de lui fournir un combat-
tant, on n'hésite pas à croire qu'à la fin de la bataille
vainqueurs et vaincus étaient vendus à son profit.
L'écolier, dont le champion avait obtenu l'avantage,
en retirait du moins quelque honneur : il était salué
roi de la fête. C'est ce que nous apprend le cardinal
Eudes de Châteauroux dans un de ses sermons.
« Saint Étienne, dit-il, a vaillamment mérité sa
couronne par son martyre ; mais nous voulons, nous,
être couronnés sans avoir combattu, comme ces écoliers qui sont faits rois, non pour avoir eux-mêmes
gagné la victoire, mais parce que leur coq a
vaincu (2). »

Les mots *sub vadiorum privatione* sont moins clairs.
Signifient-ils que le père donnait des gages au commencement de l'année scolaire, comme avance de la
somme plus tard exigible ? C'est ainsi que nous les
entendons. Mais peut-être faut-il les entendre autrement ; tous les usages de ce vieux temps ne nous sont
pas connus.

(1) Fol. 179.
(2) « Sicut pueri in scolis sibi regnum non victoria propria, sed
gallorum acquirunt. » Biblioth. nat.; man. lat. n° 16507, fol. 44
col. 3.

Voici d'autres redevances. Les écoliers devaient entretenir à leurs frais, probablement dans l'église paroissiale, le luminaire de la chapelle consacrée sous le vocable de leur patron, saint Nicolas :

Universis suis scolaribus talis gymnosophista salutem ac in terris illa peragere quæ Deo complacent in excelsis. Qui ad horam proponit edere penus suum debet edulium præparare. Cum gloriosi siquidem confessoris atque pontificis Nicholai festum anni reducat orbita manicanter, ac in istis et aliis sit ex vetustate scolis grammatices inoletum horum rectores annis singulis suos passim urgere discipulos ad ejusdem sancti luminare teneri pro suæ modulo facultatis, ego frugi veterum statuta modo nolens in tempore defrustari, vobis in communi dilucido nullum vestrum a collecta dicti confessoris immunem vel liberum superesse, quin, priusquam ejusdem festum advenerit, ex parte mea quisque juxta sui valoris quantitatem cogatur aliquid erogare. Qua de causa, sub pœna verberis ac vadiorum privatione, vos æmulor indistincte quatenus vestrum quilibet, ut moris est, omni remoto dispendio, suam tali modo collectam solvere percogatur, ut subinde luminare possit idoneum ad prædicti decus confessoris egregii comparari.

La menace n'est plus seulement ici, notons-le, d'une retenue sur des gages. Seront battus (*sub pœna verberis*) les écoliers qui n'auront pas contribué plus ou moins au luminaire de saint Nicolas. Cela est très clair.

Enfin les écoliers de Saint-Denys devaient, un jour chaque année, orner à leurs frais d'un tapis de gazon, dans l'église abbatiale, la chapelle renommée de saint Hippolyte :

Rector scolarum beati Dionysii dilectis suis scolaribus salutem ac illam devote possessionem egregiam adipisci quæ per partes distributa recipit incrementum. Quod ab antiquis constat fuisse salubriter institutum a modernis debet et firmiter observari. Cum siquidem, velut scitis, moris sit jam diu approbati, annis singulis, his in scolis collectam fieri pro capella sancti Hippolyti, ad festum ejusdem, stratura graminea venustanda, ego, vetustæ consuetudinis vigorem tempore meo nolens in aliquo deperire, vobis in communi vivæ vocis oraculo præconizo nullum vestrum, nisi jugo suppressum aporiæ, a collecta remanere liberum et immunem. Quamobrem vos exhortor, sub pœna pignerum tollendorum, quatenus infra perinstans orgium dicti sancti vestrum quilibet tali modo sibi de collecta provideat afferenda, ut inde gramine comparato ad honorem Dei et nostrum dicti sancti basilica decoretur (1).

Ici du moins les écoliers trop pauvres sont dispensés de participer à la collecte. Or il y en avait de si pauvres qu'ils venaient à l'école presque nus, ce qui ne peut surprendre, et que le maître devait avoir recours, pour les vêtir, à la charité publique. En voici la preuve :

Viro religioso et honesto, dilecto sibi in Christo fratri P., talis abbatiæ succentori, talis gymnosophista salutem ac paratum cum reverentia famulatum. Male possunt vacare studio quos affligit juncta pauperies nuditati. Cum siquidem eleemosynarius domus vestræ, in instanti Sanctorum Omnium solemnitate, de burello proponat, ut dicitur, erogare, cumque, juxta sanctum Bernardum, acceptabilis Deo sit hostia omnibus benefacere propter ipsum, tum illis præcipue subvenire præstat, ut credo, qui profectum scire desiderant litterarum, nam qui humilia in cœlo respicit et in terra tale genus hominum diatim, ut scitis, ad summæ perfectionis statum sublimat et etiam sublimavit. Quapropter, eo modo quo possum, dilectionem vestram, de qua plenam gero fiduciam, interpello quatenus pro quibusdam discipulis meis pauperibus, bonæ indolis et conversationis honestæ, tantum erga eleemosynarium, pietatis intuitu,

(1) Fol. 177.

laboretis, ut illorum nuditas pudibunda per mearum precum
effectum indumentis possit aliquibus inumbrari (1).

On prête volontiers à l'Église du moyen âge des
vertus qu'elle n'avait guère ; mais, d'autre part, on
ne la glorifie pas assez d'avoir si vaillamment tenu
tête aux préjugés qui dominaient dans la société
civile et menaçaient toujours de l'envahir elle-même.
Voyez : dans ces écoles de grammaire administrées
par l'Église règne l'égalité la plus complète : fils de
riches, fils de pauvres y sont confondus sans aucune
distinction, admis à recevoir une instruction commune. Quelques-uns des plus pauvres se sont-ils
signalés par leur zèle pour l'étude, et, sortant des
petites écoles, sont-ils jugés capables d'aller suivre
avec profit les cours des grandes ? L'Église les adopte,
les envoie dans la métropole des lettres savantes, y
pourvoit elle-même à leur entretien. Ont-ils bril-
lamment parcouru la carrière que ses premières
libéralités leur ont ouverte ? Elle leur confère de
fructueux bénéfices, elle les met sur la voie qui
conduit aux dignités les plus hautes, et peut-être
un jour fera-t-elle abbé, doyen, évêque, tel que jadis
elle a, par charité, vêtu de bureau.

Il nous reste à dire quelques mots sur les petits
poèmes du professeur. Nous avons cité le premier.
Le deuxième, en l'honneur de la Vierge Marie, était
un hymne chanté sur un air indiqué de la sorte :

> Par défaus de léauté
> Que j'ai en amour trové,
> Me partiré du país.

(1) Fol. 186.

Le troisième célèbre la mission de saint Denys l'Aréopagite. Plus loin, une prose sur sainte Catherine doit être chantée sur :

> La très grant biauté de li
> M'a le cuer du cors ravi.

Toutes ces poésies, du genre pieux, sont sans valeur. La suivante, du genre profane, ne vaut pas davantage :

Jupiter, omnium
Rector cœlestium,
Sub breviloquio
Admonet Delium
Dare subsidium
Phetonti filio :

« Passim asseritur
Hoc, quod dignoscitur
Sæpe contingere,
Ex quo plus tollitur
Gravius premitur
Dum cœpit cadere.

« Currus nampe tuus
Quo Pheton, fatuus
Auriga, excubat,
Nimis est arduus;
Hic, justo vacuus
Pondere, titubat.

« Quatuor bijugi,
Undique profugi,
Lora discutiunt;

Illi jam sinjugi
Calore non frugi
Mundum inficiunt.

« Jam quadrigarius,
Quid agat nescius,
Exoptat Meropis
Vocari, melius
Quam Phœbi filius,
Cum nil præstet opis.

« Phetonti pavido
Axe tam fervido
Jam esse displicet;
Jam fert (1) in solido
Loco et frigido
Esse ; sed non licet.

« Ergo, ni miseris
Fervorem aeris
Confestim temperet,
Ut reus funeris
Humani generis
Dolorem perferet (2). »

(1) Peut-être faut-il lire *Præfert*, au lieu de *Jam fert*.
(2) Fol. 180.

Les plus curieuses de ces pièces sont celles où se croisent des vers français et des vers latins ; comme, par exemple, celle-ci :

Christicola, recordare
Mortis trucis et amaræ
Que li douz rois de paradis,
Gliscens suam liberare
Plebem ab inferni lare,
Volt soufrir en la croizja-
[*dis.*

Ob dolorem vitæ ducis,
Morientis ligno crucis,
Les pierres et li murs fen-
[*dirent;*
Sol radios suæ lucis
Texit hora mortis trucis
Et li monument aouvrirent.

Lingua non posset pandere,
Neque manus describere,
Ne cuer pour penser ne savoir,
Nec oculus inspicere
Quantum pro nostro scelere
Jesu Christ volt de peine
[*avoir.*

Agnus misericors Dei,
Quem nequissimi Judæi
Crudefièrent sans raison,
Vires hostis tartarei
Fregit, et subtraxit ei
Ceus qui tenoit en sa mai-
[*son...*

En somme, notre professeur de grammaire nous a laissé des vers très médiocres ; mais ses modèles de style épistolaire ont, pour l'historien, un incontestable intérêt.

Le volume finit par six thèmes de sermons, auxquels sont encore mêlés quelques vers de forme bizarre. Mais rien ne prouve que ces vers et ces thèmes, également sans intérêt, soient encore de notre professeur.

15133

Le Grécisme d'Évrard, avec gloses interlinéaires et marginales. Cet Évrard, surnommé de Béthune, a longtemps été confondu avec l'auteur du *Laborin-*

thus, Eberhard l'Allemand. M. Ch. Thurot a péremptoirement démontré qu'ils doivent être distingués l'un de l'autre (1). Nous n'insistons pas sur cette erreur signalée ; mais nous allons en corriger une autre qui ne l'a pas été. Au feuillet 19 de notre manuscrit, on lit ces vers :

> Qui sunt qui pugnant audaciter ? Andegavenses,
> Qui sunt qui superant inimicos ? Andegavenses,
> Qui sunt qui parcunt superatis ? Andegavenses,
> Egregios igitur livor neget Andegavenses,

D'où l'on a conjecturé qu'Évrard avait peut-être habité quelque temps les bords de la Loire. Eh bien, cette conjecture est sans fondement, les vers cités étant de Marbode : *De ornamentis verborum,* col. 1589 de l'édition de Beaugendre. Évrard les a cités comme exemple, les empruntant au professeur d'Angers. Il en avait le droit; mais on lui reproche de n'avoir pas, en déclarant cet emprunt, prévenu l'erreur qu'il a fait commettre.

Quelques mots sur la glose. Elle est assez ancienne, étant datée de l'année 1270, et l'on n'hésite pas à reconnaître qu'elle est d'un grammairien expérimenté; trop curieux, il est vrai, de rechercher les étymologies. « Il y a, dit un excellent critique, du bonheur et du malheur à tirer des étymologies, comme il y en a à tirer à la blanque. Pour une de bonne cent de mauvaises (2), » Ici, du moins, ce compte est juste : oui, cent mauvaises pour une bonne. Et cela s'expli-

---

(1) *Compt. rendus de l'Acad. des Inscr.* ; 1870, p. 259.
(2) *Mélanges* de Vigneul Marville, t. I, p. 21,

que aisément. C'est du grec qu'Évrard et son glossateur font venir presque tous les mots dont ils prétendent enseigner l'usage, et, pas plus l'un que l'autre, ils ne savaient le grec. M. Ch. Thurot a cité quelques phrases de notre glose, qu'il a jugées, en philologue, intéressantes (1). Nous allons, pour notre part, en extraire quelques épigrammes, quelques vers sentencieux ou badins que les professeurs avaient coutume de citer à leurs élèves, quand l'occasion s'en présentait, plutôt, à la vérité, pour les égayer que pour les instruire. Tous ces vers sont du xiie ou du xiiie siècle, et, pour la plupart, d'auteurs inconnus. Nous y joindrons quelques notes.

Voici d'abord, au fol. 3, col. 3, ces vers léonins contre les courtisanes :

Omnis re vera meretrix est dicta chimæra :
Parte leo prima, media caper, anguis ad ima.
Est leo per fastus, capra sordibus, anguis ad astus.
Non te delectet ; medio caper est quia fœtet,
Anguis ad extremum quia devorat omnia demum.

Beaucoup des vers que nous allons transcrire se lisent dans un commentaire du *Grécisme* que contient le n° 8427. Ceux-ci sont au premier feuillet du volume, avec ce pentamètre en plus :

Est leo sublimis, ipsa superba nimis.

Au fol. 8, col. 3, les vers contre le pape Lucius III que le chroniqueur François Pippino donne à Primat d'Orléans :

Lucius est piscis, rex atque tyrannus aquarum...

(1) Il les a citées sous le numéro qu'avait notre volume dans le fonds de Saint-Victor, c'est-à-dire sous le n° 927 de ce fonds.

Mais nous ne jugeons pas utile de les reproduire, car ils ont été plusieurs fois publiés et viennent de l'être de nouveau, plus correctement, sous le n° 28 du catalogue d'Avranches. Ils sont au fol. 1 du n° 8427.

Au fol. 20, col. 1, comme exemple de vers léonins :

> Tempore felici non cognoscuntur amici ;
> Sorte patet misera quæ sit dilectio vera.

Nous avons les mêmes vers dans une glose sur le *Doctrinal*, n° 14947, fol. 25, col. 2.

A la colonne suivante :

> Armis, militia, rebus, probitate, sophia
> Francia munitur, nec eidem par reperitur.

Cet éloge emphatique de la France est évidemment d'un Français. Nous les avons ailleurs cités d'après le n° 8427 (1).

A la première colonne du fol. 26 :

> Qui mel in ore gerit et me retro pungere quærit,
> Ejus amicitiam nolo mihi sociam.

Ces vers sont aussi dans la glose sur le *Doctrinal* que conserve le n° 14947. Voir au fol. 15, col. 1.

Au même feuillet :

> Fur non est latro, sed tempore qui latet atro ;
> Latro latet luce. Dignus uterque cruce.

D'autres vers, plus loin cités, et dont nous avons donné le texte d'après le n° 14947, offrent une définition plus obscure du voleur et du brigand (2).

(1) *Hist. litt. de la Fr.*, t. **XXX**, p. 295.
(2) *Ibid.* p. 604.

Au fol. 33, col. 1 :

> Sicut Pictavis nomen trahit ex ave picta,
> Sic est Andegavis avium de stercore dicta.
> Sicut avis picta verum non denotat esse,
> Sic gens hinc dicta falsis vult semper inesse.

Ces vers ont été déjà cités d'après le n° 8427 (1), et l'on a confirmé par un autre témoignage le mauvais renom des Poitevins. Ils l'avaient, croit-on, bien avant le XIII⁰ siècle. Mais cela ne prouve pas qu'ils l'eussent mérité. Remarquons d'ailleurs que les Bourguignons ne sont pas ici mieux traités : *Allobroga dicitur ab allos, quod est alienum, et broge, fides, quasi alienus a fide. Scilicet homo de Burgundia, id est proditor* (fol. 33, col. 3). Cependant on ne souscrit pas sans défiance à l'étymologie proposée. On ignore en effet dans quelle langue « foi » se dit *broge*.

Au fol. 38, col. 4, pour donner des exemples de façons de parler barbares, où sont associés des mots appartenant à des langues diverses, notre scoliaste cite ces vers, qu'il donne à Primat :

> Mors, alios morde, mihi parce precor, per *amor De*.
> — Nam, per *lou cor De*, nemo sine crimine, *for De*.
> — Istud jumentum cauda caret; *or la lien t'un*.

Il faut lire, pour comprendre le dernier de ces vers, une anecdote tirée par M. Léopold Delisle d'un manuscrit de Tours (2). Les deux premiers sont aussi dans le n° 8427 (fol. 21) ; mais ils y sont sans le nom de Primat.

(1) *Hist. litt. de la Fr.*, t. XXX, p. 296.
(2) L. Delisle, *Les écoles d'Orléans*, p. 9 et 15.

Au fol. 39, col. 2, cette épitaphe :

Sum quod eris, quod es ipse fui, metamorphosis ista
Humanis rebus subdere colla vetat.

Au fol. 47, col. 2 :

Lenonem lena non diligit absque crumena.

Ce vers est connu. M. Wattenbach l'a publié dans
l'*Anzeiger für Kunde der deutschen Vorz.*; 1876, col.
334. Notre scoliaste l'a trois fois cité : pour la seconde
fois, au fol. 53, col. 3, et, pour la troisième, au fol. 74,
col. 2. On le trouve encore au fol. 27 du n° 8427.

Au fol. 48, col. 4 :

Cum non sit rectum vicini frangere lectum,
Plus est funereum zelotypare Deum.
Uxorem violare viri grave crimen habetur,
Est gravius sponsam zelotypare Dei.

Au fol. 28 du n° 8427, on lit *tangere* au lieu de
frangere. L'une de ces deux leçons ne vaut pas mieux
que l'autre. Il faut lire :

Cum non sit rectum vicini scandere lectum,
Est mage funereum zelotypare Deum.

C'est la réponse d'un clerc pudique à une jeune
nonne qui voulait le séduire. La pièce à laquelle ces
vers appartiennent a été publiée par M. Feifalik,
Sitzungsb. der phil. classe der Kaiserl. Acad.; 1861,
t. XXXVI, p. 168; par M. Wattenbach, *Anzeiger für
Kunde der deutsch. Vorzeit*; 1878, col. 319; et par
M. Novali, *Carm. med. ævi*, p. 206. Mais toutes ces
éditions ne sont pas conformes. Il y a des variantes
dans les éditions comme il y en a dans les manu-

scrits. Nous l'avons dit en indiquant une copie que contient le n° 344 de la Reine, au Vatican (1).

Fol. 53, col. 1 :

Femina corpus, opes, animam, vim, lumina, vocem,
Destruit, adnihilat, necat, eripit, orbat, acerbat.

Nous avons déjà cité ces vers sous le n° 11412 (2). Ils sont encore au fol. 31 du n° 8427, avec cette variante : *polluit*, au lieu de *destruit*.

Fol. 54, col. 4 :

Si cor non orat in vanum lingua laborat.

Nous n'avons pas ailleurs rencontré cette maxime caustique. N'est-elle pas à l'adresse d'un curé lisant son bréviaire ?

Au fol. 55, col. 4, sans le nom de l'auteur, l'épigramme du jovial Hugues Primat contre l'eau rougie :

In cratere meo Thetys est conjuncta Lyæo...

Elle a plus d'une fois été publiée, notamment dans la Chronique de Salimbene, p. 42 ; dans les *Carmina burana*, p. 233 ; par M. Fred. Otto, *Comm. in cod.* bibl. Giss. p. 106 ; par M. Ed. Du Méril, *Poésies populaires*, p. 203 ; par M. Delisle, *Notes sur quelques man. de Tours*, p. 19, et par M. Meyer, *Archiv. des miss.*, 1868, p. 179. Et nous en pouvons indiquer d'autres copies : n°ˢ 1819 (à la fin du volume), 3719 (fol. 91), 5848 (fol. 149), 14947 (fol. 19), 8427 (fol. 34) et dans le n° 86 des *Cod. Laud. miscell.*, à la Bodléienne.

(1) *Notic. et extr. des man.*, t. XXIX, 2ᵉ part., p, 249.
(2) Tome II, p. 47.

Au fol. 62, col. 3 :

> Si bene ferre potes vinum, cur flumina potes ?
>   Si male, non potes quod male ferre potes.

Ce distique est au fol. 39 du n° 8427. Le jeu de
mots ne manque pas d'esprit.

Au fol. 66, col. 3 :

> Natum virga docet et moribus instruit ; ergo
>   Qui parcit tergo non juvat, imo nocet,

Autres copies : n°ˢ 8247 (fol. 121), 15160 (fol. 42).
Au n° 15160, *amat* au lieu de *juvat.*

Au fol. 67, col. 2 :

> Dives eram dudum, sed me faciunt tria nudum,
> Alea, vina, Venus ; tribus his sum factus egenus.
>   Hæc tria qui sequitur mox miser efficitur.

Nous avons déjà cité les deux premiers de ces vers,
avec une variante, sous le n° 11412 (1). Ils sont aussi
dans notre n° 8427 (fol. 43) et dans le n° 3526 de la
Bibliothèque impériale de Vienne.

Au fol. 71, col. 4, deux vers, dont chacun nous
offre quatre calembours :

> Mala mali malo mala contulit omnia mundo.
> — Malo carere malis quam malum rodere malis.

Le premier de ces vers a été publié d'après les
n°ˢ 8427 (2) et 11125 (3). Le second est peut-être
inédit. Jean de Vignai cite les deux dans sa glose sur
le *Doctrinal* (Arsenal, n° 1038, fol. 179) et il en donne

----

(1) Tome II, p. 47.
(2) *Hist. litt. de la Fr.*, t. XXX, p. 290.
(3) Tome II, p. 23.

encore deux autres où se trouvent les mêmes jeux sur les mêmes mots.

Fol. 77, col. 4 :

Si cæcus cæcum præsumat ducere secum,
In foveam ductor primus cadet, inde secutor.

On a différents textes de cette épigramme. Deux autres, tirés des n⁰ˢ 8427 et 14747, ont été donnés dans l'*Histoire littéraire* (1).

Au même feuillet :

Femina fallere falsaque dicere quando cavebit,
Secana piscibus et mare fluctibus ante carebit.

Ces deux vers sont dans le n° 8427 (fol. 52), avec cette variante : au lieu de *falsa, vana.*

Au feuillet 78, col. 2, la fable d'Icare moralisée :

Icare, nate, bibis et jam sine patre peribis,
Qui dixi tibi bis : medio tutissimus ibis.
Icarei fati memores estote, parati
Jussa paterna pati ; medium tenuere beati ;
Per medium stricta via sit, sublimia vita ;
Per medium volita, tutius ibis ita.

Nous ne connaissons pas une autre copie de ces vers doublement léonins.

Au fol. 125, col. 4 :

Adæ de costis formatur uxor et hostis ;
Idcirco sine væ non vivit filius Evæ.

Le premier de ces vers est plus correct, dans le n° 8427 (fol. 35) :

Adæ de costis illi datur uxor et hostis.

(1) Tome **XXX**, p. 605.

Ou sous cette forme, dans le n° 217 (p. 316) des Nouvelles acquisitions.

Ex Adæ costis Adæ datur uxor et hostis.

Fol. 139, col. 3 :

Damna fleo rerum, sed plus fleo damna dierum ;
Quisque potest rebus succurrere, nemo diebus.

Ces vers se lisent encore dans le n° 8247 (fol. 121),
et Pierre le Chantre les cite dans son commentaire
sur le livre de Job : n° 15565, fol 98 v°.

Rémi, Jean de Garlande, Hugutio sont, parmi les
grammairiens modernes, ceux dont notre scoliaste
allègue le plus souvent la contestable autorité. En
outre il en nomme un que M. Thurot lui-même n'a
pas connu (fol. col. 1) : *Guillelmus Cordifex de Monte-
Relaxo*; c'est-à-dire Guillaume Cordier de Morlaix.

Bandini nous signale, dans la bibliothèque Laurentienne, un commentaire du *Grécisme* qui paraît être
celui que nous avons ici (1).

15145

Le premier écrit que nous offre ce volume du xv^e
siècle a pour titre : *Ovidius moralizatus, scilicet Meta-
morphoseos secundum expositionem Traneti*. Au lieu
de *Traneti* lisez *Traveti*, ou *Triveti*. Il s'agit du frère
Prêcheur Nicolas Triveth, à qui d'autres manuscrits,
notamment les n°ˢ 85 et 299 du collège Merton ainsi
que le n° 137 du collège Saint-Jean Baptiste, attri-

(1) Bandini, *Catal. bibl. Laur.*, t. IV, col. 190.

buent, en effet, cet *Ovide moralisé*. Mais les n⁰ˢ 1627
et 1634 de Troyes le donnent à un autre Dominicain,
Thomas de Galles, et plusieurs libraires l'ont trois
fois édité sous son nom. Enfin divers bibliographes
le réclament soit pour le Franciscain Jean de Galles,
soit pour l'Augustin Jean Ridewall.

Eh bien, aucune de ces attributions n'est acceptable ;
ceux qui les ont proposées, copistes, éditeurs, bibliographes, s'en seraient aisément convaincus s'ils avaient
pris la peine de lire avec quelque attention une ou
deux phrases du prologue où l'auteur déclare qu'il
fut un des amis de François Pétrarque. Disons brière-
ment ici que cet auteur est le Bénédictin Pierre
Bersuire. Si l'on en désire la preuve, on la pourra
trouver au tome XXX des *Mémoires* de notre académie, deuxᵉ partie, p. 45-55. On nous épargne d'en
reproduire les termes, auxquels nous n'aurions rien
à changer. Redisons néanmoins qu'il y a dans les
manuscrits deux rédactions de cet *Ovide moralisé*,
que la dernière est de l'année 1342, et qu'elles
diffèrent beaucoup l'une de l'autre. Or c'est la dernière de ces rédactions que contient notre volume et
celle-ci est inédite.

Au fol. 206, sous ce titre *Consolatio Venetorum et
totius gentis desolatæ,* un petit livre jusqu'à ce jour
ignoré, dont voici le premier chapitre :

In quodam prato juxta Parisius, Raymundus quemdam
Venetum invenit, qui Petrus nomine vocabatur, qui flendo
et suspirando quasdam litteras legebat quas sibi quidam
frater suus, Januæ incarceratus, transmittebat ; in quibus
litteris continebatur quomodo Januenses devicerant Vene-

tos et quomodo multos occiderant et multos in carcere deti-
nuerant; propter quæ Petrus in magna fuit desolatione,
quoniam magnum dolorem habuit et tristitiam de vituperio
et damno quæ Veneti passi sunt ; qui Fortunam maledixit,
quæ ita fuerat amica Januensium et inimica Venetorum.

Cum Raymundus desolationem antedicti Veneti audivis-
set qui Fortunam maledixit, consolare ipsum voluit in virtutibus, quoniam virtutes sunt instrumenta cum quibus
homines irati et desolati possunt consolari, volens etiam
ipsum reprehendere quia Fortunam maledixit.

On a déjà reconnu ce Raymond. C'est, à n'en pas
douter, Raymond Lull. Tous ses dialogues commencent par une semblable mise en scène, et le latin du
prologue que nous venons de transcrire a certaines
formes qui sont tout à fait particulières à la langue
de ce Catalan bizarre et peu lettré. Voici maintenant
la phrase finale de l'opuscule :

Factus est iste tractatus, qui est ad consolationem Venetorum, anno incarnationis dominicæ 1298,... mensis decem-
bris, Parisius, ad gloriam et honorem Domini Dei nostri ; et
iste tractatus non tantum est bonus ad consolandum Venetos, imo bonus ad consolandum quemlibet hominem qui
desolatus est propter suum damnum aut amicorum suo-
rum. Explicit Consolatio Venetorum.

C'est bien en l'année 1298 que la flotte génoise
écrasa, dans les parages esclavoniens, la flotte
vénitienne qui venait, toutes voiles dehors, à sa rencontre (1); et l'infatigable voyageur Raymond Lull
était certainement à Paris, arrivant de Majorque,
vers la fin de cette année. Son *Arbor philosophiæ amoris*
a cette date : de Paris, au mois d'octobre 1298.

On a deux anciens catalogues des œuvres de

(1) Antonini *Chronica*, tit. XX, cap.7.

Raymond Lull ; l'un du mois d'août 1311, l'autre un peu plus récent (1). Il ne semble pas que le présent opuscule y soit mentionné, et Salzinger lui-même ne l'a pas connu. Nous avons donc à nous féliciter d'en avoir fait la découverte. Le contenu de ce petit livre n'est pas, d'ailleurs, comme nous allons le montrer, dépourvu d'intérêt.

Pierre ayant maudit la Fortune, Raymond lui répond d'abord que la Fortune n'est pas autre chose qu'un être de raison ; que nous attribuons faussement aux constellations célestes une influence quelconque sur notre destinée, et que les biens, les maux qui nous adviennent, soit réels, soit chimériques, ont pour cause l'exercice bien ou mal réglé de notre libre arbitre. Veut-on absolument, conclut-il, faire intervenir une puissance supérieure dans tous les événements dont ce bas monde est le théatre ? Eh bien, cette puissance, ce n'est ni le Bélier, ni Mars, ni Saturne ; c'est le Dieu juste et miséricordieux. Cela démontré, Raymond s'emploie à consoler son interlocuteur. Les Vénitiens ont été vaincus et cruellement traités par les Génois. Oui sans doute ; mais, quelques années auparavant, la ville d'Acre, enlevée par les Vénitiens et les Pisans aux Génois, avait subi les plus humiliants outrages ; sa tour démolie, les pierres en avaient été triomphalement transportées à Pise, à Venise. N'est ce pas la justice de Dieu qui fait aujourd'hui battre par les Génois les orgueilleux dévastateurs de la cité génoise? Il n'est, d'ailleurs,

(1) *Hist. litt. de la Fr.*, t. XXIX, p. 72, 74.

pas sage d'entrer en grande colère à l'occasion des malheurs qu'on éprouve. Il faut les supporter avec calme, avec courage, en espérant qu'ils prendront fin, et en se persuadant qu'on peut contribuer soi-même à rendre meilleur l'état des choses que l'on déplore. Or, dans le cas présent, qu'ont à faire les Vénitiens, si toutefois, ils veulent bien écouter, dans leur propre intérêt, les conseils qu'un étranger leur envoie ? Ils doivent au plus tôt écarter toute pensée de revanche, aborder les Génois et faire la paix avec eux. Pierre ne peut, cela va sans dire, résister à l'argumentation pressante de Raymond ; le voilà convaincu qu'il a eu tort de s'emporter et de maudire l'innocente Fortune. Saturne et Mars sont donc mis hors de cause.

Soit ! Mais Pierre est-il pour cela consolé ? Qu'on n'hésite pas à le croire. Lull ne gagne jamais à demi les batailles qu'il lui plaît de livrer. En tout cas. c'est-à-dire plus ou moins consolé, Pierre s'est laissé, du moins, persuader qu'il ne peut mieux servir ses concitoyens qu'en travaillant à les accorder avec les Génois. C'est pourquoi Raymond le décide aisément à partir pour Gènes, après lui avoir donné d'indispensables instructions :

Multum placuit Raymundo quando vidit quod per illa quæ prædixerat per modum consolationis Petrus erat consolatus, gratia Dei mediante a quo omnis consolatio et omne bonum procedit. Et dixit Petro hæc verba : Petre, in Janua est quidam nobilis homo, qui est valde bonus et discretus, qui est multum amicus meus, et vocatur dominus Percevallus Spindola ; est etiam de nobilioribus hominibus et de nobiliori genere qui sit Januæ, et est amator boni et sibi malum displicet, qui minime fuit in captione Veneto-

rum, imo credo quia magnam de illis habet pietatem. Unde
tu ibis cum hoc libro ad eum et ipsum rogabis propter
Deum, suam bonitatem et propter meum amorem quod di-
ligat bonum Venetorum et odiat malum eorum, cum ita sit
quod bonum amari debeat et malum odiri, et quod ipse te
juvet ad consolandum Venetos cum hoc libro et cum aliis
libris quos habet de me qui boni sunt ad consolandum.
Item dices ei quod ipse se intromittat quantum prout se ad
tractandum et faciendum pacem inter Januenses et Venetos, quoniam circa aliud non posset melius laborare quod
melius foret ad honorem Januæ. Et ipse est potens in civitate Januensi et est homo discretus; propter quod poterit
et sciet pacem tractare et ipsam ad finem ducere cum Dei
adjutorio.

Petrus a Raymundo librum accepit et dixit quod ipse iret
Januam cum libro ad præfatum Percevallum Spindolam. Qui
promisit Raymundo quod totum posse suum et vitam suam
poneret ad faciendum pacem inter Januenses et Venetos,
quoniam non posset scire aliud negotium circa quod melius
posset laborare, et suum tempus et suos denarios expendere. Et gratanter commeatum accepit a Raymundo et
Deum laudavit et benedixit qui ipsum de carcere iræ ejecit,
et qui sibi ita bonum propositum retulit et ad tractandum
pacem generalem Venetorum et Januensium et ad consolandum et visitandum Venetos.

Voilà bien Raymond Lull, avec ses opinions particulières, sa vanité naïve et son style barbare qu'aucun faussaire n'a jamais su bien imiter. Mais ici,
du moins, qu'on le remarque, son discours est
celui d'un sage, même quand il s'exprime de manière
à faire soupçonner qu'il est un peu fou. Or trop souvent, dans ses écrits de toute sorte, théologiques ou
philosophiques, la forme et le fond se ressemblent.
Ce qui ne l'a pas empêché d'avoir de nombreux et
passionnés partisans. Ne les a-t-il pas eus, dirait un
pessimiste, à cause de cela ?

15153

La plus forte partie de ce volume est occupée par l'*Aurora* de Pierre Riga. C'est un poème bien connu ; mais, comme toutes les copies de ce poème ne se ressemblent pas, celle-ci veut être décrite particulièrement.

Elle commence par ces deux vers :

> Scire cupis, lector, quis codicis istius actor.
> Petrus Riga vocor, cujus Christus petra rigat cor.

A la suite, un premier prologue intitulé : *Prologus illius qui librum correxit et suppletiones de suo apposuit.* Et tels sont les premiers mots de ce prologue : *Fraternæ caritatis quasi quamdam sapit dulcedinem cum in Domino jacit quis cogitatum suum.* On sait quel est l'auteur des additions et des corrections faites au poème. Il n'est pas ici nommé, parce que nous n'avons ici que deux ou trois phrases de son prologue. Dans la suite, que nous offrent d'autres copies, notamment celle que contient notre n° 15147, nous lisons qu'il s'appelait Gilles de Paris. C'est ce que nous apprennent aussi ces vers, déjà plusieurs fois cités, qui manquent dans notre n°15153, mais qui, dans le n° 15147, précèdent tous les prologues :

> Huic libro, lector, si quæris scire quis actor,
>   Audi quid breviter dicit ad ista liber.
> Petrus et Ægidius me conscripsere ; sed ille
>   Auctor, corrector ultimus iste fuit.
> Ille prior Remis, hic Parisiensis alumnus ;
>   Hic levita gradu, presbyter ille manens.

Nous n'insistons pas sur cela. Tous les bibliographes ont dit que Pierre Riga n'ayant pu, surpris par la mort, achever son poème, Gilles de Paris s'était imposé la tâche de le corriger et de le compléter. Mais il est beaucoup moins certain que Gilles de Paris ait fait ce premier prologue que notre manuscrit et d'autres lui attribuent. En effet, dans cette suite que n'a pas notre manuscrit, nous lisons :

Quidam magister, Ægidius nomine, Parisiensis natione, non ille qui physicus fuit (1), sed alius ab eo, post quædam opera sua, quæ secundum alios stylos, alia metrice, alia prosaice ediderat, cum in aliis amplecteretur quod in seipso amaverat, studendi scilicet votum, et hunc librum habere vellet incorruptum, primo transpositos versus, quos satis advertere potuit, ad ordinem transtulit ; ubi etiam aliquid deesse vidit quod facile supplere posset, illud adjecit...

Qui juge le moyen âge sans passion ne lui reconnaît pas toutes les vertus. Mais on constate que les écrivains de ce temps étaient généralement modestes, et l'on n'en citerait qu'un seul qui se soit plus d'une fois ainsi nommé, pour s'adresser ensuite des compliments ; c'est Raymond Lull. Mais il n'avait pas, nous venons de le dire, l'esprit sain. C'est pourquoi nous hésitons beaucoup à croire que Gilles de Paris soit l'auteur du prologue qui, dans notre volume, figure le premier.

A ce prologue en prose succède un autre en vers, commençant par :

Stringere pauca libet bona carminis hujus, et ipsum
Laude vel exili magnificare librum...

(1) Ce *physicus* est l'auteur du poème *De urinus*, Gilles de Corbeil.

Ce n'est pas certainement l'auteur principal qui va signaler ainsi le mérite de son œuvre, et il est possible que ces vers laudatifs appartiennent à Gilles de Paris. Cependant on ne les trouve pas dans toutes les copies de l'*Aurora* qui contiennent ses additions.

Voici enfin un troisième prologue, en prose comme le premier, dont tel est le début : *Omnis scriptura divinitus inspirata, Paulo attestante, utilis est ad multa.* De celui-ci notre manuscrit n'indique pas non plus l'auteur ; mais on lit à la fin, dans le n° 15147 : *Explicit prologus magistri Alberti Remensis, de utilitate legendi hunc librum.* Quel est cet Albert de Reims ? Aucun bibliographe ne l'a jusqu'à ce jour cité. Compatriote de Pierre Riga, c'était problablement un de ses amis. Quoique son prologue soit sans intérêt, il faut néanmoins tirer son nom de l'oubli.

Trois prologues, c'est déjà, comme il semble, beaucoup de prologues. Cependant il en existe un quatrième, mieux écrit que les autres et qui sent moins le pédant. Ce prologue est celui de Pierre Riga. Fabricius l'a depuis longtemps publié, mais d'une façon peu correcte. Il ne se trouve pas dans notre manuscrit.

Quoique le poème soit resté jusqu'à ce jour presque entièrement inédit, il est bien connu ; on sait qu'il est d'un versificateur à qui ne manquaient ni le sentiment de la mesure, ni le trait poétique, mais qui n'avait pas le goût assez pur. Faisons simplement remarquer que beaucoup des vers ajoutés à l'original par Gilles de Paris ne se trouvent pas dans notre copie.

Au feuillet 122, des notes sur le Psautier auxquelles Claude de Grandrue a donné ce titre : *Distinctiones Psalterii Hieronymi, Augustini, Cassiodori et
aliorum*. Ces *Distinctiones* sont de très courts extraits.

A cette compilation succède, au feuillet 141, la
préface anonyme d'un commentaire sur les Psaumes.
L'auteur de cette préface est connu; c'est Pierre le
Lombard. Mais le commentaire de Pierre le Lombard
ne suit pas sa préface. Ce qui la suit, ce sont des
gloses moins dogmatiques, dont tels sont les premiers
mots : *Sicut in tabernaculo Domini ante introitum
in tabernaculum erat introitus in atrium*... Nous
avons une autre copie de ces gloses dans le n° 8421
(fol. 10). Mais le nom de l'auteur manque dans les
deux exemplaires, et nous l'ignorons.

Au feuillet 215, une pièce de vers anonymes dont
nous ne pouvons citer aucune autre copie et qui
pourtant nous semble très digne d'estime. La voici :

> Largus eris dans digna dari; dans digna teneri
>   Prodigus; ut capias grata nociva cave.
> Parcus eris retinens quæ censet digna teneri
>   Usus ; avarus eris distribuenda tenens.
> Prodigus excedit mensuram, largus honori
>   Servit, fructificat parcus, avarus eget.
> Sit tua larga manus, non prodiga; parcus, avarus
>   Esse cave ; spreto cortice grana metes.
> Pauperiem succincta negat prudentia, pauper
>   Succincta studeat sobrietate frui.
> Pauper delicias fuge, pauperis exigit esse
>   Simplicitas, humilis ingeniosa comes.
> Consule quid moneat rugosa crumena, monetæ
>   Nescia, sed geminis faucibus æra petens.
> Paupertatis onus honor est patientibus, imo
>   Semina virtutum commodiora facit.

Ces vers, qui doivent être du xiie siècle, ne sont pas assurément irréprochables. Des termes impropres en rendent plus d'un obscur. Mais on ne peut contester qu'il y ait des intentions littéraires, et des traits heureux mis en relief par une coupe savamment variée. L'auteur était certainement un lettré. C'est pourquoi nous regrettons beaucoup de ne pas le connaître.

Deux fragments de théologie morale terminent ce volume. Ils sont d'une écriture plus moderne que celle de tout ce qui précède.

15155

Recueil de poésies latines, les unes antiques, les autres modernes. Il suffit de nommer les auteurs des poésies antiques, soit profanes, soit sacrées. Ce sont Virgile, Horace, Ovide, Perse, Juvénal, Properce, Tibulle, Martial, Lucain, Stace, Claudien, Maximien, Avianus, Denys Caton, Prudence et Sedulius. Les auteurs des poésies modernes sont indiqués sur la feuille de garde du volume. Mais ces indications n'étant pas toutes exactes, il faut en corriger les fautes. Enfin il est utile de joindre quelques notes bibliographiques à celles même dont l'exactitude ne doit pas être contestée.

Voici d'abord, sur la première page de la feuille de garde, quelques vers anonymes dont nous avons péniblement déchiffré l'écriture maculée :

> Non foveas causam tanti discriminis, in qua
> Succubuisse pudor, obtinuisse scelus.

> Deficias an proficias, offendis utrinque,
> Proficiens hominem deficiensque Deum.

Nous ne connaissons pas l'auteur de ces vers. Non plus que celui ou ceux des suivants :

> Quid mihi si fuerim pater abbas, sive patronus ?
> Non duravit honor, durat honoris onus.
> Hoc onus est quod honor placuit, quia cedit honori
> Perpetuo functis non in honore mori.
> — Crede mihi, bene qui latuit bene vixit, et intra
> Fortunam debet quisque manere suam.

L'ordonnateur du recueil l'a voulu former uniquement de vers moraux. C'est là ce qu'il nous déclare lui-même dans cet hexamètre obscur qui précède l'ensemble des extraits :

> Incipiunt mores actorum, nomine Flores.

Les extraits commencent par quelques distiques empruntés aux quatre livres de Denys Caton. Les premiers vers modernes sont au feuillet 7, sous ce titre : *Aviani novi*. Quel est cet *Avianus novus?* Nous connaissons trois séries de fables publiées sous ce titre par M. Du Méril. Eh bien, aucun des vers que nous avons ici ne se lit ni dans les unes ni dans les autres. Les voici :

> Te quoque, qui populi reprehendere verba teneris,
> Fabula nostra monet, si vitiosus eris,
> Te prius emendes et eris ratione probandus,
> Et tibi commissas pascere dignus oves.
> — Sic homo qui de se curam non curat habere,
> Cum sibi sit nequam, cui bonus esse potest ?
> Se prius emendet, perversos corrigat actus,
> Ut medicum meritis vita probata probet.

— Quod natura negat nunquam, nisi desipis, optes.
— Si locuples fueris et habere superflua quæris,
    Quidquid habes æris perdere dignus eris.
— Rara fides homini, nec verbis illius unquam
    Vel fidei credas, si dabit ille fidem.
— Debilis es, fortem caveas ; si pauper haberis,
    Ne, precor, affectes divitis esse comes.
  Si moveas illum, vel si movearis ab illo,
    Motus uterque tuum nonne gravamen erit ?
— Quod spiras, quod habes, quod sentis, quodque nocere
    Quodque juvare potes, dat Deus omne tibi.
— Te, tua si laudes et non aliena probabis,
    Gaudet habere suum simia nostra parem.
— Nullum pro specie, qua vix speciosus habetur,
    Extollas, species si probitate caret.
— Quod si quid virtutis habes, non sperne sodalem,
    Nam par aut melior forte beavit eum.
— Majori cede, sed non contemne minorem.
— Si quicumque suo se nescit ab hoste tueri,
    Vix aliis poterit ferre juvamen homo.
— Turpia verba tuo si dixeris ante sodali,
    Par erit ut reddat turpia verba tibi.
— Præterea multis species solet esse timori ;
    Optima, pulchra minus, tutior esse solet.
— Si quid habes teneas, nec pro præsente sequare
    Rem quam promittit hora futura dare.
— Quem virtus innata regit reor esse timendum ;
    Nam sibi, nam reliquis ferre valebit opem.
— Si cuicumque datur de robore spes alieno,
    Cur illum fortem dixeris esse virum.
— Invidiam fugias, de cujus, teste propheta,
    Stipite mors animæ pendet et omne malum.
— Certa sequens, incerta cavens, præsentia curo.
— Incerto certum, præsens præpono futuro.
— Cui speciem tribuit, cui nomina muneris addit
    Rusticus, illud homo qua ratione colet ?
— Te mea verba notent fatua si mente notabis
    Sive decus ligni, sive metalla Deum.
— Subtrahit alterius gens infamata favorem
    Laudibus, et proprias ore favente fovet.

— Qui bonus est vere quæ sunt bona debet habere;
    Falli qui quærit fallere dignus erit.
— Cum tibi quid dabitur personam, munera dantis
    Respice, suspectum quod dabit hostis erit.
— Consulo, dum flores pravos, puer, exue mores;
    Quod nova testa capit inveterata sapit.
— Quem modo laudabas si post breve detrahis illi,
    Numquid es ille duo qui simul ora gerit?
— Sæpe flagellato cui quærere cura salutem
    Non erit, hunc merito corde carere putem.
— Membra, nec est mirum, vires majora sequuntur,
    Sed magis interdum turba minuta valet.
— Omnia possideas, totum domineris in orbem,
    Dum satur esse nequis, quid nisi pauper eris.
— Si tibi provideas tua dum tibi vita manebit,
    Non erit adveniens mors metuenda tibi.
— Otia si ducas cantantis more cicadæ,
    Mortis in articulo bruma perennis erit.
    Longa quidem sequitur moderatum vita laborem,
    Et subitam pariunt otia sæpe necem.
— Elige quidquid eris, utrum leo quæris haberi,
    An canis, arbitrio paret utrumque tuo.
    Munditiæ, rationis amor, virtutis honestas
    Si placeant, nomen jure leonis habe.
    Splendida sero tibi, si splendida fercula mane
    Pluris erunt, vili vilior esto cane.
— .... Si qua sis hospes in æde receptus,
    Cede, nec hospitibus dicere probra velis.
— Insuper eximiæ modicum confide figuræ,
    Nam tibi virtutis non dat habere bonum.
— .... Si fatuos et facta nefanda tueris,
    Criminis illorum tu reus omnis eris.
— Tu quoque vir prudens si vivere quæris et æquus,
    Mentis posthabito quære decore decus.
— Principibus nequam stat pro ratione voluntas.
— Conjice quid gravius gravet, et, graviore repulso,
    Quod minus est æqua suscipe mente malum.
— Si necis articulum vitare nequibis, honestum
    Cur tibi displiceat mortis inire genus?

Nous le répétons, ces vers ne terminent aucune des fables publiées par M. Du Méril. D'où nous devons conclure qu'on avait encore un autre *Avianus novus*. Est-il perdu ? M. Du Méril, qui l'a dû rechercher, ne l'a certainement nulle part rencontré. Il est donc douteux qu'on le retrouve. S'il est vraiment perdu, ce sera regrettable. Quelques-uns des vers que nous venons de citer ne paraissent pas avoir été fidèlement transcrits par le copiste ; d'autres manquent de ce qu'on appelle, en poésie, l'élégance ; mais on en pourrait signaler un assez grand nombre comme n'étant pas inférieurs à ceux de l'ancien Avianus.

Fol. 18. *Æsopus*. Ce titre fait sans doute supposer que nous avons ici les moralités de l'*Æsopus novus* publié par M. Du Méril. Mais ce ne sont pas celles-là ; ce sont celles des fables dont le recueil, souvent imprimé, commence par :

Ut juvet et prosit conatur pagina præsens,

et dont la dernière édition a été récemment donnée par M. Hervieux sous le nom d'un certain *Gualterus Anglicus : Les Fabulistes lat.*, t. II, p. 385. Nous avons cité ce recueil en décrivant le n° 11392. (1)

Fol. 21. *Thobiæ*. Autres vers moraux empruntés au *Tobie* de Matthieu de Vendôme. Ce poème, qui fut classique jusqu'au xvie siècle, a été fréquemment copié, fréquemment commenté. Une ancienne édition, qui n'est pas bonne, a été reproduite dans le tome CCV de la *Patrologie,* col. 933.

____

(1) Tome II, p. 29.

Fol. 39. *Getæ.* C'est le *Geta* de Vital de Blois. On a donc pu trouver, même dans cette libre comédie, quelques sentences édifiantes. Ce n'est pourtant pas, croyons-nous, dans l'intérêt de la morale qu'on en a, de nos jours, multiplié les éditions. M. Le Clerc en a décrit cinq dans le tome XXII de *l'Histoire littéraire*, p. 41, 42, et une sixième nous est annoncée.

Fol. 40. *Comœdiæ de Alda.* Nous ne pouvons citer encore que deux éditions de *l'Alda* : l'une de M. Wright, *A Selection of latin stories*, p. 179 ; l'autre de M. Du Méril, *Poésies inédites du moyen âge*, p. 425. M. Du Méril use de faibles arguments pour attribuer cette comédie licencieuse à Matthieu de Vendôme. M. Le Clerc ne doute pas qu'elle soit de Guillaume de Blois (1), à qui son frère Pierre la donne formellement, l'admirant et n'hésitant pas à dire que la postérité ne la jugera pas moins digne d'estime. Sur ce point il s'abusait.

Fol. 45. *Bernardi Sylvestris descriptio loci.* Voici des vers beaucoup meilleurs, qui ne sont pas non plus inédits. Ils appartiennent à l'écrit de Bernard *Sylvestris* que M. Sigismond Barach a publié sous le titre de : *De mundi universitate* (2). L'extrait commence par quelques vers qu'on lit à la page 20 de l'édition ; la suite est à la page 24. Il y a des différences entre les deux textes. Nous en avertissons le futur éditeur. Un de nos jeunes érudits ne prendra-t-il pas le soin de faire mieux connaître en France cet œuvre si digne d'estime d'un vrai philosophe et d'un

(1) *Hist. litt. de la Fr.*, t. XXII, p. 51.
(2) *Bibliotheca philos. mediæ ætat.*, 1876, 1re livraison.

vrai poète? Il est entendu que nous louons le philosophe sans pourtant souscrire à sa philosophie.

Fol. 49. *Matthæi Vindocinensis loci descriptio.*
MM. Wright et Halliwell ont, les premiers, mis au
jour ce petit poème : *Reliquiæ antiquæ*, t. II, p. 266 ;
et leur édition a été reproduite dans la *Patrologie*,
t. CCV, col. 985. C'est un de ces modèles de style
que Matthieu de Vendôme composait pour ses écoliers.
On l'a tiré de son *Ars versificatoria*, conservé dans le
n° 246 de la Bibliothèque impériale de Vienne, et
dont une copie, malheureusement incomplète, que
possède la bibliothèque de Troyes, a récemment
obtenu les honneurs de l'impression par les soins de
M. l'abbé Bourgain. La pièce que nous avons ici est
à la page 41 de son édition.

Talis, dit le professeur, *poterit esse topographia ;*
et l'exemple suit. Il y a aussi de nombreuses différences entre notre texte, celui de Vienne et celui
que nous offrent les éditeurs. Nous ne préférons pas
toujours le nôtre. Mais faisons remarquer une erreur
commise par M. Wright et par M. l'abbé Migne. Les
quatre derniers vers de la pièce, telle qu'ils l'ont
transcrite, ne s'y rapportent pas et doivent être
déplacés. Ces quatre vers, dont deux sont de Virgile, servent d'introduction, dans le manuscrit de
Vienne et dans l'édition de M. l'abbé Bourgain, à la
seconde partie de l'*Ars versificatoria.*

Fol. 52. *Item brevis loci descriptio.* Ce sont huit
hexamètres, et, quoique Matthieu de Vendôme n'ai-
mât, il nous l'a dit, que les élégiaques, c'est peut-être
à lui que ces hexamètres doivent être attribués. Ils

sont, en effet, cités en exemple dans la seconde partie
de son *Ars versificatoria;* fol. 9, col. 2, du manuscrit de Vienne. M. Wright, M. l'abbé Migne et M. l'abbé
Bourgain les ont aussi publiés.

Au même feuillet : *Georgicorum Galteri de Castel-
lione.* Ce titre est-il exact? Aucun bibliographe,
ancien ou moderne, ne donne des *Géorgiques* à Gautier de Châtillon, et vainement nous avons recherché
quelque manuscrit de ce poème, avec ou sans son
nom. Les vers que nous en avons ici sont donc
peut-être les seuls qui subsistent. C'est pourquoi
nous allons en transcrire quelques-uns, les meilleurs :

> Spina parit florem, flammæ petra dura nitorem.
> — Propria probra loquens mea vel tua quando tacebit?
> — Si manus est parca, cur marcas continet arca ?
> — . . . . Latitat sub milite prædo.
> — Est liber qui non peccato subjacet ulli.
> — Multoties latitat sub dulci melle venenum.
> — Scripta legens relegas, quia lecta relecta placebunt.
> — Sufficit exigui doctis potatio vini.

Ces vers, quoique les meilleurs de l'extrait, ne
rappellent aucunement ceux de l'*Alexandréide.* Mais
sont-ils vraiment de Gautier? Nous en doutons. Pour
parler sans détour ni réserve, nous croyons que le
copiste s'est trompé, et que Gautier n'est pour rien dans
ces *Géorgiques* dont personne n'a parlé si ce n'est
lui.

Fol. 54. *Matthæus Vindocinensis, De amore protervo,*
commençant par :

> Plurima cum soleant sacros evertere mores,
>   Altius evertunt femina, census, honor...

Ici le copiste a commis bien certainement une erreur ; cette pièce n'a pas pour auteur Matthieu de Vendôme, qui n'a jamais fait des vers si bien tournés ; elle est d'un meilleur poète, Hildebert de Lavardin, et a été publiée dans toutes les éditions de ses œuvres. Nous avons cru devoir en donner, sous son nom, une édition nouvelle, après avoir montré qu'on l'a faussement attribuée, non seulement à Matthieu de Vendôme, mais encore à Marbode et à d'autres (1).

Fol. 56. *Matthæus de fortuna*. Il faut encore ici substituer le nom d'Hildebert à celui de Matthieu. Chassé de sa ville et contraint d'aller chercher un refuge en Angleterre, l'évêque du Mans gémit sur sa disgrâce dans les termes les plus touchants. Cette complainte éloquente a, dès le moyen âge, été justement admirée, et plus d'une fois citée sous le nom du véritable auteur. C'est pourquoi l'on ne s'étonne pas moins de la voir ici donner à Matthieu, que, dans une édition moderne, à Guillaume de Blois (2). On en avait déjà huit éditions, toutes plus ou moins défectueuses, quand nous avons jugé nécessaire d'en publier une neuvième (3).

Fol. 57. *Matthæus, Temporum descriptio*. Cette description est, en effet, de Matthieu, et sous son nom publiée : par M. Wright, *Reliquiæ antiquæ*, t. II, page 266 ; par M. l'abbé Migne, *Patrologie*, tome CCV, col. 984 ; par M. l'abbé Bourgain, *Ars versificatoria*, p. 40. Mais les éditeurs ne se sont pas aperçus qu'ils

____

(1) *Les Mél. poét. d'Hild.*, p. 106 et suiv.
(2) Th. Wright, *A selection of latin stories*, p. 192.
3) *Les Mél. poét. d'Hild.*, p. 82.

ont fait une seule pièce de quatre pièces, où les mêmes
choses sont plusieurs fois exprimées en des termes peu
différents. Nous allons séparer les quatre pièces d'après
le manuscrit de Vienne, en corrigeant quelques autres
fautes, très graves, dont Matthieu doit être déchargé.
Voici son texte, dans le manuscrit de Vienne :

> Quatuor tempora anni sub castigato describantur brevi-
> loquio, hoc modo :
>> Ver roseum tenero lascivit flore, laborat
>> Picturare Rheam floridiore toga.
>> Solis amica calet æstas, æstuque redundans
>> Nititur interpres nominis esse sui.
>> Vinitor autumnus, Bacchi pincerna, propinat
>> Uvæ delicias, horrea messe replet.
>> Horret hiems triplici panno pellita, noverca
>> Florum, lascivi pectoris ægra comes.
> Vel sic epitheta quatuor temporum causa compendii des-
> cribantur :
>> Anni bis binæ sunt partes : ver tepet, æstas
>> Æstuat, autumnus vina dat, alget hiems.

Ce que Matthieu résume encore de cette façon :

>> Ver florum genitor, æstas nutricula fructus,
>> Vinitor autumnus, prodiga vestis hiems.

Et nous avons ensuite l'amplification d'une matière
tout autre, le lever et le coucher du soleil :

>> Lucifer astra fugat, solis præcursor, ad ortum
>> Respirat melior exule nocte dies.
>> Legat in exilium tenebras Aurora, cubile
>> Tithoni (1) viduans purpurat ora Jovis.

______

(1) Il y a, dans les éditions, *Titani*. Non, le poète ne dit pas que
l'Aurore a passé la nuit dans le lit de son père. Le lit dont il
s'agit est celui de Tithon, son amant, ou, pour ne pas la calomnier,
son mari. Les éditeurs auraient dû se rappeler ce vers de Virgile :
>> Tithoni croccum linquens Aurora cubile.

Hirsuto comitata gelu lux serpit et ortus
Tempora canities anticipare studet.
Uberius radios Phœbus dispensat, anhelant
Quadrupedes cursu dimidiante diem.
Migrat ad antipodes Phœbus, declivior axis
Vergit ad occasum languidiore rota.

Ces vers pouvant être cités parmi les moins tourmentés, les moins obscurs, que nous ait laissés Matthieu de Vendôme, il était bon d'en donner un texte correct.

Même feuillet : *Matthæus, Commendatio papæ.* Cette pièce a été aussi imprimée : par M. Wright, *Reliquiæ antiquæ*, t. II, p. 257 ; par M. l'abbé Migne, *Patrologie*, tome CCV, col. 979. Dans le n° 344 de la Reine, au Vatican (1), c'est une pièce à part, comme dans notre volume ; mais les copistes qui l'ont ainsi transcrite l'ont encore tirée de l'*Ars versificatoria*; elle est à la page 19 de l'édition donnée par M. l'abbé Bourgain. Matthieu nous en prévient malicieusement, cet éloge d'un pape n'est le portrait ni du pape vivant ni d'aucun autre; c'est tout simplement un exercice littéraire : *Exemplariter intelligatur*.

Fol. 59. *Commendatio sapientis.* L'auteur n'est pas nommé; mais c'est toujours Matthieu de Vendôme, et la pièce, aussi détachée de l'*Ars versificatoria*, a été publiée, sous ce titre inexact, *Commendatio militis*, dans les *Reliquiæ antiquæ* (t. II, p. 259) et dans la *Patrologie* (t. CCV, col. 259). Elle est mieux intitulée *Descriptio facundi hominis* à la page 21 de l'édition de M. l'abbé Bourgain. On l'a de plus signalée dans le n° 344 de la reine Christine (2).

(1) *Notic. et extr. des man.*, t. XXIX, 2e part., p. 247.
(2) *Ibid.*, p. 248.

Même feuillet : *Vituperium stulti.* M. Wright,
M. l'abbé Migne et M. l'abbé Bourgain ont encore
publié cette satire, extraite de l'*Ars versificatoria;* elle
se trouve aussi dans le manuscrit cité de la Reine (1).

Fol. 61. *Commendatio matronæ.* M. l'abbé Bourgain
a seul donné cette pièce, à la page 25 de son édition.
Les corrections qu'on y pourrait faire avec le manuscrit de Vienne seraient peu nombreuses.

Fol. 62. *Commendatio pulchræ mulieris.* Deux éditions : l'une de M. Wright, *Reliquiæ antiquæ*, t. II,
p. 263; l'autre de M. l'abbé Bourgain, *Ars versificatoria*, p. 26. Il y a quelques fautes dans les premiers
vers de celle-ci. Nous les corrigeons ainsi :

> Pauperat artificis naturæ dona venustas
>   Tindaridis, formæ flosculus, oris honor.
> Humanam faciem fastidit forma, decoris
>   Prodiga, siderea gratuitate nitens.

Assurément il est difficile de s'exprimer moins
clairement. Il y a des poètes qui ne s'inquiètent pas
de se comprendre eux-mêmes. Nous comptons Matthieu de Vendôme parmi ces poètes-là. Ses vers sont
généralement bien coupés, harmonieux ; mais presque
toujours quelques mots impropres en rendent le sens
douteux.

Ici finissent, dans notre manuscrit, les extraits de
l'*Ars versificatoria*. N'omettons pas d'indiquer une
autre copie de ce traité curieux dans un volume du
Musæum Hunterianum, à Glascow (2).

Nous avons, du fol. 137 au fol. 145, des vers extraits

(1) *Notic. et extr. des man.*, t. XXIX, 2ᵉ part.
(2) *Neues archiv*, t. IV, p. 623.

de l'*Alexandréide*. Au xIII^e siècle ce poème jouissait d'un grand renom ; il était, à proprement parler, classique. On ne s'en étonne pas ; c'est, en effet, une œuvre très remarquable. L'auteur, Gautier de Chatillon, ayant avec fruit étudié les anciens, particulièrement Virgile et Lucain, avait fait, en les imitant, le plus habile emploi du noble hexamètre. Il avait d'ailleurs montré, du commencement à la fin de son long poème, qu'il possédait à un très haut point la qualité la plus rare au moyen âge, l'invention. La mise en scène de tous ses personnages est vraiment épique. On a souvent imprimé l'*Alexandréide*, même de nos jours. La dernière et la meilleure édition, celle de M. Mueldener, est de l'année 1863.

Fol. 145. *De puero non præferendo puellæ*. Ce sont des vers contre la sodomie, rimés deux à deux, qui ne doivent pas avoir été souvent copiés. C'est ici, du moins, que nous les rencontrons pour la première fois. Nous allons donc les faire connaître :

> Perversus mos est pueros præferre puellis,
> Cum sit naturæ veneris modus ille rebellis.
> Hanc venerem feritas oditque fugitque ferarum ;
> In coeundo marem supponit nullus earum ;
> Devovet et refugit sceleratos bestia tactus,
> Hos probat et sequitur homo plus bestia factus ;
> Res ratione carens legi rationis obedit,
> Res rationalis procul a ratione recedit.
> Cum Dominus primos psalmavit in orbe parentes
> Crescere jussit eos, terram cultore replentes ;
> Sunt non ambo viri sed vir mulierque creati
> Et sic in mundo creverunt multiplicati.
> Si vir uterque foret, vel si venus hæc placuisset,
> Illis extinctis successio nulla fuisset.

> Omne quidem vitium, Deus hoc specialiter odit ;
> Quod bene, si dubites, Sodomæ destructio prodit.
> Ut legimus, cives Sodomorum sulfur et ignis
> Abstulit, exitiis periit gens pessima dignis.
> Hanc heresim quicumque tenent aut nunc resipiscant,
> Aut se dammandos flammis et sulfure discant.
> Intereant et eant ad Tartara, non redituri,
> Qui teneros pueros pro conjuge sunt habituri.

Si l'on ne peut douter que ce petit poème soit du moyen âge, on ignore quel en est l'auteur. Hildebert, Alain de Lille, ont flétri le même vice ; mais en d'autres vers.

Même feuillet : *De captione Trojæ.* Ce sont les élégiaques léonins sur la prise de Troie dont l'auteur est, au rapport d'Alexandre Neckam, Hildebert de Lavardin. Il y avait déjà cinq éditions de ce poème quand nous l'avons de nouveau publié pour en rendre la lecture plus facile (1). Si quelques vers en sont encore obscurs, c'est moins, croyons-nous, la faute des copistes que celle de l'auteur. La mesure et la rime ont leurs exigences, et rarement on peut toutes les satisfaire sans contraindre les mots à former des associations inusitées.

Fol. 147. *Catonis secundi.* Voici les premiers vers de cette pièce :

> His accede sonis, cape verba secunda Catonis,
> Si te proponis cœlestibus addere donis.
> Dat documenta Cato cunctis pariter quasi nato,
> Sic et in hoc prato sunt pascua fine beato...

Ainsi, jusqu'à la fin du poème, chaque distique offre quatre fois la même rime. C'est le tour de force qu'a

(1) *Les Mél. poét. d'Hild.*, p. 207.

fait Hildebert dans les vers précédents. Nous ne
l'admirons pas. On ne peut, en s'imposant une telle
gène, agréablement versifier.

On a cru longtemps que Denys Caton était chrétien.
On sait maintenant qu'il ne l'était pas. Mais son
imitateur l'est très expressement. Ce rimeur nous
paraît avoir été quelque religieux. Mais saura-t-on
jamais son nom? Il a dû vivre et mourir bien obscur,
car on ne nous signale pas une autre copie de son
poème.

Fol. 149. *De contemptu mundi.* Ce sont là, joints
l'un à l'autre, deux des poèmes attribués, sous ce
titre commun, à saint Bernard; le premier commençant par

> Chartula nostra tibi mandat, dilecte, salutes;

le second par :

> In re terrena nihil est aliud nisi pœna.

Nous croyons avoir donné des explications suffi-
santes sur ces deux poèmes et prouvé que saint
Bernard n'en est pas l'auteur (1). Mais une remarque
est à faire sur le texte que nous avons ici. Il y a dans
ce texte des additions plus ou moins considérables.
Ainsi notre copiste n'a pas trouvé sans doute assez
injurieux le passage qui, dans le premier poème,
concerne les femmes; il y a joint en conséquence
trente-cinq vers contre elles, qu'il a pris les uns ici,
les autres là, entremêlant à tout hasard, au courant
de sa plume, les hexamètres et les élégiaques. La

(1) *Des poèm. lat. attr. à saint Bernard,* p. 1-24.

plupart de ces vers sont d'ailleurs connus. C'est pourquoi nous ne les transcrivons pas. Il y a encore dans la suite quelques vers intercalés

. Le volume finit par des proverbes, *Flores proverbiorum*, les uns en vers, les autres en prose. La provenance de toutes ces maximes ne saurait être indiquée. Quelques-unes sont de Publius Syrus. Le titre, d'ailleurs, n'est pas exact ; tout ce qu'on lit ici n'est pas gnomique. Une épigramme, qui ne l'est pas, a été publiée par Beaugendre dans les *OEuvres* d'Hildebert. Ce ne sont pas non plus des proverbes que nous offre cette pièce rythmique :

Ampulla vitrea
Sub mole saxea
Cito confringitur ;
Et per convicia
Impatientia
Bene perpenditur.

Si desit stimulus,
Non vadit asinus,
Pressus pigritia ;
Cedat correptio,
Semper in otio
Est pueritia.

Si tuba canitur,
Cervus revertitur,
·Espectans catulos;
Quæ mors est animæ,
Laus vera minime
Delectat populos.

Mus leve capitur
Quod semper utitur.
Uno refugio ;

Leve decipitur
Qui semper utitur
Uno consilio.

Ovis in frigore,
Posito vellere,
Leniter moritur;
Et si post studium
Succedit otium,
Labor amittitur.

Post mortem socii
Non nubit alii
Turtur, sed moritur ;
Sic amicitia,
Fida per omnia,
Nunquam dissolvitur.

Stridor hirundinum
Quietem hominum
Turbat et somnium ;
Stulta loquacitas,
Si frenum adimas,
Turbat collegium.

Qui pomum viride
Carpit improvide
Maturum negligit ;
Carebit præmio
Pro beneficio
Qui laudes diligit.

Si furem redimis
Et mortem adimis
Acquiris odium ;
Et si servieris
Quem nequam noveris
Non dabit præmium.

Sic pullos alios
Nutrit ut proprios
Columbæ bonitas ;
Congaudet prosperis,
Condolet asperis
Proximi caritas.

Volens evadere,
Non timet scindere
Castor virilia ;
Nec timet tollere
Fluxum a corpore
Quærens cœlestia.

Quisquis ad citharam
Instruit asinam
Hostis est fidium ;
Qui stulto prædicat
Hic sibi vindicat
Risum et tædium.

Vaspo panniculis
Fit api similis,
Sed non mellifera ;
Sic foris fertilis,
Sed intus sterilis,
Omnis hypocrita.

Sabulum seminat
Fur, ut æs audiat
Quod nequit cernere ;
Et per convicia
Mordet invidia
Quos nequit tædere.

Si panem sedulo
Dederis catulo,
Te semper sequitur ;
· Sic fur stultissimi
Leniter proximi
Domum ingreditur.

Il nous semble qu'il y a plusieurs traits heureux dans ces rimes que nous croyons inédites, et dont nous n'avons à signaler aucune autre copie.

15161

Le poème par lequel commence ce volume est anonyme dans les n°s 3480 (fol. 21), 14890 (fol. 191), 15162 (fol. 1), 18569 (fol. 1) de la Bibliothèque nationale, 1685 de Troyes et 151 de Vendôme. Dans notre manuscrit il a pour titre : *Liber magistri Ade-maris, Senon. arch., vocatus Speculum sacerdotum.* Notre manuscrit est de la fin du xive siècle, et le siège archiépiscopal de Sens fut alors occupé par un Adhémar ou Aimar Robert qui mourut en 1385, L'attribution ne paraît donc pas contestable. Elle semble pourtant contestée par l'auteur lui-même. On lit à la fin de notre manuscrit :

> Explicit hoc Speculum doctrinæ presbyterorum
> Per te compositum qui fers cognomen dominorum,
> Anno milleno C tres X bis quoque seno.

Le second de ces vers est faux et n'offre aucun sens. Interrogeons les autres copies.

On lit ainsi ce vers dans le n° 15162 :

> Per... compositum qui fert cognomen dominorum ;

dans le n° 14890 :

> Per... compositum qui fert cognomen duorum ;

dans le n° 18569 :

> Per... confectum qui fert cognomine morum ;

dans le n° 3480 :

> Per B. compositum qui fert cognonem amorum ;

dans le n° 151 de Vendôme :

> Per P. confectum qui fert cognomen amarum.

Or il est évident qu'aucun de ces vers, même aucun de ceux où les règles de la grammaire et de la métrique sont observées, n'indique comme auteur l'archevêque Aimar Robert. Cependant la rubrique

que nous avons citée est du même temps, de la même main que le poème; le copiste savait donc à qui ce poème était attribué dans le titre qu'il a transcrit. Comment donc a-t-il si mal reproduit le vers où l'auteur doit être désigné d'une façon plus ou moins claire? Il l'a mal reproduit parce qu'il ne l'a pas su lire; et l'on doit tenir pour probable que ce vers était, dans l'original, difficilement lisible, car, parmi les autres copistes, ceux-ci confessent ne l'avoir pu déchiffrer, ceux-là nous le donnent manifestement altéré. Pour le mettre d'accord avec le titre de notre volume, nous proposons de l'amender ainsi :

Per R. compositumqui fert cognomen amarum.

Ce qui veut dire : « Composé par Robert, dont le surnom est amer. » *Amer*, *Aimar*; un jeu de mots. N'en connaît-on pas de plus mauvais?

Quant au troisième des vers cités, lisons-le :

Anno milleno C ter, X bis, quoque seno ;

ce qui pourra signifier MCCCXXVI ou MCCCXXXII, suivant la place qu'on croira devoir assigner aux virgules.

Le poème, qui contient trois mille soixante-douze vers hexamètres léonins, est dans le goût du siècle. En voici le début :

Ecclesiæ sanctæ regimen qui ducere sancte
Vis, hæc metra lege de sancta condita lege.
Quæ si perlegere bene vis et corde tenere,
Actu complere, poteris bona semper habere.
Hoc speculum clarum, curam montrans animarum,
Condo tibi, carum plus quam sit gemma vel aurum,

Quo possis animas sacramentis reddere caras,
Crimina vitare, virtutes multiplicare,
Ut bene vivendo, subjectis sancta docendo,
Tandem læteris in cœlis...

C'en est assez ; c'en est trop peut-être. La morale
est bonne, les leçons de conduite données aux curés
ne peuvent être meilleures. Mais quel poète est ce
moraliste ! Le xive siècle eut d'éminents philosophes,
d'illustres légistes, à qui l'on doit beaucoup ; mais
pour ce qui regarde l'art d'écrire, soit en vers soit
en prose, hélas ! quelle décadence ! Comment en un
vil plomb... ? La critique qui redoute les querelles
peut se contenter de répondre : il y a des siècles
qui sont littéraires et d'autres qui ne le sont pas.
Cela, du moins, est incontestable.

Le *Speculum sacerdotum* finit au feuillet 51 et nous
avons encore une fois le poème *De contemptu mundi*,

Chartula nostra tibi mandat, dilecte, salutes,

plus d'une fois publié, mais à tort, nous le répétons,
sous le nom de saint Bernard (1). S'il n'est pas bon,
il vaut mieux pourtant que celui d'Aimar Robert.
Mais il est plus ancien.

Au fol. 57, des vers anonymes en l'honneur de la
Vierge, qui commencent par :

Si fieri posset quod arenæ pulvis et undæ...

Ces vers sont de Pierrre Le Mangeur ; ils ont été
souvent copiés et publiés sous son nom. Nous les
avons encore dans les n°s 3639 (fol. 226), 16056

____

(1) *Des poém. lat. attribués à saint Bernard*, p. 1.

(fol. 111), 16699 (fol. 77), 18134 (fol. 91). Ils sont aussi dans les n°s 755, 756, 758 de l'Arsenal; dans les n°s 100 d'Amiens, 355 de Douai, 9 de Verdun, 345 de la Palatine et 224, 378 des *Cod. Laud. miscell.*, à la Bodléienne. Tant de copies font sans doute attribuer à cette pièce un mérite qu'elle n'a pas. Pierre Le Mangeur n'était pas un poète, et il faut le féliciter d'avoir laissé très peu de vers.

A la suite, d'autres petits poèmes sur la même matière. Le premier commence par :

> Rosæ pulchritudini recte comparata,
> Tota pulchra, Domini mater es beata...

Nous n'en connaissons pas une autre copie. Le deuxième a pour début :

> Ave cœleste lilium, ave rosa speciosa,
> Ave salus humilium, ave mater gloriosa,

Elle a été publiée dans les Œuvres de saint Bonaventure; mais Oudin et Sbaraglia s'accordent à la dire indigne de lui. C'est aussi notre avis. La troisième est en vers métriques léonins :

> O lux cœlestis, præbens solamina mœstis,
> O vitæ portus conclusus, floridus hortus...

Mais, comme on le voit, ces vers métriques ne sont pas meilleurs que les rythmiques. La quatrième commence par :

> Alma, serena, pia, præcelsa, beata Maria,
> Tu fons hortorum, tu certa salus miserorum...

Elle est aussi dans notre n° 8317 (fol. 64) et dans le n° 48 d'Évreux. Mais, dans notre n° 8317, elle est incomplète, n'ayant que seize vers. Elle en a cinquante-sept dans un manuscrit de Vienne mentionné par Denis; *Cod theol. Vindob.*, t. 1, col. 1091. M. l'abbé Chevalier ne l'a pas citée dans son *Repertorium hymnologicum*. La cinquième est intitulée : *Metra ex vita Theophili*, et commence par :

> Mater amica Dei, fuga mortis, origo diei,
> Luminis ætheræi stella, memento mei;
> De te, virgo pia, stupet omnis philosophia ;
> Ignorat dubia quomodo, sive quia...

Ces vers n'appartiennent pas au poème sur la vie de Théophile que Beaugendre a publié sous le nom de Marbode. Nous ne les retrouvons pas non plus parmi ceux qu'a composés Roswitha sur la même légende. L'auteur nous est inconnu.

A la fin du volume, mais incomplet, le *Mariale* rythmique qu'on a cru devoir attribuer à saint Bernard et à saint Anselme, commençant par :

> Ut jucundas
> Cervus undas
> Æstuans desiderat...

Nous avons montré ce que valent ces attributions : *Des poèm. lat. attribués à saint Bernard*, p. 81 et suiv.

15363

Recueil de pièces, la plupart en vers, formé, vers le milieu du xve siècle, avec le goût de ce temps-là, qui n'était certes pas, au point de vue littéraire, le bon goût. Nous n'avons ici, faisons-le remarquer, qu'une partie de volume, commençant au fol. 121. Avertissons, en outre, que les cahiers dont cette partie se compose ne sont pas rangés en bon ordre. Mais il nous sera facile de corriger la faute commise par le relieur.

Fol. 121. Poème rythmique en l'honneur de la Vierge, anonyme, comme il l'est ici, dans le n° 903 de l'Arsenal. Tels en sont les premiers vers :

> Si haberem linguarum millia,
> Si pollerem omni scientia...

Ce poème a été cité par M. Mussafia, d'après le manuscrit de l'Arsenal, dans un des recueils de l'Académie de Vienne : *Sitzungsb. der kais. Akad. der Wissenschaften; phil. — hist. classe;* 1888, p. 69. L'auteur en est ignoré. Mais il est ancien et d'un temps où l'on ne méprisait pas encore l'art d'écrire, si, comme on le croit, le manuscrit de l'Arsenal est du xiie siècle. Cependant on ne s'en douterait pas en lisant son poème, dont le style est vulgaire.

A la fin de ce poème, comme, dans le n° 903 de l'Arsenal, à la fin du volume, quatre vers dont voici le premier :

> Divinæ legi contraria primitus egi...

Ces vers se lisent, une seconde fois, dans notre manuscrit, au revers du feuillet 225.

Fol. 141. Prière, qui convient surtout, dit le titre, aux religieux :

> Magistra religionis,
> Regula perfectionis,
> Fac ut nobis summe bonus
> Leve reddat suum onus!...

Nous ne connaissons pas une autre copie de cette pièce. On l'a donc peu goûtée. Cela ne nous surprend pas. Nous supposons qu'elle est du xve siècle, et d'un moine peu lettré. Les moines lettrés étaient alors très rares.

Fol. 145. Les miracles de la Vierge, en vers rythmiques. Voici les premiers, que paraît avoir imités l'auteur de la complainte sur la mort de M. de La Palisse :

> Theophilus potentia
> Sublimis in Cilicia,
> Subita calamitate
> Caruit felicitate...

Ainsi M. de La Palisse est mort en perdant la vie. Ce poème est dans le n° 903 de l'Arsenal, avec un prologue qui manque ici. Nous en avons une analyse, par M. Mussafia, dans le volume cité de l'Académie de Vienne. Trois copies sont mentionnées par le savant critique, celle que contient ce n° 15163, celle de l'Arsenal et une autre de la bibliothèque Laurentienne, autrefois conservée chez les Camaldules. Elles sont les unes et les autres anonymes. Notre manuscrit, ne relatant que trente-six miracles, est incomplet.

Fol. 165. Autre oraison, commençant par :

> Summe sumni tu patris unice...

On l'a souvent imprimée sous le nom de saint Bernard. Mais nous pensons avoir prouvé qu'on l'a fait sans raison (1). Les copies de cette pièce ne man-

____
(1) *Des poèmes lat. attrib. à S. Bern.*, p. 74.

quent pas. Nous l'avons encore dans notre n° 18014
(fol. 97), dans le n° 333 (fol. 106) de nos Nouvelles
acquisitions, et on nous la signale dans le n° 551 de
Cambrai ainsi que dans le n° 95 de *Cod. Canonic.
misc.*, à la Bodléienne. Mais toutes ces copies sont
anonymes. La mauvaise langue de cette oraison est
d'ailleurs, évidemment, celle du xv° siècle.

Fol. 169. Autre poème, en vers métriques léonins,
sur les miracles de la Vierge. Les premiers vers
sont :

> Virgo fuit quædam, metrice quam plenius edam,
> Pro qua mira satis fecit mater pietatis...

Ce poème est encore sans nom d'auteur dans les
n°ˢ 14857 de notre Bibliothèque, 612 de Metz, 587
de Saint-Gall et dans un manuscrit du Vatican indiqué sous le n° 4318. Il se compose de dix-sept chapitres, dont les premiers vers ont été transcrits par
M. Mussafia : *Sitzungsb. der kais. Akad. der Wis-
sensch.*; 1889, n. 9. C'est peut-être assez le faire connaître, car il ne vaut pas beaucoup plus que le précédent. Citons-en néanmoins un des plus courts
chapitres :

> Ivit ad ecclesiam per silvam rustica quædam
> Infantemque tulit quem lupus arripuit.
> Lustra lupus repetit ; mater nihilominus ivit
> Tristis ad ecclesiam, se repetens miseram.
> Stabat in ecclesia sub imagine picta Maria,
> In gremio cujus sedit imago Jesus.
> Hanc mulier rapuit gremio de matris, et inquit :
> « Redde mihi puerum, tunc tibi reddo tuum.
> Sancta Maria meum si posses reddere natum,
> Essemus servi jugiter ambo tui.

Cum tu sis, domina, miseri spes et medicina,
  Ablati pueri sis medicina mei. »
Hæc ait atque Jesum defert ad propria secum ;
  Ut proprium puerum sic ea tractat eum.
Matre quiescente, puerum fert nocte sequente
  Ante fores prædo ; femina gaudet eo.
Dum capit illa suum, puerum fert rustica Jesum
Læta suæ matri : Sit semper gloria Patri
  Lausque suo Nato Spirituique sacro !

Croit-on que cette fable pourrait avoir, étant bien contée, quelque agrément ? On doit, en tout cas, reconnaître qu'elle l'est ici très mal. Et le reste du poème est du même style.

Fol. 180. Prière à la Vierge :

Salve, mater o serena,
Via morum, vitæ vena,
Cellaque vinaria...

Nous n'en connaissons pas une autre copie, et la nôtre est barrée, ayant été jugée sans doute peu digne d'estime.

Fol. 181. Encore un long poème sur les mérites de la Vierge, commençant par :

Qui servire cuti satagunt quasi bestia vivunt.
Vivant virtuti per te studeantque saluti...

Mais ce n'est qu'une autre paraphrase de lieux communs en vers médiocres. Nous n'en citons rien de plus.

Fol. 193. Dissertation en prose sur le nom de Jésus, sur chacune des lettres qui composent ce nom, etc., etc. L'auteur n'a voulu sans doute que paraître ingénieux. Mais il ne l'est pas. La sottise et la subtilité vont quelquefois de conserve. On se trompe certainement quand on croit que l'une est le contraire de l'autre. Cet écrit mystique commence par : *Oleum effusum nomen tuum. — Nomen Dei est ipse Jesus. Nomen enim dicitur quasi notamen.*

Fol. 198. Poème rythmique sur le même nom, commençant par :

> Ut de Jesu nomine digne fari queam,
> Nomen tetragrammaton linguam limet meam...

Ce poème est très long. Cela ne veut pas dire qu'il y ait un degré quelconque d'invention. On s'étonne que l'auteur ait pris tant de temps et de peine pour rimer ce fatras de puerilités.

Fol. 206. Sur les sept degrés de la contemplation, commençant par : *Contemplativorum aquilinos obtutus acui, et ipsorum spirituale palatum perfundi dapibus æternæ dulcedinis.* Cet opuscule a été publié dans les *OEuvres* de saint Bonaventure, et le P. Bonelli s'oppose à ce qu'on l'en exclue. C'est pourtant une attribution condamnée par Sbaraglia, et qui ne nous semble pas, en effet, admissible. Saint Bonaventure manque souvent, il faut le reconnaître, de simplicité; mais cela n'autorise pas à le croire auteur d'un écrit pompeux jusqu'au ridicule, et dont le fond ne vaut pas mieux que la forme.

Fol. 211. La règle de saint Augustin, en vers élégiaques. Voici les premiers :

> Frater dilecte, toto conamine, tota
>   Ex anima, toto dilige corde Deum.
> Proximus inde tuus, ut tu sibi, sit tibi carus.
>   Vobis præcipue lex jubet ista duo,

Comme on le voit, ces vers sont d'un meilleur style que tous les précédents. On regrette donc de n'en pas connaître l'auteur. Il était évidemment chanoine de Saint-Victor.

Fol. 216. A la suite de la règle, plusieurs conseils de bonne vie à l'adresse des chanoines séculiers. Quelques-uns sont en vers rythmiques :

> Tu qui digne,
> Vel indigne,
> Fueris hic proclamatus,
> Tam benigne,
> Velut igne
> Caritatis inflammatus,
> Respondeas
> Ut gaudeas
> Tuis culpis emendatus...

Cela, du moins, est musical, et nous supposons qu'en effet cela s'est chanté le jour de la réception d'un chanoine. On chantait souvent dans les cloîtres, et, comme nous l'ont appris, outre le manuscrit célèbre de Benedicbeuern, d'autres, moins connus, de Saint-Martial, toutes les chansons qu'on y chantait n'étaient pas édifiantes. Non pas, croyons-nous, au xiie siècle ; mais dès le xiiie, quand survint le relâchementdes mœurs.

Fol. 217. A ce feuillet commence une série de pièces attribuées, soit ici même, soit ailleurs, à saint Bernard. La première, qui débute ainsi,

> Ad quid venisti, frater, meditare frequenter...,

était inédite quand nous l'avons publiée d'après le n° 902 de la Mazarine, où elle figure sous le nom de saint Bernard (1). Tout porte à croire qu'elle fut composée deux siècles environ après sa mort. Il y a, dans le manuscrit de la Mazarine, un vers faux que nous avons corrigé par conjecture. Notre conjecture est confirmée.

Fol. 218. Sont ici réunies, formant un tout, trois pièces rythmiques qu'il était pourtant nécessaire et facile de distinguer les unes des autres. Il est vrai qu'elles ont pour matière commune le mépris du monde; mais elles sont partagées en des strophes d'une longueur inégale et les vers n'y riment pas de la même façon. Mabillon les a publiées, ainsi confondues, sous le nom de saint Bernard. Elles ne sont de lui ni les unes ni les autres.

La première, commençant par

> Dic, homo, cur abuteris
> Discretionis gratia,

est encore sans nom d'auteur dans les nᵒᵋ 8259 (fol. 233) et 14923 (fol. 229). Elle est, en effet, sous le nom de saint Bernard dans le n° 902 (fol. 180) de la Mazarine; mais, comme nous l'avons dit sous le n° 14923 (2), c'est un manuscrit de l'année 1516, fait sur des imprimés, et, dès le xvᵉ siècle, le libraire Baligault avait de son chef, sans aucun prétexte, donné le premier cette pièce à saint Bernard (3).

Le seconde, commençant par :

> O Christi longanimitas
> Et longa expectatio,

(1) *Des poèm. lat. attrib. à S. Bern.*, p. 48.
(2) *Ibid.*
(3) *Ibid.*

est aussi sous le nom de saint Bernard dans le volume cité de la Mazarine ; mais elle est anonyme dans notre n° 14923 (fol. 229). L'attribution à saint Bernard est encore du libraire Baligault. De Visch, Leyser et Mabillon auraient dû le constater avant nous.

Quant à la troisième, dont voici les premiers vers,

> Cum sit omnis caro fœnum,
> Et post fœnum fiat cœnum,

les seuls manuscrits qui ne sont pas anonymes l'attribuent au chancelier Philippe de Grève (1), qui paraît bien en être l'auteur.

Fol. 220. *Dictamen beati Bernardi ad religiosos*, commençant par :

> Si vis esse cenobita,
> Hujus vitæ vitam vita...

Cette pièce, qui n'est pas sans quelque mérite, a été, quatre fois au moins, imprimée, par Francowitz, par Fabricius, par M. Friedlœnder (2) et par M. l'abbé Migne dans le tome CLXXXIV de la *Patrologie*, col. 1327. Divers manuscrits la donnent à saint Bernard ; mais ils sont modernes. Les plus anciens sont tous anonymes (3).

Fol. 222. Encore sous le nom de saint Bernard un autre *Dictamen* rythmique, commençant par :

> Cur mundus militat sub vana gloria...

On le revendique aussi pour Walter Mapes et pour

---

(1) *Des poëm. lat. attrib. à S. Bern.*, p. 29.
(2) *Anzeiger fur Kunde der deutschen Vorzeit ;* 1873, col. 96.
(3) *Des poëm. lat. attrib. à S. Bern.*, p. 49 et suiv.

Jacques de Todi, et il a été, sous ces trois noms, plusieurs fois imprimé. L'auteur le moins invraisemblable est Jacques de Todi (1).

Fol. 223. Voici la première strophe de la pièce suivante :

> Cæcus ego sequens cæcum,
> Cogitare cœpi mecum,
> Prope, procul et profunde
> Quærens quomodo, cur, unde
> Tanta cordis cæcitas.
> Hic dum, diu me dolente,
> Tota tamen steti mente,
> Dies intrat, nox discedit,
> Sol resplendet, error cedit
> Et apparet veritas...

Cette vérité, fort triste, c'est que rien en ce monde n'est digne d'être recherché. Les libraires du xve siècle n'ont pas connu ce poème. Nous n'hésitons pas à croire qu'ils l'auraient attribué, le connaissant, à saint Bernard. Sans plus de raison, bien entendu, que plusieurs autres sur la même matière. On nous en signale deux exemplaires anonymes, comme le nôtre, dans les nos 392 et 544 de Cambrai. Ce sont deux manuscrits du xve siècle, et il est probable que la pièce n'est pas beaucoup plus ancienne.

Fol. 224. *De contemptu mundi aliud Dictamen.* Cet *aliud Dictamen* est celui qui commence par :

> Heu ! heu ! mundi vita,
> Quare me delectas ita ?
> Cum non possis mecum stare,
> Quid me cogis te amare ?

(1) *Des poëm. lat. attrib. à S. Bern.*, p. 26.

Il a été trois fois publié, par Eugène de Levis, par
M. Du Méril, par M. Mone, et donné par Eugène de
Levis au Franciscain Pierre Gonella. Mais Salimbene,
qui paraît mieux informé, le cite sous le nom de l'un
des Primat ; probablement celui d'Orléans (1). Il y a,
dans cette pièce, beaucoup d'entrain et même assez
d'esprit ; mais le style en est peu littéraire. L'élégance
et la correction du style étaient, comme on le sait,
le moindre souci des Primat.

Fol. 226. *Prosa de angelis.* Tel est le début de cette
prose :

> Super mentem exultemus,
> Et sanctorum celebremus
> Angelorum gloriam...

Nous la croyons inédite, et nous n'en connaissons
pas une autre copie. Elle n'est pas, à la vérité, littérairement estimable.

Au revers de ce feuillet, quatre hexamètres intitulés
De septem modis cognoscendi Deum. Voici le premier
vers :

> Ad cognoscendum Dominum sunt lumina septem ;

et, après ces quatre vers mnémoniques, quelques
exemples des sens divers du mot *Hierarchia.*

Fol. 227. *Canticum beatæ Virginis et matris, studio
Godefridi, subprioris S. Victoris, extensum.* Godefroid,
sous-prieur de Saint-Victor, fut un écrivain très
médiocre ; il est néanmoins bien connu. Un autre exemplaire de ce cantique paraphrasé, qui commence par,

> Unius numinis, sed trium nominum,

(1) *Des poèm. lat. attr. à S. Bern.,* p. 39 et suiv.

est dans le n° 942 de la Mazarine, fol. 232. Oudin l'a cité d'après Jean de Toulouse, et dom Brial d'après Oudin, ajoutant qu'il n'existe pas dans les manuscrits de Saint-Victor transmis à la Bibliothèque nationale (1). On voit que dom Brial s'est trompé. Au texte sont jointes les notes musicales.

Fol. 229. *Planctus B. Mariæ Virginis :*

> Planctus ante nescia,
> Planctu lassor anxia,
> Crucior dolore...

L'auteur n'est pas ici nommé ; mais c'est encore le sous-prieur Godefroid. A la vérité le n° O 68 de Rouen donne ce poème à saint Bernard ; mais cette erreur évidente est réfutée par un manuscrit très authentique, ci-dessus cité, le n° 942 de la Mazarine, venu de Saint-Victor. M. Du Méril a publié cette pièce, sans nom d'auteur : *Poésies antérieures au* XIIᵉ *siècle*, p. 176. Elle est encore anonyme dans les n°ˢ 3639 (fol. 185) de la Bibliothèque nationale, A 506 de Rouen, 2 et 38 d'Évreux et dans un volume de la Bodléienne décrit par M. Madan (2).

Fol. 231. *Prosa in officio mortuorum :*

> Audi tellus, audi magni maris nimbus,
> Audi omne quod vivit sub sole...

Ce début est banal. D'autres proses commencent de même ou presque de même. Celle-ci a été plusieurs fois imprimée : d'abord par Rambach, *Anthol. christ.*, p. 361, puis par Daniel, *Thesaur. hymnol.*,

(1) *Hist. litt. de la Fr.*, t. XV, p. 85.
(2) *Biblioth. de l'école des Ch.*, 1885, p. 584.

t. I, p. 350. Mais ces deux éditions sont tellement défectueuses qu'on peut les qualifier d'incompréhensibles. Cependant la pièce a du mouvement et d'assez heureux traits, comme nous croyons l'avoir fait soupçonner en donnant un meilleur texte de quelques vers (1). La voici tout entière :

> Hujus mundi decus et gloria
> Tam sunt falsa quam transitoria ;
> Quod testantur hæc temporalia,
> Non in uno statu manentia.
> Nil artium valet profunditas,
> Nihil prodest magna nobilitas,
> Nihil juvat regalis dignitas,
> Nullum salvat corporis quantitas.
> Sic nec prodest genus aut species ;
> Sed ruunt ut a sole glacies.
> Cum Helena Paris pulcherrimus ,
> Aut Achilles ubi magnanimus?
> Ubi Plato, ubi Porphyrius,
> Ubi Tullius et Virgilius,
> Ubi Diogenes, Empedocles,
> Aut egregius Aristoteles ?
> Alexander ubi rex maximus.
> Ubi Hector, Trojæ fortissimus,
>   Ubi Sanson, vir durissimus,
> Ubi Salomon prudentissimus,
>   Ubi David, vir ditissimus,
> Ubi Absalon, vir pulcherrimus ?
> Transierunt leges mortalium
> Per unius momenti spatium.
> Pie Deus, rector fidelium,
> Fac te nobis semper propitium
> Cum de malis fiet judicium,

Les notes musicales qui accompagnent le texte

(1) *Les OEuvres de Hug. de S. Vict.*, p. 10.

prouvent que l'on chantait cette prose à Saint-Victor.

Du fol. 232 au fol. 236, des notes sur les vertus, divisées en *discretivæ, amativæ, oditivæ, contemptivæ.* Plusieurs corrections donnent lieu de supposer que ces notes sont autographes.

Fol. 236. *Prosa pro die susceptionis pedis gloriosissimi patroni nostri Victoris, composita a quodam religioso S. Victoris, tunc subpriore :*

> De profundis proclamemus
> Et devote collaudemus
> Victoris victoriam.

Du Breul mentionne, parmi les reliques de l'abbaye de Saint-Victor, « la partie du pied de S. Victor qui luy fut coupée pour avoir abattu l'idole de Jupiter (1). » Quant à l'auteur de la prose, M. Gautier, qui en a publié des fragments d'après notre manuscrit, suppose que c'est le sous-prieur Godefroid (2). Quel qu'en soit l'auteur, la pièce est d'un très mauvais style. On devait aussi la chanter à Saint-Victor, car nous l'avons avec les notes musicales.

Le volume finit par deux pages intitulées, la première *De moribus exterioris hominis,* la seconde *De hominis sensu.* Il n'y a rien à tirer de ces distinctions banales.

(1) *Le théâtre des Antiquités de Paris,* p. 433.
(2) *OEuvres poét. d'Adam de S. Victor,* 1re édit. t. II, p. 25.

FIN DU TOME IV

NUMÉROS DES VOLUMES DÉCRITS

TABLE DES AUTEURS CITÉS

FIN DE LA TABLE